羅末麗初 南宗禪 研究

서강대학교 인문과학연구소 인문연구전간 제 50 집

羅末麗初 南宗禪 研究

··· 조범환 지음

일조각

Humanities Monographs No. 50
Research Institute for Humanities
Sogang University

The Acceptance of the Southern Sŏn Buddhism in the Silla–Koryŏ Transition in Early Korea

by

Cho, Bumhwan

ILCHOKAK
Seoul, 2013

머리말

　신라 하대에 황해黃海 바다의 거칠고 험난한 물결을 헤치고 당나라에 도
착한 신라의 승려들은 그곳에서 새로운 불교와 마주하게 되었다. 그들은
그동안 신라에서 주로 공부한 것과는 방법을 달리하는 불교인 남종선南宗
禪을 목도하게 되었고 곧바로 그것에 매료되었다. 그리하여 신라 승려들
은 화엄華嚴을 잠시 제쳐 두고 선종禪宗을 체득하기 위하여 많은 노력을
기울였다. 이름난 선승을 찾아가 입실入室 허락을 받은 다음 힘들고 괴로
운 일도 마다하지 않고 깨우침을 얻기 위하여 노력하였다. 그 결과 스승의
인정을 받아 심법心法을 받았다. 하지만 그들은 그것으로 만족하지 않고
더 높은 깨달음을 얻기 위하여 여러 가지 새로운 길을 선택하였다. 다시
화엄 공부에 주력하기도 했고, 짚신을 삼아 길을 가는 사람들에게 나누어
주는 보시행布施行을 행하기도 했다.
　그러한 생활을 하는 가운데 깨달음의 깊이가 더해지자 그들은 신라 사
회에 법을 전하기 위하여 귀국길에 올랐다. 도의道義선사를 필두로 하여
홍척洪陟선사와 혜소慧昭선사 등이 차례로 귀국하였다. 이러한 가운데
845년 당나라 무종武宗 황제의 폐불廢佛 정책은 신라 승려들이 귀국을 결
정하는 커다란 계기로 작용했으며, 이는 곧 신라 하대에 선종 불교가 널리
퍼지는 중요한 요인의 하나가 되었다. 당나라에서 공부하던 많은 승려가

약간의 시간적인 차이를 두고 속속 귀국했으며, 전해 받은 법을 신라 전역에 널리 전하기 위하여 노력했다. 그 결과 그들은 왕실이나 중앙의 유력한 귀족들의 도움을 받아 신라 전역에서 선종산문禪宗山門을 개창하였으며 신라 사회의 변혁을 주도하는 위치에 서게 되었다.

이렇듯 당나라에 유학한 신라의 승려들은 남종선을 익히고 적극적으로 수용했는데, 초기의 불교 수용과 비교해 보면 매우 커다란 차이를 알 수 있다. 잘 알려져 있듯이 고대 왕조에서의 불교 수용은 왕권강화王權强化라고 하는 정치적인 목적에서 비롯된 것이었다. 그러나 신라 하대 승려들의 당나라 유학을 통한 남종선 도입은 승려들 스스로 새로운 것을 알고자 하는 노력에서 비롯되었다. 즉, 초기의 불교 수용이 왕실 중심이었다면 하대의 남종선 도입은 왕실이 아니라 승려들이 주도적으로 나선 결과였다.

선종을 도입한 신라의 선승들은 신라 왕실이나 중앙의 진골 귀족들과 매우 밀접한 관계를 유지했으며, 그러한 인연 속에서 선종산문의 개창을 이루어낼 수 있었다. 개창된 선종산문에는 많은 승려가 모여 생활하였으며, 그들은 '일일부작一日不作 일일불식一日不食'이라는 원칙 아래 산문을 이끌어 나갔다. 따라서 신라 왕실과 진골 귀족 그리고 일반 백성들은 그들의 청빈한 삶의 모습을 통하여 불교의 새로운 측면을 이해하게 되었다고 해도 좋을 것이다.

신라 하대에 선종을 도입한 승려들은 고대 사회에서 중세 사회로 나아가는 데 있어 큰 디딤돌 역할을 했다. 또한 그들은 불교계 내에 커다란 변화를 가져왔을 뿐만 아니라 신라 말·고려 초 사회의 변혁기를 주도한 여러 부류의 지식인 가운데 한 무리로 자리 잡았다.

이 책은 신라 하대의 승려들이 어떠한 목적에서 당나라 유학을 하였으며 그 결과 그들이 도입한 남종선이 신라 하대 사회에 어떤 영향을 미쳤는지에 대하여 검토한 것이다. 그동안 신라 하대 선종과 선승들에 대하여 여러 학술지에 발표하였던 논문들을 수정하고 보완하여 묶은 것인데, 필자가 이미 세상에 내놓은『新羅禪宗硏究』(2001)와『羅末麗初 禪宗山門 開創 硏究』(2008) 등과 맥을 같이하는 것이라 할 수 있다.

제1편에서는 남종선의 초전승初傳僧들에 대하여 검토한다. 신라 하대에 선종을 들여온 선사가 많았지만, 가지산문迦智山門의 개산조인 도의道義선사와 봉림산문鳳林山門의 개산조인 현욱玄昱선사를 중점적으로 살펴본다. 두 선승은 당나라에 오랫동안 머물면서 커다란 깨우침을 얻고 귀국한 이후 중앙보다는 주로 지방에서 활동하였다. 그리고 뛰어난 제자들을 배출하여 가지산문과 봉림산문의 개산조로 자리 잡게 되었다. 이에 그들이 당나라에서 돌아온 이후 지방 사회에서 어떻게 활동하였으며 중앙과는 어떠한 관계를 유지했는지 등에 대하여 중점적으로 알아본다.

제2편에서는 선종산문의 개창과 확대에 대하여 구명究明한다. 먼저 서남해 지역에서 남종선이 발전하는 데 있어 중요한 역할을 한 쌍봉사雙峯寺에 대해서 검토해 보고자 한다. 또한 신라 하대 무진주 지역을 중심으로 많은 선종산문이 개창되었는데, 그러한 일이 가능할 수 있었던 제諸 배경에 대하여 살펴본다. 나아가 전라도 지역이 아닌 강원도 지역에서 범일梵日선사가 개창한 굴산문崛山門이 어떻게 성장하고 분화分化되었는지에 대해서도 눈여겨본다.

제3편에서는 선종 승려들과 정치권력의 관계에 대하여 검토해 본다. 신라 왕실은 선종을 어떻게 생각하였으며 선승들에게 어떠한 태도를 취했는가 하는 것과, 선승들이 신라 왕실에 취했던 정치적인 태도에 대해서 알아본다. 그 결과 신라 왕실은 선종과 선승들에 매우 호의적인 태도를 취한 반면 선승들은 신라 왕실에 탄력적인 태도로 대응하였음을 알 수 있을 것이다. 그리고 신라 하대 해상을 주름잡았던 장보고張保皐와 선승들 사이의 관계에 대해서도 세심하게 살펴본다. 더 나아가 후백제 견훤甄萱이 선종과

선승을 어떻게 대우했는지에 대해서도 알아보고자 한다.

제4편에서는 남종선이 신라에 도입된 이후 신라 사회의 변화에 대하여 검토해 본다. 남종선 도입은 신라 사회의 여러 방면에서 많은 변화를 불러왔는데, 어떤 곳에서 어떠한 변화가 있었는가를 살펴보는 것도 흥미로울 것이다. 그리고 선종은 사원 경제의 발전도 이끌었는데, 그것은 당시 신라 불교계의 변화를 알아보는 중요한 척도가 될 것이다.

이 책은 신라 하대 남종선을 수용한 승려들이 신라 사회에 끼친 영향과 그것이 가지는 의미를 알아내고자 노력한 결과물로, 신라 말·고려 초 전환기 사회의 일부분을 살펴보는 데 있어 하나의 디딤돌이 되었으면 하는 바람이다. 그리고 나말여초羅末麗初의 전환기를 주도한 인물이 호족豪族이고 그들의 사상적 기반이 선종禪宗이라고 하는 과거의 도식적인 연구에서 벗어나 새로운 관점에서 그 시대의 사회상을 보고자 노력한 산물이라 하겠다. 더 나아가 이 책이 나말여초의 정치와 사상 및 사회를 새롭게 이해하는 데 있어 조그마한 보탬이라도 되었으면 한다.

이 책은 서강대학교 인문과학연구소 최기영崔起榮 소장님의 격려와 배려가 있었기에 가능하였다. 이 자리를 빌려 깊이 감사를 드린다. 그리고 2012년도 서강대학교 교내 연구비의 도움도 컸다. 참고문헌을 작성하는 데 도움을 준 대가야 박물관의 정동락鄭東樂 선생님께도 고마움을 전한다. 또한 일조각 편집부 황인아 선생께도 고맙다는 말씀을 전하고 싶다.

2013년 성하盛夏

서강대 노고산 언덕에서

저자 지識

차례

제1편
남종선 수용과 초전승들의 활동

제1장

도의선사의 '설악산문' 개창과 그 향배

1. 머리말

신라 하대의 도의道義(생몰년 미상)선사는 남종선南宗禪의 초전승初傳僧으로, 그리고 가지산문迦智山門의 개산조開山祖로 알려져 있다. 또한 현재 조계종曹溪宗에서는 그를 '조계종의 종조宗祖'로 삼고 있다. 그런 만큼 한국 불교사에서 그가 차지하는 위치는 매우 높다고 할 수 있다.

한국 불교사에서 도의선사가 차지하는 위상이 큰 만큼 그에 대한 연구도 많이 이루어졌다. 대체로 그의 생애나 사상에 대한 연구가 주를 이루고 있으며,[1] 그의 제자인 염거廉居(?~844)화상이나 법손인 체징體澄(804~

---

[1] 도의선사의 행적과 사상에 대해서는 金杜珍, 「道義의 南宗禪 도입과 그 思想」, 『江原佛教史研究』, 소화출판사, 1996; 『신라하대 선종사상사 연구』, 일조각, 2007이 주목된다. 그리고 정동락, 「元寂 道義의 생애와 禪사상」, 『한국중세사연구』 14, 2003도 눈에 들어온다. 정동락의 연구는 그동안 도의선사와 관련하여 발표된 논문들을 소개하고 있기 때문에 크게 참고할 수 있다. 다음으로 김양정, 「道義國師의 生涯와 行跡」, 『大覺思想』 11, 2008-1 및 「道義國師의 禪宗史的 位相」, 『한국불교학』 51, 2008-2, 그리고 「신라하대 사회와 불교계의 동향」, 『한국불교학』 52, 2008-3 등을 참고할 수 있다. 또한 鄭性本, 「新羅禪宗의 禪思想」, 『新羅禪宗의 研究』,

880)선사에 대한 연구가 뒤따르고 있다.[2] 그 결과 도의선사와 그의 제자들이 개창한 '설악산문雪嶽山門'[3]에 대한 이해는 어느 정도 이루어졌다.

그런데 현재 도의선사와 관련하여 남아 있는 기록은 당시 다른 산문의 개산조들과 비교해 볼 때 상대적으로 적은 편이다. 특히 당나라에서 귀국한 이후의 행적은 몇몇 비문에만 간단하게 실려 있을 뿐이다. 경주로 가지 않고 설악산으로 들어가 진전사陳田寺에 주석하면서 널리 법을 전한 사실과 그의 제자인 염거선사가 억성사億聖寺를 중심으로 활동한 것 등이 거의 전부라고 해도 과언이 아닐 것이다. 이러한 이유로 말미암아 도의선사가 당나라에서 돌아온 이후의 행적에 대한 연구도 미진한 편이다. 그와 관련된 전문적인 연구서가 거의 없다는 사실이 단적으로 이를 입증한다.[4] 따라서 도의선사에 대한 연구를 새롭게 시작하는 것도 좋으리라 본다.

이에 여기에서는 먼저 도의선사가 귀국한 이후 설악산으로 가게 된 배

民族社, 1995에서도 도의선사의 선사상을 찾을 수 있다. 그 밖에도 도의선사나 가지산문에 대하여 조금씩 언급된 연구들이 있지만, 여기서는 생략하고 논지를 전개하는 과정에서 필요하면 소개하도록 하겠다.

2 李啓杓, 「新羅下代의 迦智山門」, 『全南史學』 7, 1993 및 曺凡煥, 「新羅 下代 體澄선사와 迦智山門의 개창」, 『정신문화연구』 100, 2005; 『羅末麗初 禪宗山門 開創 硏究』, 景仁文化社, 2008 참조. 그리고 이영호, 「신라 迦智山門의 法統과 位相 인식」, 『新羅文化』 32, 2008도 참고할 수 있다.

3 도의선사와 그 제자들, 특히 설악산을 중심으로 활동한 이들을 통칭해 '설악산문'으로 잠정적으로 부르기로 하겠다. 물론 신라 하대 선종사와 관련하여 설악산문이라는 것을 찾기는 힘들다. 그렇지만 도의선사가 주석했던 진전사와 그의 제자인 염거선사가 주석했던 억성사를 포함해서 설악산문이라고 잠정적으로 부르고자 한다. 다만 체징선사가 개창한 가지산문과는 별개의 산문임을 밝혀 둔다. 사실 엄밀히 말하면 체징선사도 도의선사의 법손이므로 설악산문 속에 포함해서 설명할 수 있을 것이다. 그렇지만 체징선사는 가지산문이라는 새로운 산문을 개창하였기 때문에 여기서는 설악산문과 가지산문을 구분하여 서술할 것이다. 한편 鄭東樂은 가지산문이라는 큰 틀에서 설악산을 중심으로 활동한 도의선사의 제자들을 '북산계(진전사·억성사 계열)'로 파악하고 있다(鄭東樂, 「眞空(855~937)의 생애와 사상」, 『한국중세사연구』 26, 2009, 13쪽).

4 다행스럽게도 2009년 7월 11일에 만해축전사업의 일환으로 '도의국사와 가지산문'이라는 주제로 학술회의가 개최되었고, 그 결과물이 『도의국사 연구』(김광식 외, 인북스, 2010.)라는 이름으로 발간되었음을 밝혀 둔다.

경에 대해서 검토할 것이다. 다음으로 그가 진전사에 주석하게 된 배경과 설악산문이 형성되는 과정을 살펴볼 것이다. 마지막으로 그가 열반에 든 이후 설악산문의 향배가 어떻게 되었을까 하는 것을 체징선사의 가지산문 迦智山門 개창과 연결하여 살펴볼 예정이다.

도의선사에 대한 많지 않은 기록을 기반으로 하여 논지를 전개하다 보니 논리적인 비약도 있을 것이다. 그렇다고 하더라도 기왕의 해석과는 다른 몇 가지의 새로운 해석을 해보고자 한다.

2. 도의선사의 귀국과 설악산 은거

도의선사가 당나라에서 귀국하게 된 배경과 그 이후의 행적과 관련해서는 다음과 같은 기록들을 주목할 수 있다.

A-1. 장경長慶 초初에 이르러, 도의道義라는 승僧이 서쪽으로 바다를 건너 중국에 가서 서당西堂의 오지奧旨를 보았는데, 지혜의 빛이 지장智藏선사와 비등해져서 돌아왔으니, 현계玄契를 처음 말한 사람이다. 그러나 원숭이의 마음에 사로잡힌 무리들이 남쪽을 향해 북쪽으로 달리는 잘못을 감싸고, 메추라기의 날개를 자랑하는 무리들이 남해를 횡단하려는 대붕의 높은 소망을 꾸짖었다. 이미 외우는 말에만 마음이 쏠려 다투어 비웃으며 '마어魔語'라고 한 까닭에 빛을 지붕 아래 숨기고 종적을 협소한 곳에 감추었는데, 동해의 동쪽에 갈 생각을 그만두고 마침내 북산에 은둔하였으니, 어찌 『주역周易』에서 말한 "세상을 피해 살아도 근심이 없다" 라는 것이겠는가. 꽃이 겨울 산봉우리에서 빼어나 선정의 숲에서 향기를 풍기매, 덕을 사모하는 자가 산에 가득하였고, 착하게 된 사람이 골짜기를 나섰으니, 도는 폐廢해질 수 없으며 때가 그러한 뒤에 행해지는 것이다[5](崔致遠 撰,「聞慶 鳳巖寺

―――――――――――――――
5 李智冠의 번역을 참고하기는 하였지만 그대로 따르지는 않았다. 필자가 해석을 새롭게 한 부

智證大師 寂照塔碑文」, 李智冠,『校勘譯註 歷代高僧碑文』(新羅篇), 伽山文庫, 1994, 302
~303쪽).

A-2. 처음에 도의道義선사가 서당西堂에게서 심인을 받은 후 우리나라에 돌
아와 그 선禪의 이치를 설하였다. 당시 사람들은 경전의 가르침과 관법을
익혀 정신을 보존하는 법을 숭상하고 있어, 무위임운無爲任運의 종宗은 아
직 이르지 아니하여 허망하게 여기고 존숭하지 않음이 달마가 양梁의 무제
武帝에게 받아들여지지 못한 것과 같았다(金穎 撰, 「長興 寶林寺 普照禪師 彰聖
塔碑文」, 李智冠, 위의 책, 1994, 106쪽).

위 A-1의 기록을 보면, 도의선사가 장경長慶(821~824) 초初에 당나라에
간 것으로 되어 있다. 그렇지만 실제로는 그때에 신라로 돌아온 것으로 보
인다.『조당집祖堂集』에는 도의선사가 건중建中 5년 갑자甲子에 사신인 한
찬 김양공金讓恭과 함께 바다를 건너 당에 들어갔다고 하였는데, 이때가
선덕왕宣德王 5년인 784년이다. 따라서 장경 초에 당나라에 간 것이 아니
라 오히려 그때에 신라로 귀국하였다고 볼 수 있는데, 이 시기가 821년 무
렵임을 짐작할 수 있다.[6] 그렇지만 도의선사의 귀국을 도운 인물이나 세력
집단이 누구인지 확실하게 알 수는 없는 형편이다.

그러면 도의선사가 귀국한 이후의 행적에 대하여 살펴보기로 하자. 이
를 위하여 A-1의 기록을 자세히 들여다보면 그는 경주에 들어가지 않았던
것으로 보인다. 그것은 "동해의 동쪽에 갈 생각을 그만두었다"라고 한 것

분도 있다. 이하 인용한 비문의 해석도 이와 같다.

6 高翊晉은 도의선사의 귀국 연대를 821년으로 파악하고 있다(高翊晉, 「新羅 下代의 禪傳來」,
『韓國禪思想研究』, 東國大學校 佛教文化研究院, 1985;『韓國古代佛教思想史』, 동국대학교 출
판부, 1989, 488쪽). 李啓杓도 앞의 논문, 1993, 268쪽에서 821년에 귀국한 것으로 파악하고
있다. 이하 여타의 많은 연구자도 이러한 견해를 수용하고 있다. 金杜珍도 819년(헌덕왕 11)에
당나라의 운주鄆州 절도사인 이사도李師道가 반란을 일으키자 당 헌종은 신라에 구원병을 청
하였고 신라에서는 3만 명의 병력을 파견하여 당나라를 도운 사실과, 다음 해인 820년에도 신
라에서 당나라에 사신을 파견한 사실을 들어 이 무렵에 귀국하였을 것으로 짐작하고 있다(金
杜珍, 앞의 책, 2007, 175~176쪽).

을 통하여 알 수 있다. 그 이유로는 도의선사의 전법 노력이 당시 불교계에서 용납되지 못하였기 때문이라고 같은 곳에 기록되어 있다. A-1의 기록에서 '마어魔語'라고 한 것이 그것을 입증한다. 이와 같은 A-1의 기록을 두고 현재 학계에서는 당시 불교계에서 교종의 세력이 우세하였기 때문으로 설명하고 있다.[7]

도의선사가 경주에 들어가지 않은 이유에 대한 또 다른 해석도 찾아볼 수 있다. 그가 귀국한 다음 해인 822년에 김헌창金憲昌의 난이 일어나 전국적으로 혼란하였기 때문이라는 것이다.[8] 당시 김헌창은 웅천주를 반란의 거점으로 삼고, 전라도와 충청도 일원, 그리고 경상도에서는 남쪽의 김해·진주 지역과 북쪽의 상주 지역에 이르기까지 호응을 받았다. 결국 경주와 몇몇 지역을 제외한 대부분의 곳에서 반란에 호응하였다고 볼 수 있다. 이 같은 상황에서 도의선사가 경주에 들어가는 것이 쉽지 않았을 것이다.[9] 이와 같은 견해들을 종합해 볼 때, 도의선사는 귀국한 이후 당시 불교계의 동향과 정치적인 사정으로 말미암아 경주에 들어가지 못하였을 것으로 헤아려진다.

그렇지만 이상과 같은 견해 이외에도 도의선사가 경주에 들어가지 못한

---

7 李啓杓, 앞의 논문, 1993, 9쪽 및 金杜珍, 앞의 책, 2007, 178쪽을 참조할 것.

8 高翊晋, 앞의 책, 1989, 488쪽 및 석길암, 「羅末麗初 불교사상의 흐름에 대한 일고찰—선의 전래와 화엄종의 대응을 중심으로—」, 『韓國思想史學』 26, 2006, 43쪽.

9 鄭東樂은 앞의 논문, 2003, 25쪽에서 "도의가 김헌창의 난 이전에 은거하였다면 김주원계의 지원을 기대하면서 양양 지역행을 택했을 가능성이 있고, 김헌창의 난 이후에 은거하였다면 그 난에 연루되었기 때문일 수도 있다. 은거 후에 그의 산문이 번성하였다는 것으로 보아 김주원계의 지원을 예상할 수 있기 때문이다"라고 하였다. 그렇지만 이러한 견해는 문제가 있다. 도의선사와 김주원계를 연결시킬 수 있는 실마리가 전혀 보이지 않기 때문이다. 물론 도의선사의 출신지가 북한산주라는 것을 근거로 들어 설명하고 있지만, 김주원계와 연결 지을 수 있는 근거로는 보이지 않는다. 더구나 김주원과 관련된 기록에 대해서 현재 그것을 사료로 인용할 수 없다고 하는 연구도 나와 있는데(金興三, 「신라말 崛山門 梵日과 金周元系 관련설의 비판적 검토」, 『韓國古代史硏究』 50, 2008 참조), 이를 참고로 할 때 도의선사를 김주원계와 연결시키는 것은 무리가 따른다.

또 다른 이유를 생각해 볼 수 있다. 그것은 바로 그를 경제적으로 후원해 줄 정치 세력과 직접적으로 연결되지 못하였기 때문이 아니었을까 한다. 비록 도의선사가 활동하던 시기와는 조금 시간적인 거리가 있기는 하지만, 신라 하대 선승들이 당나라에서 귀국한 이후 왕실이나 진골 귀족을 단월로 삼아 산문을 개창하였다는 것은 너무나 잘 알려져 있다. 예컨대 무염 無染(800~888)선사가 대표적인 예이다. 그는 당나라에 들어갈 때 배를 태워 주었던 김흔金昕의 도움으로 성주사聖住寺에 주석할 수 있었다. 그리고 당시 시중侍中이던 김양金陽의 도움을 받아 성주산문聖住山門을 개창할 수 있었다.[10] 이러한 사실로 볼 때 당나라에서 귀국한 선승들이 경주의 진골 세력을 단월로 삼아 산문을 개창하였음은 더 이상 논쟁의 여지가 없어 보인다.

이러한 관점에서 볼 때 도의선사의 경우에는 단월 세력을 쉽게 구하지 못하였던 것으로 보인다. 그가 당나라에 들어갈 때 배를 태워 주었던 김양공의 경우 도의선사가 신라에 돌아왔을 때에는 이미 사망하였을 가능성이 높다. 왜냐하면 도의선사가 당나라에서 보낸 시간이 거의 40년이나 되기 때문이다. 또한 경주에서도 그를 도와줄 단월을 찾는 일이 쉽지 않았을 것이다. 왕실이나 진골 귀족들이 김헌창의 난을 진압하는 데 모든 관심을 쏟고 있었기 때문이다. 게다가 A-1의 기록에서도 볼 수 있듯이, 도의선사의 말이 마어라고 비난받았다고 하는 것으로 보아 그에 대한 소식이 왕실 및 진골 귀족에게 잘못 알려져 있었다고 보아도 좋을 것이다. 사정이 이러하였던 만큼 왕실 및 진골 귀족들은 그에게 경제적 지원의 손길을 내밀지 못하였던 것으로 생각된다. 이러한 이유들로 인하여 도의선사가 경주에 들

---

10 曺凡煥, 『新羅禪宗研究』, 一潮閣, 2001, 45~54쪽 참조. 무염선사 이외에도 산문의 개창조를 살펴보면 대체로 왕실과 연결되어 있었음을 알 수 있다. 이에 대해서는 曺凡煥, 앞의 책, 2008 을 참조할 것.

어가는 일이 쉽지 않았을 것이다.

그러면 도의선사는 왜 북산인 설악산으로 은둔하였는지 살펴보자. A-1
의 기록에서 은둔이라는 표현이 보이는데, 이는 곧 그가 설악산으로 들어
가 그곳에서 머물렀다는 것을 의미한다.[11] 이와 관련하여 다음의 기록은
도의선사가 설악산으로 가게 된 배경을 이해하는 데 도움을 준다.

> B-1. 열두 살을 넘기고 나서는 여러 학문을 비루하게 여기고 불도에 들어가
> 려는 뜻을 가지게 되었다. (중략) 이에 설악산雪嶽山 오색석사五色石寺로
> 들어가 머리를 깎고 물들인 옷을 입고서 경을 읽어 뜻을 잘 이해하였고 부
> 족한 것을 보충하는 데 힘을 다하였다. 이 절에 법성法性선사라고 하는 분
> 이 계셨는데, 일찍이 당나라에 가서 능가선楞伽禪을 배웠다. 대사는 이분
> 에게 수년간 배웠는데 하나도 빠뜨리지 않고 열심이었다(崔致遠 撰,「藍浦 聖
> 住寺 朗慧和尙 白月葆光塔碑文」, 李智冠, 앞의 책, 1994, 180쪽).
> B-2. 이로써 점차 현정玄情을 밝혀 불교에로 눈을 돌려 법안法眼을 엿보았
> 다. (중략) 『능가경楞伽經』과 아울러 정법안장正法眼藏인 전심傳心의 요
> 체要諦를 전해 주었다(崔彦撝 撰,「豊基 毗盧庵 眞空大師 普法塔碑文」, 李智冠, 『校
> 勘譯註 歷代高僧碑文』(高麗篇1), 伽山文庫, 1994, 111~112쪽).

위 B-1의 기록을 보면, 무염화상은 어린 나이(13세, 812년)에 출가하였
는데, 설악산 오색석사로 들어가 법성法性선사 아래에서 공부하였다고 한
다. 법성선사는 당나라에서 능가선楞伽禪을 배웠다고 하는데, 능가선은
『능가경楞伽經』을 소의경전所依經典으로 하고 있다. 이 경은 또한 북종선
北宗禪의 소의경전으로, 중국 선종의 제1조인 달마達磨가 중요하게 여겼
다고 전한다. 이러한 사실로 미루어 볼 때 이미 신라에는 북종선이 들어와

---

11 김양정은 "도의의 '설악산 불교'는 '은거'라는 표현이 적절하지 않다. 이곳은 한국 선종을 이
  끌고 갈 인재를 배출하는 요람이자 선맥禪脈의 장강을 흐르게 하는 원천으로서 역할을 하던
  곳으로 이해하는 것이 더 타당하다"라고 하였다(김양정, 앞의 논문, 2008-2, 247~248쪽).

있었고, 설악산을 중심으로 자리를 잡고 있었던 것으로 보인다. 또한 B-2의 기록은 도의선사의 법통을 이은 진공眞空(855~937)선사 △운△運이 『능가경』과 밀접한 관련이 있었음을 알려 준다. 이러한 사실은 뒤집어 말하면 도의선사도 『능가경』과 불가분의 관계에 있었음을 의미한다 하겠다.

이상의 B-1과 B-2의 두 기록을 통해서 볼 때, 신라 하대에 전래된 초기 남종선南宗禪 사상은 북종선 사상과도 밀접한 관련을 맺고 있었음을 알 수 있다. 또한 남종선 사상이 능가선 사상의 경향을 가졌다고 하는 만큼,[12] 북종선의 맥이 펼쳐져 있던 설악산에 도의선사가 자리하였다는 것은 결코 우연한 일이라고 볼 수는 없을 것이다. 결국 도의선사가 남종선을 널리 펴기 위하여 북종선을 하나의 밑거름으로 삼았다고 해도 지나친 말은 아닐 것이다. 이를 통하여 도의선사가 설악산을 택한 이유를 어렵지 않게 헤아릴 수 있다.

그런데 당시 북종선은 설악산뿐만 아니라 지리산을 중심으로도 그 영향력을 미치고 있었다.[13] 북종선은 신행神行(704~779)선사가 신라에 들여온 이후 한때 왕실의 핵심적인 세력이 지원을 했던 만큼 그 영향력이 적지 않았다. 지리산 단속사斷俗寺가 그 중심이었는데, 김헌정金獻貞이 죽은 이후 비록 세력이 약해지긴 했지만 그 영향력은 여전히 유지하고 있었다. 그럼에도 불구하고 도의선사가 지리산을 택하지 않고 설악산으로 향한 것은 나름의 이유가 있었을 것이다. 그것은 역시 김헌창의 난을 돌려놓고는 생각할 수가 없다. 당시 김헌창의 난이 일어나 전국 각지가 혼란스러웠지만 명주 지역은 혼란에서 비켜나 있었다.[14] 그러한 사정을 헤아린 도의선사가 지리산보다는 명주의 설악산을 택한 것으로 볼 수 있다.

---

12 金杜珍,「新羅下代 禪宗思想의 成立과 그 變化」,『全南史學』11, 1997; 앞의 책, 2007, 403쪽.
13 鄭善如,「新羅 中代末·下代初 北宗禪의 受容─〈丹城斷俗寺神行禪師碑文〉을 중심으로─」,『韓國古代史硏究』12, 1997, 314쪽.
14 朱甫暾,「新羅 下代 金憲昌의 亂과 그 性格」,『韓國古代史硏究』51, 2008, 252~253쪽.

3. 도의선사의 진전사 주석과 설악산문 개창

그렇다면 도의선사는 설악산에 도착한 직후 곧바로 진전사로 갔는지, 그리고 진전사에는 어떻게 하여 주석하게 되었는지 등이 궁금하다. 우선 앞의 의문점부터 해결해 보기로 하자. 기록에 따르면 도의선사가 설악산으로 들어가 주석한 곳이 진전사였다고 하는데, 그것은 『조당집』을 통하여 알 수 있다. 즉, '설악雪嶽 진전사陳田寺 원적元寂선사'라고 한 것을 통하여 짐작이 가능하다. 그리고 이러한 기록을 바탕으로 하여 많은 연구자가 도의선사가 귀국하여 곧바로 진전사로 들어갔다고 하였다.

그렇지만 이러한 기록은 도의선사가 그곳에 주석하다가 열반에 들었다고 하는 것만을 명확하게 알려 줄 뿐이다. 그렇기 때문에 그가 처음부터 그곳에 가서 머물렀다고 단정할 수는 없다. 어쩌면 설악산의 어느 곳인가에 머물러 있다가 진전사에 주석하게 되었을 가능성도 생각해 볼 수 있다. 그것은 다른 선사들의 경우를 통해서도 충분히 짐작할 수 있기 때문이다. 예컨대, 동리산문桐裏山門을 개창한 혜철慧徹(785~861)선사의 경우를 보면 그는 태안사太安寺에 주석하기 이전까지 쌍봉사雙峯寺와 이악理嶽(이악은 지리산을 말한다)에 위치한 사찰 등에 머물러 있었다.[15] 현욱玄昱(787~868)선사도 고달사高達寺에 주석하기 이전에 실상사實相寺에 머물다가 혜목산慧目山으로 옮겨 갔고, 그 후 경문왕景文王이 마련해 준 고달사에 주석하게 되었다.[16] 이러한 사실로 미루어 볼 때 도의선사도 처음부터 진전사에 주석했다고는 생각되지 않는다. 설악산에 있으면서 종신처終身處를 구하는 과정에서 진전사로 가게 되었다고 믿어진다.

---

15 曺凡煥, 「新羅 下代 慧徹선사와 桐裏山門의 개창」, 『民族文化論叢』 34, 2006; 앞의 책, 2008, 62~66쪽.

16 曺凡煥, 「新羅 下代 圓鑑禪師 玄昱의 南宗禪 受容과 活動」, 『동북아 문화연구』 14, 2008, 18~22쪽 및 본서 제1편 제2장 참조.

그러면 이제 어떻게 하여 도의선사가 진전사에 주석하게 되었는지에 대하여 알아보기로 하자. 그가 진전사에 가게 된 이유 및 배경이 어디에 있었을까 하는 점이다. 이는 앞에서 다룬 의문보다 더 어려운 부분이다. 진전사를 지원하였던 세력을 찾아낼 구체적인 사료가 보이지 않기 때문이다. 그렇지만 다음의 기록이 이러한 의문을 해결하는 출발점이 되지 않을까 싶다.

C. 그때 마침 우리나라 스님 도의道義가 먼저 중국에 와서 도를 구하였는데, 우연히 서로 만나 바라는 바가 일치하였으니 서남쪽에서 벗을 얻은 것이다. 사방으로 멀리 찾아다니며 부처님의 지견知見을 증득하였다. (중략) 태화太和 4년(830년) 귀국하여 대각大覺의 상승上乘 도리로 우리나라 어진 강토를 비추었다. 흥덕대왕興德大王이 편지를 보내 환영하고 위로하며, "도의道義선사가 전날에 이미 돌아왔고, 스님께서 이어 돌아오시니 두 보살이 되었도다. 옛날에 흑의黑衣를 입은 호걸(黑衣二傑)이 있었다고 들었는데, 지금은 누더기를 걸친 영웅을 보겠도다. 하늘까지 가득한 자비의 위력에 온 나라가 기쁘게 의지하리니 내가 장차 동쪽 계림 땅에 상서로운 곳을 만들겠다"라고 하였다(崔致遠 撰,「河東 雙谿寺 眞鑑禪師 大空靈塔碑文」, 李智冠, 앞의 책(신라편), 1994, 142~143쪽).

위 C의 기록을 자세히 살펴보면, 혜소慧昭(774~850)선사와 도의선사가 당나라에서 만났음을 알 수 있다. 서남쪽에서 벗을 얻었다고 한 것으로 보아 두 사람은 당나라에서 매우 친한 사이가 되었던 것 같다. 더욱 중요한 사실은 혜소선사가 돌아온 해가 830년인데, 이후 두 선사가 다시 만났을 가능성도 있다. 그러나 무엇보다 주목할 만한 사실은 왕실에서 혜소선사와 더불어 도의선사에 대하여도 잘 알고 있었다는 점이다. 흥덕왕興德王은 도의선사와 혜소선사를 '흑의이걸黑衣二傑'로 표현하고 있다. 그만큼 왕실에서는 혜소선사와 더불어 도의선사에 대하여도 관심을 가지고 있었다는 얘기일 것이다. 그리고 흥덕왕이 두 선사를 통하여 동쪽 땅 계림을 상서로운 곳으로 만들고자 한다고 했는데, 이를 통하여 그 대우 정도를 헤아릴 수 있다.

앞서도 언급하였지만, 도의선사가 귀국하였을 때 왕실에서는 그의 존재에 대하여 알고 있었다. 그렇지만 당시의 정치적인 상황 등으로 말미암아 그에게 지원의 손길을 건넬 수가 없었다. 김헌창의 난이 진압된 이후 흥덕왕이 도의선사에게 깊은 관심을 가지게 된 것은 이전부터 그의 존재를 알고 있었기 때문에 가능하였을 것이다.

이상과 같은 사실로 미루어 볼 때, 적어도 왕실에서는 도의선사에 대하여 파악하고 있었을 것이다. 더 나아가 왕실에서 그가 주석할 수 있는 사찰을 마련해 준 것은 아니었을까 하는 생각도 하게 된다. 물론 위의 기록만으로 이러한 추측을 하는 것이 무리라고 생각될 수도 있겠지만, 현욱선사의 경우를 예로 들면 충분히 가능한 얘기이기 때문이다. 현욱선사의 경우 신라로 돌아온 이후 여러 곳을 다니다가 결국 경문왕이 정해 준 고달사에 머물게 되었다. 그리고 왕실에서는 계속해서 그에 대한 관심의 끈을 늦추지 않았다.[17] 따라서 도의선사가 진전사에 주석하게 된 계기도 왕실을 돌려놓고는 설명하기 어렵다.[18]

그리고 더욱 중요한 사실은 흥덕왕興德王이 선종에 깊은 관심을 보였다는 점이다. 그 이유에 대해서는 여러 가지 견해가 도출되어 있다. 하대의 왕

---

17 曺凡煥, 앞의 책, 2008, 22쪽 참조.
18 진전사는 도의선사가 그곳에 주석하기 이전에 창건되었을 가능성이 높다(鄭永鎬, 「陳田寺址 유적 유물 조사─石塔과 浮屠의 복원을 계기로─」, 단국대학교 박물관, 『陳田寺址 發掘報告』, 1989; 『道義國師와 陳田寺』, 學研文化社, 2005, 55~56쪽). 이러한 사실을 염두에 두면 왕실에서 도의선사가 거처할 수 있는 곳으로 진전사를 정해 준 것은 아닐까 한다. 진전사가 역사적인 의미를 가지게 된 것은 도의선사가 주석한 이후부터라고 생각되는데(金杜珍, 앞의 책, 2007, 177쪽), 이러한 생각이 타당하다면 도의선사와 왕실은 불가분의 관계에 있었다고 해야 할 것이다.

실이 방계傍系인 점을 극복하기 위하여 이단인 선종에 관심을 두었다거나,[19] 선종의 혁명적인 성격에 공감을 느꼈기 때문이라고 파악하기도 한다.[20] 또 선사상과 화엄사상의 융회를 꾀하기 위한 것으로 보기도 하고,[21] 교종에 대한 견제책으로 파악하기도 한다.[22] 어떻든 왕실에서 선종에 관심을 가지고 있었던 것은 사실이고, 선승인 도의선사에 대해서도 관심을 기울인 것 또한 부인하기 어려울 것이다. 그럼에도 도의선사가 왕실과 어떤 관계를 유지했는가에 대하여 밝혀진 것이 없는 것은 그가 왕실과 소원했던 때문이 아니라 나이가 많았던 것과 직접적인 관련이 있지 않을까 한다.

도의선사는 경덕왕대景德王代인 750년 무렵에 태어나 20세를 전후하여 출가하였고, 30세 전후인 선덕왕宣德王 5년(784)에 입당하였다.[23] 그리고 40여 년을 당에서 머물다가 헌덕왕憲德王 13년(821) 무렵에 귀국하였다. 그리고 830년 이후 멀지 않은 시기에 열반에 들었을 가능성이 있다.[24] 이러한 견해가 허용된다면 도의선사는 너무 연로하여 왕실의 초빙에 응하지 못했던 것이 아닌가 하는 생각에 이르게 된다.[25] 그런 상황에서 혜소선사가 귀국하자 왕실에서는 도의선사를 대체할 수 있는 그에게 주목한 것이라 할 수 있다.[26]

---

19 高翊晋, 앞의 책, 1989, 530쪽. 그렇지만 이 문제에 대해서는 좀 더 천착할 필요가 있다.
20 崔柄憲, 「禪宗 九山의 成立과 下代 佛教」, 『한국사』 3, 탐구당, 1974, 554쪽.
21 李基東, 「新羅 興德王代의 政治와 社會」, 『國史館論叢』 21, 1989; 『新羅社會史研究』, 一潮閣, 1997, 179쪽.
22 金楨權, 「眞鑒禪師 慧昭의 南宗禪 受容과 雙谿寺 創建」, 『湖西史學』 27, 1999, 18쪽.
23 도의선사의 출생 시기에 대하여 대략적인 추측이 이루어지고 있는데, 정동락, 앞의 논문, 2003, 12쪽에서는 760년대 초반으로 추정하고 있다. 그리고 김양정, 앞의 논문, 2008-1, 446쪽에서는 750년경에 태어난 것으로 파악하고 있다. 그렇더라도 10년 정도의 차이만 있을 뿐이다.
24 김양정, 앞의 논문, 2008-1, 446쪽.
25 물론 도의선사는 흥덕왕이 즉위하기 이전에 입적하였을 가능성도 있다. 그렇기 때문에 흥덕왕의 직접적인 지원이 없었을 수도 있다. 다만 도의선사 사후 흥덕왕이 도의선사에 대하여 재평가하였을 가능성이 있고, 그런 과정에서 진전사에 지원을 했을 수도 있다. 어떻든 흥덕왕이 그에게 관심을 가지고 있었음은 부인할 수 없을 것이다.

이상과 같이 볼 때, 도의선사는 처음부터 설악산 진전사로 들어간 것이 아니고 다른 곳에 머물다가 흥덕왕의 배려로 그곳에 주석하게 되었을 수 있다. 그 결과 그는 왕실과도 밀접한 관계를 유지하였을 것이라는 추측이 가능해진다.

이제 도의선사가 진전사에 주석한 이후 불교계에서 지니게 된 영향력에 대하여 검토해 보기로 하자. 도헌道憲(824~882)선사의 비문에서 보면 진전사는 상당히 번창하였음을 알 수 있다(A-1 기록 참조). 그것은 도의선사의 제자들이 상당수에 이르렀다는 것을 통해서도 입증된다. 하지만 여기서는 도의선사의 제자들에 대한 검토보다는 도의선사가 진전사에 주석한 이후 그곳을 찾은 승려들에 대하여 먼저 살펴보기로 하자.

우선 지리산에서 실상산문實相山門을 개창한 홍척洪陟(생몰년 미상)선사를 주목할 수 있는데, 그는 826년 무렵 귀국한 이후[27] 잠시 설악산에 머물렀다고 한다.[28] 그렇다면 홍척선사는 귀국해서 실상사를 창건하기 이전에 잠시 설악산에서 머물렀다는 것인데, 이를 입증하기 위하여 그의 제자인 수철秀澈(815~893)화상의 행적을 잠시 살펴보도록 하자.

수철화상은 15세(829년)에 출가하였는데, 명주 지역에 위치한 복천사에서 계戒를 받았을 때가 21세(835년)였다.[29] 그는 계를 받은 이후 설악산에

---

26 金楨權은 홍척선사보다 혜소선사의 귀국이 더 빨랐을 것으로 파악하고 있다(金楨權, 앞의 논문, 1999, 14쪽의 주 41번 참조).

27 曺凡煥, 앞의 책, 2008, 35쪽.

28 추만호, 『나말려초 선종사상사 연구』, 이론과 실천, 1992, 77쪽. 추만호가 이러한 해석을 한 이유는 그가 수철화상의 비문을 새롭게 판독하였기 때문이다. 그는 기왕에 이루어진 수철화상 비문의 판독과는 달리 새로운 글자를 첨가함으로써 더 많은 것을 알려 주고 있다. 수철화상의 비문을 최치원이 찬술한 것으로 판독한 것도 한 예이다. 그렇지만 그의 판독문은 수긍할 수 없는 점이 한둘이 아니다. 최치원이 찬술하였다고 하는 것도 그중의 하나이다. 다만 수철화상이 설악산에 간 것은 다른 판독자들도 동의하고 있으므로 그것은 분명하다고 할 수 있다.

29 한국금석문영상정보시스템(http://gsm.nricp.go.kr/_third/user/main.jsp)에 올라 있는 정병삼의 판독문과 번역문을 근거로 한 것이다.

들렀다고 하는데, 이는 도의선사의 영향력이 컸기 때문일 것이다. 그런데 그가 설악산에 들렀을 때 도의선사를 만났을 가능성은 희박하다. 도의선사보다는 진전사에 주석하고 있던 도의선사의 제자나 혹은 억성사에 있던 염거선사를 만났을 가능성이 더 크다. 그 후 그는 그곳에 머물지 않고 발길을 돌려 실상산문의 홍척선사를 찾았다. 당시 홍척선사는 남원에서 이미 실상사를 개창하고 그곳에 주석하고 있었다.[30] 이러한 사실로 미루어 볼 때 수철화상이 홍척선사를 찾아가게 된 것은 염거선사나 혹은 진전사의 승려가 홍척선사를 소개하였기 때문일 수 있다.[31] 이것을 역으로 생각하면 홍척선사가 귀국한 이후 진전사의 도의선사를 찾아갔던 것으로 해석해도 크게 무리는 아닐 것이다. 왜냐하면 두 선사 모두 서당선사의 제자였기 때문이다. 또한 홍척선사가 설악산에 들렀을 때 염거선사도 홍척선사를 만났을 가능성이 얼마든지 있기 때문이다. 따라서 설악산 쪽에서는 이미 홍척선사의 위상을 알고 있었음에 틀림이 없을 것이다.

이상과 같은 설명이 타당하다면, 홍척선사는 귀국한 이후 설악산 진전사에 들러 도의선사를 만났을 가능성이 높다. 그리고 도의선사의 전법을 자세하게 지켜보았을 것이고, 선종을 전파할 수 있는 방법에 대하여 의견을 나누었을 것이다. 따라서 수철선사가 설악산에 들렀다가 홍척선사를 찾아가 그의 제자가 된 데에는 이러한 사정이 내재되어 있었다고 볼 수 있다.

다음으로 도의선사의 문도들에 대해서 살펴보기로 하자. 다음의 기록이 무엇보다 주목된다.

---

30 曹凡煥, 앞의 책, 2008, 37쪽.
31 홍척선사와 수철선사가 처음 만난 것에 대하여 필자는 정병삼의 판독문을 근거로 두 사람이 처음 만난 곳을 실상사로 파악하였다. 하지만 정동락은 수철선사가 홍척선사를 처음 만난 것은 홍척선사가 경주를 방문하였을 때이고, 이후 다시 실상사를 찾아가 인가를 받은 것으로 파악하고 있다(鄭東樂, 「秀澈和尙(815~893)과 新羅王室」, 『韓國古代史探究』 3, 2009, 93쪽 참조).

D. 처음에 도의道義선사가 서당西堂에게서 심인을 받은 후 우리나라에 돌아
와 그 선禪의 이치를 설하였다. 당시 사람들은 경전의 가르침과 관법을 익
혀 정신을 보존하는 법을 숭상하고 있어, 무위임운無爲任運의 종宗은 아직
이르지 아니하여 허망하게 여기고 존숭하지 않음이 달마가 양梁의 무제武
帝에게 받아들여지지 못한 것과 같았다. 이런 까닭으로 때가 아직 이르지
않았음을 알고 산림에 은거하여 법을 염거廉居선사에게 부촉하였다. (염거
선사는) 설산雪山 억성사億聖寺에 머물러 조사의 마음을 전하고 스승의 가
르침을 여니 우리 선사가 가서 섬겼다. 일심을 맑게 수양하고 삼계에서 벗
어나기를 구하여 목숨을 자기 목숨으로 여기지 아니하고 몸을 자기 몸으로
여기지 아니하였다. 염거선사가 그 뜻과 기품에 짝할 사람이 없고 소양과
기개가 빼어남을 알아, 현주玄珠를 부촉하고 법인을 전수하였다(金穎 撰,
「長興 寶林寺 普照禪師 彰聖塔碑文」, 李智冠, 앞의 책(신라편), 1994, 106~107쪽).

위 D의 기록을 보면, 도의선사의 제자들 가운데 염거선사를 눈여겨 볼
수 있다. 그의 생년은 미상이나 몰년은 844년이다. 그가 도의선사를 찾아
가게 된 이유를 구체적으로 헤아리기는 어렵지만, 도의선사의 이름이 이미
널리 알려져 있었기 때문일 것이다. 그는 도의선사에게서 법을 받은 이후
억성사에 머물면서 조사의 법을 전하였는데, 체징선사가 그 법을 이었다.

현재 억성사는 선림원지로 추정되고 있는데,[32] 이곳은 염거선사 이외에
이관利觀(811?~880)선사도 주석하였던 곳이다. 이관선사는 도의선사에게
서 직접 법을 받았다기보다는 염거선사를 통하여 법을 받았을 것으로 헤
아려진다.[33] 따라서 이관선사를 도의선사의 문도로 보는 데에 무리는 없을
것이다.

억성사와 관련해서 봉림산문鳳林山門의 심희審希(855~923)선사를 주목

---

32 權悳永, 「弘覺禪師塔碑文을 통하여 본 新羅 億聖寺址의 추정」, 『史學研究』 55 · 56합집, 1998
참조.
33 權悳永, 위의 논문, 1998, 86쪽.

할 수 있다. 그는 문덕文德 초년부터 건녕乾寧 말년까지 송계선원에 머물 렀다. 이후 잠시 설악에 머물렀다고 하는데, 여기서 말하는 설악이 억성사 가 아닐까 추측되기도 한다.[34] 그곳은 그의 사형인 이관선사가 머물렀던 곳이다.[35] 이관선사는 현욱선사 아래에서 공부를 하였고 심희선사 또한 현 욱선사의 제자이므로 그러한 추론이 가능하다. 심희선사가 억성사에 잠시 나마 머물렀다는 것은 설악산문의 영향력이 컸다는 것을 보여 주는 증좌 라 하겠다.[36]

이제 진공선사 △운의 비문을 통하여 설악산문 형성이라는 문제에 조금 더 다가가 보기로 하자. 다음의 기록이 많은 참고가 된다.

> E. 스승의 갑작스런 말을 듣고 슬픔을 이기지 못하여 문득 암혈巖穴을 떠나서 길을 찾아 나섰다. 우연히 선려禪廬에 이르러 잠시 몸을 멈추었는데, 이곳 은 한 선사禪師가 거처하는 곳이었다. (중략) 이때 북으로 운잠雲岑을 가리 키면서 "설악雪岳 가운데에는 해동海東의 선조인 도의道義대사가 있어, 적수赤水에서 진리를 찾아 서당西堂의 심인을 얻어 청구靑丘로 돌아와 동 토東土의 스승이 되었다. 후생後生의 우두머리가 되어 선철先哲의 가르침 을 온축하게 하였다"라고 한다. 이에 엄명嚴命을 받들어 준수하여 진전사 陳田寺에 이르렀다. 기쁜 것은 친히 유허遺墟를 밟고 그 영탑靈塔에 참례 하고, 진영을 보며 추모하면서 길이 제자의 의례를 편 것이었다(崔彦撝 撰, 「豊基 毗盧庵 眞空大師 普法塔碑文」, 李智冠, 앞의 책(高麗篇1), 1994, 117~118쪽).

위 E의 기록을 보면, 진공선사는 어떤 선사를 만나 그의 가르침을 받고 진전사로 가게 되었다고 한다. 진공선사를 진전사로 가게 한 선사가 누구

---

34 曺凡煥, 「新羅 下代 審希禪師와 鳳林山門의 개창」, 앞의 책, 2008, 90~91쪽.
35 金龍善, 「玄昱·審希·璨幽와 여주 고달사」, 『한국중세사연구』 21, 2006, 124쪽.
36 억성사를 거쳐 갔던 승려로 이관선사의 제자인 범룡梵龍과 사의使義, 그리고 각지覺智도 빼 놓을 수 없다(權悳永, 앞의 논문, 1998, 86쪽).

인지는 알 수 없지만, 적어도 도의선사나 염거선사의 법을 이은 선승임에는 틀림이 없을 것이다. 진공선사가 진전사에 도착하여 도의선사의 영탑에 참례하고 제자의 예를 올렸던 것으로 보아 설악산문이 크게 번성하였음을 알 수 있다. 또 원주 흥법사의 충담忠湛(869~940)선사도 "설산에서 성도하였다"라고 하는데,[37] 이러한 사실도 설악산문의 흥성을 보여 주는 것으로 해석된다.

이상에서 보면, 도의선사는 진전사에 주석한 이후 염거선사와 같은 제자를 배출하였으며 그 이후로도 많은 제자가 그곳에서 활동하였음을 알 수 있다. 염거선사가 억성사에 거주하며 체징선사와 같은 제자를 길러냈듯이 진전사에는 도의선사의 또 다른 제자들이 있었음을 어렵지 않게 알 수 있다.[38] 이렇게 볼 때 도의선사의 진전사는 설악산문의 중심 사찰이 되고, 염거선사와 이관선사가 주석하였던 억성사는 비록 방계이기는 하지만 설악산문에 포함된다고 할 수 있다.[39] 이렇게 하여 설악산문이 형성되었다고 할 수 있다. 그리고 이러한 설악산문은 당나라에서 법을 받고 돌아온 선승들에게는 이미 그 이름이 알려져 있었을 것이다. 그것은 설악산문을 찾는 선승들의 발길이 계속 이어졌다는 것을 통하여 알 수 있다.

---

37 王建 撰, 「原州 興法寺 眞空大師塔碑文」, 李智冠 『校勘譯註 歷代高僧碑文』(高麗篇1), 伽山文庫, 1994, 180쪽. 설산雪山을 눈덮인 산으로 볼 수도 있지만, 설악산으로 해석하는 것에 따른다.
38 金杜珍, 앞의 책, 2007, 178~180쪽.
39 여기서는 진전사를 중심으로 활동한 계열을 진전사계, 그리고 억성사를 중심으로 활동한 인물들을 억성사계로 분류하고자 한다.

4. 가지산문에서 도의선사의 재탄생

앞에서 도의선사가 진전사에 주석한 이후 그와 그의 제자들이 설악산 일대에서 영향력을 확대하면서 설악산문이 형성되었음을 알아보았다. 그런데 앞서 보았듯이 설악산문은 진전사계와 억성사계로 분리되어 있었다. 그것은 염거선사의 행적을 통하여 알 수 있는데, 그는 도의선사가 열반에 든 이후에도 계속해서 억성사에 머물러 있었다(D 기록 참조). 이는 그가 억성사에서 진전사로 옮겨 주석하지 않았다는 것을 의미한다. 이렇게 보면 진전사와 억성사는 설악산문이라는 테두리 속에서 서로 균형을 유지하고 있었다고 볼 수 있다. 그러면 설악산문이 이러한 균형 관계를 유지하면서 계속 발전하였는지 아니면 새로운 변화의 격랑 속으로 빠져들게 되었는지 그 흐름을 추적해 보기로 하자.

도의선사가 열반에 든 이후 진전사에는 그의 탑비가 세워졌다.[40] 도의선사의 비는 체징선사의 비가 세워지는 884년(헌강왕 10년) 이전에는 세워졌을 것으로 보인다.[41] 그런데 진공선사가 870년대 중반 무렵에 진전사에 들러 영탑에 참례하였다고 하는 기록(E 기록 참조)이 있는 것으로 보아[42] 도의선사 비의 건립 연대는 더 올라갈 수도 있다.

그러면 과연 누구의 도움으로 진전사에 도의선사의 탑비를 세울 수 있었는지 알아보기로 하자. 이를 알려 줄 만한 기록이 없어 그 구체적인 사정을 헤아리기는 어렵지만, 신라 하대 선승들 탑비의 대다수가 왕실의 지원으로 건립되었음을 염두에 둘 필요가 있다.[43] 이러한 사실로 미루어 보면, 도의

---

40 『조당집祖堂集』 권17의 도의선사에 대한 내용 가운데 '여여비문餘如碑文'이라는 구절을 통하여 알 수 있다.
41 金杜珍, 앞의 책, 2007, 179쪽 주 17번 참조.
42 물론 비보다는 부도가 먼저 세워졌을 가능성도 있다. 그러나 영탑이라고 한 것으로 볼 때 비와 부도를 통칭하는 것으로 생각된다.

선사의 탑비도 왕실의 지원으로 이루어졌다고 보아도 좋지 않을까 싶다. 앞서도 보았듯이, 흥덕왕이 도의선사에게 관심이 있었고 이후 왕실에서 선승들에게 적잖은 관심을 가지고 있었기 때문에 이러한 추측은 크게 무리가 없을 것이다. 다만 여기서 새로운 의문 한 가지를 더 해결해야 한다. 즉, 누가 도의선사 탑비의 건립을 주관하였을까 하는 것이다. 진전사 계열인지 아니면 억성사 계열의 선사들이 주관하였는지 알아볼 차례이다. 이와 관련하여 다행스럽게도 이관선사의 활동이 우리의 주목을 끈다.

　이관선사는 873년경 설악산 억성사에 머물고 있던 중에 왕실에 초빙되어 강설을 하고 돌아왔다.[44] 그리고 그가 천화하자 왕실에서 사람을 보낸 것으로 보아 그의 위상이 컸다는 것을 헤아릴 수 있다. 이러한 사실로 볼 때, 진전사에 도의선사의 비가 세워지게 된 것이 이관선사와 결코 무관하게 보이지는 않는다. 도의선사가 열반에 든 이후 진전사에 그의 탑비가 없는 것을 헤아린 이관선사가 왕실을 방문하였을 때 도의선사의 탑비 건립을 요청했을 수도 있기 때문이다. 이에 왕실에서는 이관선사의 청을 받아들여 탑비의 건립을 추진하였고, 그 결과 진전사에 도의선사의 탑비가 세워졌을 수 있다.[45] 물론 이관선사의 왕실 방문을 가지고 이러한 해석을 하는 것이 무리일 수도 있지만, 적어도 도의선사의 탑비가 건립되는 과정을 이관선사의 행보를 배제하고는 쉽게 설명할 수가 없기 때문이다. 그리고 이러한 점이 인정된다면, 진전사계보다는 방계인 억성사계의 위상이 높았음을 보여 주는 것으로 해석해도 큰 무리는 없을 것이다. 이와 같이 설악

43　崔仁杓,『羅末麗初 禪宗政策 研究』, 한국학술정보, 2007, 73쪽에 "탑비의 건립은 선승이 입적하면 문인이나 속제자들이 행장을 정리하여 바치면서 요청하거나, 왕이 선승의 행장을 바치도록 명령하여 제출한 행장을 검토한 후 시호諡號와 탑명塔銘을 내리고 비문을 짓게 하여 탑비를 건립하고 있다"라고 하였다.

44　權悳永, 앞의 논문, 1998, 82쪽.

45　870년대 초반 무렵에 도의선사의 탑비가 완성되었기 때문에 그에 대한 감사의 뜻으로 왕실을 방문하였을 수도 있다.

산문은 도의선사가 열반에 든 이후 억성사계의 활동력이 진전사계보다는 더 컸음을 알 수 있다. 특히 이관선사를 통하여 그러한 사실을 충분히 헤아릴 수 있다.

이러한 가운데 억성사의 염거선사에게서 부촉을 받은 체징선사는 859년 무렵에 장흥 보림사를 중심으로 가지산문을 개창하였다.[46] 그는 도의선사를 제1조로, 염거선사를 제2조로 삼고, 본인이 제3조가 되는 가지산문을 선양하였다. 여기서 주목할 것은 체징선사가 보림사에 들어가 도의선사를 제1조로 삼고 염거선사를 제2조로 삼았다고 하는 사실이다. 체징선사는 왜 자신이 실질적으로 가지산문을 개창하였으면서도 도의선사를 제1조로 내세우고 억성사의 염거선사를 제2조로 부각시켰는지 그 이유가 궁금해진다.

이와 관련하여 기왕의 연구를 찾아보면, 가지산문의 체징선사가 도의선사의 법맥을 이은 적통이라는 것을 드러내기 위하여 그렇게 한 것으로 추측하고 있다.[47] 사실 진전사나 억성사에서 활동하던 승려들은 도의선사의 법을 이어받은 것에 대하여 자부심을 가지고 있었을 것이다. 그런 만큼 억성사계 출신인 체징선사도 도의선사의 법손임을 자부하였을 것이다. 그렇지만 그는 설악산문을 떠나 다른 곳에 있었기 때문에 설악산문 출신의 다른 선승들에 비해서 그 위상이 그리 높지는 않았을 것이다. 설악산문 출신이라는 것 정도만 알려져 있었다고 볼 수도 있다.

사실 체징선사는 당나라에서 돌아온 이후 고향 근처인 청양 장곡사長谷寺에 머물렀다.[48] 그리고 20여 년 가까이 그곳에서 활동하였지만 무염화상이 개창한 성주산문의 영향력에 밀려 무진주 황학사黃壑寺로 이거해야 하

---

46 체징선사의 활동에 대해서는 曺凡煥, 앞의 책, 2008을 참조할 것.
47 曺凡煥, 앞의 책, 2008, 24쪽. 그리고 김양정도 앞의 논문, 2008-1, 238쪽에서 이와 비슷하게 설명하고 있다.
48 曺凡煥, 위의 책, 2008, 12쪽.

였다.[49] 대략 20여 년을 고향 근처에 머물러 있다가 다른 곳으로 옮겨 갔다는 것은 결국 그 당시 선종 불교계 내에서의 그의 위상이 그리 크지 않았다는 것을 의미할 것이다. 그런데 황학사에 머물던 체징선사는 헌안왕憲安王의 요청으로 859년 보림사에 주석하게 되었다.[50] 이러한 사실을 통하여 체징선사는 보림사로 옮겨 가기 전까지는 설악산문 출신으로 그다지 주목받지 못하는 선승 가운데 한 명이었음을 헤아릴 수 있다.

더구나 가지산문은 여러 선종 산문 가운데 비교적 개창 시기가 늦었다. 체징선사가 보림사에 주석하였을 당시에 전라도 지역에는 이미 실상산문과 동리산문 등 영향력이 있는 산문들이 존재하고 있었다. 이와 같은 상황에서 왕실의 지원으로 산문을 개창하기는 하였지만 그것만으로는 부족할 수밖에 없었다. 이에 보림사에 주석한 이후 체징선사는 자신과 가지산문을 현양할 필요가 있다는 것을 헤아리고 도의선사를 제1조로 삼고 염거선사를 제2조로 삼아 대내외에 공표하였다. 이는 남종선의 초전자를 설악산문에서 가지산문으로 빌려 온 것이나 다름이 없다. 그리고 대내외적으로 가지산문을 동국 선문의 총본산으로 하여 남종선의 맥을 잇는 적통으로 거듭나게 하고자 한 것이라 볼 수도 있다. 체징선사의 이러한 노력의 결과 그가 열반에 든 이후 왕실에서는 사호를 보림사라 내려 주었는데, 이는 가지산문이 동국 선문의 본산임을 인정해 준 것이나 다름이 없다. 왜냐하면 육조대사 혜능慧能(638~713)이 주석하던 보림사가 중국 선종의 총본산이었기 때문이다.

이상에서 보면, 체징선사가 도의선사를 가지산문의 제1조로 부각시킨 이유를 어느 정도 엿볼 수 있을 것이다. 그리고 더 나아가 염거선사를 제2조로 내세운 것도 이와 무관하지 않을 것이다. 사실 억성사의 염거선사는

---

49 曹凡煥, 같은 책, 2008, 12쪽.
50 체징선사의 귀국 이후의 활동에 대해서는 曹凡煥, 앞의 책, 2008, 11~18쪽 참조.

설악산문이라는 큰 테두리에서 보면 방계 출신이라고 할 수 있다. 그렇지만 체징선사에게는 전법한 스승이므로 존숭의 대상이었다. 방계 출신인 억성사의 염거선사를 가지산문의 제2조로 삼은 것은 이러한 이유와 관련이 있을 것이다. 그리고 여기에서 더욱 중요한 점은 억성사에 주석하고 있던 이관선사를 적통으로 인정하지 않았을 가능성도 있다는 사실이다. 사실 이관선사는 염거선사에게서 공부한 뒤 염거선사가 입적하자 현욱선사를 찾아가 그의 제자가 되었다. 이렇게 보면 이관선사는 염거선사와 현욱선사 모두를 잇고 있음을 알 수 있다. 다만 그가 염거선사의 입적 이후 현욱선사를 찾아갔기 때문에 체징선사는 이관선사를 억성사계를 이은 적통으로 파악하지는 않았다고 여겨진다. 아마도 체징선사가 귀국한 이후 억성사에 가지 못하고 장곡사에 머물 수밖에 없었던 이유도 이관선사와 관련이 있을 수 있다.

가지산문의 이러한 노력에 대하여 설악산문의 대응은 어떠하였을까. 물론 이를 알려 줄 만한 기록이 없는 관계로 그 구체적인 사정을 헤아리기는 어렵다. 그렇지만 적어도 체징선사의 그러한 행동이나 행위에 대하여 달가워하지는 않았을 것이다. 물론 체징선사가 도의선사의 법손이라는 사실의 연장 선상에서 보면 그리 큰 문제가 되지 않는다고 볼 수도 있다. 그렇지만 엄격히 말하면 체징선사의 이러한 조치는 설악산문에 대한 부정에서 비롯되었다고 해도 과언이 아닐 것이다. 왜냐하면 설악산문의 개산조는 도의선사이며 설악산문 출신의 선승들은 그것을 당연하게 여겼을 것이기 때문이다. 그런데 체징선사가 가지산문을 개창하면서 도의선사를 개산조로 삼았다는 것은, 설악산문의 입장에서 보면 더 이상 설악산문이 적통이 아니라는 것을 보여 준 것이나 다름이 없었기 때문이다.

여기서 한 가지 더 짚고 넘어가야 할 사실이 있다. 왜 왕실에서는 설악산문보다 가지산문에 더 큰 관심을 두었는가 하는 것이다. 왕실에서는 체징선사가 설악산문 출신이라는 것을 알고 있었을 뿐만 아니라 그동안 설악산문에 지원도 하였다. 그럼에도 보림사를 중심으로 한 가지산문에 더 큰 관심을 둔 이유가 궁금해진다. 더구나 체징선사가 가지산문을 개창하고 난 이후에 억성사의 이관선사가 왕실에 다녀갔음을 앞서 언급하였다. 이러한 사실을 어떻게 이해해야 하는가이다. 이는 헌안왕이 체징선사를 가지산사에 머무르게 한 이유를 헤아리게 되면 어느 정도 알아낼 수 있을 것이다.

이와 관련하여 기왕의 연구에서는 무진주 지역의 반신라적인 기운을 제어하기 위한 의도와 더불어 헌안왕이 화합의 정치를 하기 위한 의도였다고 하는 견해가 있다.[51] 또 쌍봉사가 장보고 세력과 밀접한 관계를 유지하였는데, 장보고 사후 쌍봉사를 견제하기 위한 노력의 일환이었다고 하는 견해도 있다.[52] 그리고 왕실에서 체징선사를 회유한 것은 불교계에 대한 포섭을 넘어 김주원계에 대한 화해의 손길이었다고 보기도 하였다.[53]

이상과 같은 견해를 염두에 두면 왕실에서 체징선사를 지원한 이유를 어느 정도 헤아릴 수 있을 것이다. 다시 말하면 왕실에서는 당시 무진주 지역의 왕실에 대한 반감을 회유와 포섭으로 극복하고자 하였고, 체징선사를 통하여 그러한 목적을 달성하고자 했던 것이다. 비록 이관선사가 왕실의 초빙을 받아 다녀갔다고는 하지만, 왕실의 더 큰 관심사는 보림사의 체징선사에게 있었던 것이다. 그런 과정에서 설악산문보다는 가지산문에 더 많은 관심과 배려가 있었을 것이다.[54] 그만큼 왕실에서는 무진주 지역

51 최선희, 「체징과 가지산문 개창」, 『全南史學』 25, 2005, 182쪽 참조.
52 曹凡煥, 앞의 책, 2008, 20쪽.
53 金昌謙, 「신라 憲安王의 卽位와 그 治積」, 『新羅文化』 26, 2005, 51쪽.
54 당시 왕실에서 설악산문보다 가지산문에 더 관심을 기울이고 있었음은, 875년 진공선사가 설악산문을 방문한 이후 진전사에서 20여 년을 머물렀다(鄭東樂, 앞의 논문, 2009, 13∼15쪽)고 하는 사실에서 유추해 볼 수 있다. 즉, 설악산문은 도의선사의 적통보다는 밖에서 들어온 선사에 의하여 유지되었던 것이다.

의 반신라적 정서를 해결하는 일이 무엇보다 절실하였다고 추측해 볼 수 있다.

한편 명주 지역에서 범일梵日(810~889)선사가 개창한 굴산문崛山門의 영향력 또한 무시할 수 없었을 것이다. 범일선사가 창건한 굴산문은 명주 지역에서 큰 영향력을 발휘하였다.[55] 그러나 설악산문은 굴산문이 번성하면서 서서히 그 위상이 낮아졌을 것으로 생각된다. 그리고 왕실에서도 설악산문보다는 굴산문에 더 많은 관심을 두었던 것 같다. 그것은 최치원崔致遠이 찬술한 도헌선사의 비문을 통해서도 충분히 입증된다. 그 비문에는 굴산사崛山寺의 범일선사도 보리의 종사로서 덕이 두터워 중생의 아버지가 되고 도가 높아 왕자의 스승이 되었다고 하는 내용이 기록되어 있다.[56]

이상과 같이 볼 때 설악산문은 도의선사가 진전사에 주석한 이후 진전사와 억성사를 중심으로 성장하였다. 그리고 진전사와 억성사는 왕실의 지원 아래 크게 성장하였고 그 영향력 또한 상당했다. 그러나 억성사 출신인 체징선사가 무진주 지역에서 활동하면서 설악산문보다는 가지산문이 더 주목을 받게 되었다. 그리고 명주 지역에서 굴산문의 위상이 커지면서 설악산문은 굴산문의 그늘 속으로 들어가게 되었다.[57] 그러나 도의선사는 이와 같은 설악산문의 변화된 상황 속에서도 보림사를 중심으로 한 가지산문의 개산조가 됨으로써 신라 하대 선종 불교계에서 다시 부활하게 되었다.

---

55 굴산문의 개창과 그 영향력에 대해서는 金興三,「羅末麗初 崛山門 硏究」, 강원대학교 대학원 사학과 박사학위 논문, 2002 및 曺凡煥,「新羅 下代 梵日선사와 崛山門의 개창」, 앞의 책, 2008을 참조할 것.

56 崔致遠 撰,「聞慶 鳳巖寺 智證大師 寂照塔碑文」, 李智冠, 앞의 책(신라편), 1994, 306쪽.

57 권덕영은「新羅 道義禪師의 初期 法系와 億聖寺」, 김광식 외,『도의국사 연구』, 인북스, 2010, 168쪽에서 "이 절(억성사)은 900년을 전후한 시기 내지 10세기 전반기에 산사태로 인하여 사원 전체가 매몰된 후 다시는 재건되지 않았을 것으로 추정된다"라고 하였다. 이러한 견해를 따를 경우, 도의선사가 열반에 든 이후 설악산문을 주도한 것은 억성사였으므로, 억성사의 쇠락은 곧 설악산문의 쇠퇴와 맥을 같이한다고 볼 수 있을 것이다.

5. 맺음말

지금까지 도의선사와 관련하여 남아 있는 기록 몇 가지를 통하여 설악산문의 형성 과정과 그 향배에 대하여 알아보았다. 이상에서 검토한 것으로 맺음말을 대신하고자 한다.

도의선사는 821년 무렵에 당나라에서 귀국하였지만, 김헌창의 난으로 말미암아 경주에 들어가지 못했다. 또한 왕실이나 진골 귀족을 단월로 삼지 못하였는데, 그것 역시 김헌창의 난이 결정적인 계기가 되었다. 이에 그는 설악산으로 들어가 그곳에서 지내게 되었다.

도의선사가 설악산을 택한 것은 그곳에 이미 북종선의 영향력이 퍼져 있었기 때문이다. 적어도 사상적인 공통점을 설악산에서 찾을 수 있었던 것이다. 그는 북종선을 밑거름으로 하여 남종선을 전하고자 하였다. 특히 설악산문은 김헌창의 난이 미치지 않아 남종선을 전하기에 적합한 곳이었을 것이다.

설악산에 들어간 도의선사는 왕실의 배려로 진전사에 주석하게 되었다. 그것은 그의 이름이 이미 널리 알려져 있었기 때문일 것이다. 이후 진전사와 억성사를 중심으로 설악산문을 형성하였으며 많은 선승이 그곳을 방문했다. 도의선사가 살아 활동하였던 시기 동안에는 물론 열반에 든 이후에도 설악산문은 왕실의 지원 아래 성장했다.

그런데 설악산문에 변화가 생겨났는데, 그것은 억성사 출신의 체징선사가 장흥 보림사에 가지산문을 개창하면서부터 시작되었다. 이로 말미암아 설악산문은 가지산문에 비하여 그 영향력이 전보다는 낮아졌다. 게다가 명주에서 새로운 굴산문이 탄생, 발전하면서 설악산문은 그 그늘에 가려지게 되었다. 그러나 설악산문의 위상이 약해졌다고 해서 도의선사의 위상까지 함께 약해진 것은 아니었다. 도리어 도의선사는 가지산문의 개산

조가 됨으로써 장흥 보림사를 중심으로 한 가지산문에서 새롭게 탄생하게
되었다.

제2장

원감선사 현욱의 남종선 수용과 활동

1. 머리말

신라 하대의 불교계는 당나라에서 흘러들어 온 선종禪宗이라는 새로운 사상과 마주하게 되었다. 당나라로 들어가 선종을 공부하고 돌아온 유학승들은 중앙보다는 지방에서 산문을 개창하고 선禪을 전파하였으며 그 영향력이 매우 컸다. 그들의 영향력을 입증하는 당대의 기록이 지금까지도 전해지고 있어 주목된다.

> A. 구도승의 뱃길 왕래가 이어지고, 나타난바 방편이 진도眞道에 융합하였으니, 그 조상들을 생각하지 않을 수 있겠는가. 진실로 무리가 번성하였도다. (중략) 고국에 돌아온 사람은 앞서 말한 북산의 도의道義와 남악의 홍척洪陟 그리고 조금 내려와서 태안사太安寺의 혜철국사慧徹國師, 혜목산慧目山의 현욱玄昱, 지력문智力聞, 쌍계사雙谿寺의 혜소慧昭, 신흥언新興彦, 용암체涌巖體, 진구휴珍丘休, 쌍봉사雙峰寺의 도윤道允, 굴산사崛山寺의 범일梵日, 양조국사兩朝國師인 성주사聖住寺의 무염無染 등인데, 보리의

종사로서 덕이 두터워 중생의 아버지가 되고 도가 높아 왕자의 스승이 되었다. (중략) 모두 교화가 중생 세계에 미쳤고, 행적이 부도와 비석碑石에 전하였으며, 좋은 형제에 많은 자손이 있어 우리나라에서 순탄하게 흐르도록 하였다(崔致遠 撰,「聞慶 鳳巖寺 智證大師 寂照塔碑文」, 李智冠,『校勘譯註 歷代高僧碑文』(新羅篇), 伽山文庫, 1994, 306쪽).

위 A의 기록은 최치원崔致遠이 찬술한 지증智證대사 도헌道憲(824~882)의 비문 가운데 일부분으로, 도의道義선사와 홍척洪陟선사가 당나라에서 선을 수용하여 신라에 전한 이후 계속해서 뒤를 이어 많은 선승이 당나라 유학을 마치고 돌아와 각 지역에서 큰 영향력을 행사하였음을 알려 준다. 도의선사와 홍척선사를 선종의 초전승初傳僧이라고 한다면, 혜철慧徹선사와 현욱玄昱선사, 그리고 무염無染선사 등은 앞선 선배 선승들을 이어 선종을 신라 사회에 널리 퍼뜨린 인물들이라고 할 수 있다.

이상에서 열거한 선승들 가운데 현재까지 비문이 남아 있어 구체적인 행적을 알 수 있는 인물로는 혜철선사와 혜소慧昭선사, 그리고 무염선사 등이 있다.[1] 반면 비문이 남아 있지 않은 선사들이 더 많은데, 앞서 언급한 세 명을 제외하면 대부분이 그러하다. 그렇지만 고려 초에 편찬된『조당집祖堂集』의 기록을 통하여 신라 하대 선승들의 행적을 어느 정도는 파악할 수 있다.

그럼에도 불구하고 지금까지 제대로 주목을 받지 못한 대표적인 선승이 바로 봉림산문鳳林山門의 개산조開山祖인 원감圓鑑선사 현욱(787~868)이다.[2] 지금까지 현욱선사에 대한 독립된 연구가 거의 없었다는 점이 이를

---

1 희양산문을 개창한 도헌선사의 비문은 지금까지 남아 있지만, 그는 당나라 유학승이 아니므로 여기서는 제외한다.

2 거의 모든 개설서는 현욱선사를 봉림산문의 개산조로 이해하고 있다. 그렇지만 현욱선사를 봉림산문의 개산조가 아니라 혜목산문의 개산조로 보아야 한다는 주장도 있다. 이와 관련한 논쟁에 대해서는 張德浩,「羅末麗初 高達禪院의 形成」, 논총간행위원회,『東峰 申千湜 教授 停年

입증한다.[3] 그 이유는 여러 가지로 생각해 볼 수 있겠지만, 무엇보다 현욱 선사와 관련된 기록이 영성零星한 것과 불가분의 관계에 있다고 할 것이 다. A의 기록을 보면 그에 관한 비문도 있었을 것으로 생각되지만 현존하 지 않는다.[4] 더구나 『조당집』 권17의 현욱선사와 관련된 '동국혜목산화상 東國慧目山和尙' 조의 기록은 매우 간략하다. 그러다 보니 현욱선사에 대한 자세한 검토는 계속해서 미루어지고 있는 실정이다.

이에 여기에서는 『조당집』 권17의 '동국혜목산화상' 조의 기록을 최대 한 이용하면서 봉림산문 개산조로서의 현욱선사의 위치를 살펴보고자 한 다. 이를 위하여 첫째로 그의 신분과 출가에 대해서 알아보고, 둘째로 당 나라 유학에 대해서도 살펴볼 것이다. 셋째로 그가 귀국하게 된 동기와 신 라 왕실과의 관계에 대해서 검토할 예정이다. 마지막으로 고달사 주석과 관련하여 봉림산문 개산조로서의 위치를 헤아려 보고자 한다.

앞서 언급하였듯이, 현욱선사와 관련하여 남겨진 자료가 매우 영성하기 때문에 논지 전개상 비약이 적지 않을 것이다. 그렇다고 그에 대한 연구를 계속 미루는 것은 신라 하대 선종사의 한 부분을 방치해 두는 결과를 불러 오는 것과 같다고 하겠다. 비록 논지 전개에 비약이 있더라도 그에 대해 검토할 필요성이 바로 여기에 있는 것이다. 이러한 검토가 현욱선사, 더 나아가 신라 하대 선종사를 이해하는 데 작은 보탬이라도 되었으면 한다.

記念 史學論叢』, 경인문화사, 2005, 198쪽 참조. 필자는 현욱선사를 기왕의 연구 성과와 같이 봉림산문의 개산조로 보고자 한다.

3 현욱선사에 대한 전고專稿는 없다. 다만 김혜완, 「고달사의 불교사적 고찰」, 『高達寺址 I』, 경 기도 박물관, 2002; 張德浩, 앞의 논문, 2005; 金龍善, 「玄昱·審希·璨幽와 여주 고달사」, 『한 국중세사연구』 21, 2006의 글에서 현욱선사에 대하여 어느 정도 언급하고 있다. 이 밖에 현욱 선사와 관련하여 조금씩 언급된 논문이 많지만 여기서는 일일이 열거하지 않는다. 논지를 전 개하는 과정에서 필요에 따라 소개할 예정이다.

4 韓基汶은 『조당집』 권17에 기재된 현욱선사 관련 기록 앞머리에 그에 대한 탑비塔碑가 기재되 어 있지 않은 점으로 미루어 그의 비는 애초부터 세워지지 않았을 가능성이 있다고 보았다(韓 基汶, 「『조당집』과 신라·고려 고승의 행적」, 『한국중세사연구』 6, 1999, 201쪽).

2. 현욱선사의 신분과 출가

현욱선사의 출가 이유를 알아내기 위해서는 우선 그의 신분身分과 가계를 들여다볼 필요가 있다. 다음의 기록을 살펴보자.

> B. 장경章敬의 법을 이었으니, 휘는 현욱玄료이요 성은 김씨金氏로서 동명에서 으뜸가는 씨족이었다. 아버지의 휘는 염균廉均이니 병부시랑兵部侍郎에 이르렀고 어머니는 박씨朴氏였다. 태기가 있을 때에 이상한 꿈을 꾼 뒤 정원貞元 3년(787) 5월 5일에 탄생하였다. 어릴 적부터 불법을 좋아하여 매양 물을 길어다가 물고기에게 주었고, 모래를 모아서 탑을 만들더니, 장년이 되자 출가할 뜻을 갖게 되었다. 이미 바다를 건널 행장을 마련한 뒤에 마침내 머리를 깎고 원화元和 3년(808)에는 드디어 구족계를 받았다[5]('祖堂集』권17 東國慧目山和尙).

위 B의 기록을 보면, 현욱선사는 원성왕元聖王 3년(787)에 태어났다. 출생한 곳과 관련하여 특별히 어떤 지방을 지칭하지 않은 것으로 보아 신라의 수도인 경주에서 태어났음을 헤아릴 수 있다. 부父의 속성俗姓은 김씨金氏이고 이름은 염균廉均이며, 어머니의 성은 박씨朴氏였다고 한다. 아버지의 관직이 병부시랑兵部侍郎에까지 이르렀다고 하는데, 이러한 사실을 염두에 두고 그의 신분을 육두품六頭品으로 파악하는 연구도 있다.[6] 그렇지만 육두품보다는 진골眞骨 신분을 가졌던 것으로 보는 것이 보다 더 설득력이 있다.[7] 왜냐하면 신라 하대에 이르러서는 진골들의 숫자가 늘어나

---

5 嗣章敬 師諱玄료 俗姓金氏 東溟冠族 父諱廉均 官至兵部侍郎 妣朴氏 胎孕之際 夢得殊常 以貞元三年五月五日誕生 纔有童心便知佛事 每汲水以供魚 常聚沙而爲塔 年至壯齒 志願出家 旣持浮海之囊 遂落掩泥之髮 元和三年 遂受具戒

6 崔柄憲은 현욱선사의 아버지 염균의 관직이 병부시랑에 머물렀던 것으로 보아 진골 신분은 아니었던 것으로 추측하고 있다(崔柄憲, 「羅末麗初 禪宗의 社會的 性格」, 『史學研究』 25, 1975, 6쪽).

그동안 육두품들이 차지하였던 관직에 나아가는 경우가 많았기 때문이다.[8] 더구나 "동명에서 으뜸가는 씨족이었다"라는 기록으로 볼 때 더더욱 진골이었을 가능성이 높다. 그렇다면 여기서 중요한 문제는 진골 출신인 현욱선사가 세속적인 출세를 뒤로 하고 출가한 이유를 어떻게 설명해야 할까 하는 것이다.

B의 기록을 보면, 현욱선사는 일찍부터 불교와 밀접한 관련이 있었던 것으로 보인다. 그렇지만 이러한 기록은 현욱선사 이외에 다른 선승들의 기록에서도 유사하게 보인다. 따라서 그가 출가한 이유를 좀 더 다른 각도에서 살펴볼 필요가 있다. 우선 장년이 되어(年至壯齒)[9] 출가하였다고 하는 B의 기록이 주목된다. "나이가 장치壯齒에 이르렀다"라고 하는 것으로 보아 삼십 대나 사십 대에 출가하였던 것이 아닌가 하는 생각을 해볼 수 있지만, 이는 과장된 표현이라고 할 수밖에 없다. 왜냐하면 B의 기록에서 보아 알 수 있듯이, 22세 되던 해(808)에 구족계를 받은 사실로 미루어 볼 때 늦어도 10대 중·후반 무렵에는 출가하였을 것이기 때문이다. 그가 출가를 결심하게 된 이유가 있었을 것인데, B의 기록만으로는 그 자세한 사정을 헤아리기가 어렵다. 그러므로 당시의 정치적인 상황 속에서 현욱선사의 출가 이유를 찾아보는 것이 도움이 되지 않을까 싶다.

현욱선사가 태어난 해는 원성왕이 김주원金周元을 물리치고 왕위를 계승한 지 3년이 되던 해였다. 원성왕이 된 김경신金敬信은 당시 왕위 계승자

7　김혜완은 현욱선사의 신분을 진골로 파악하고 있다(김혜완, 앞의 논문, 2002, 152쪽). 그렇지만 현욱선사를 진골로 보는 이유에 대한 설명은 없다. 金龍善도 김혜완과 같이 현욱선사가 진골 신분이었을 가능성이 크다고 하였다(金龍善, 앞의 논문, 2006, 114쪽). 한편 張德浩는 "현욱의 가계를 살펴볼 때 아버지가 병부시랑을 역임한 사실을 감안한다면 비록 몰락한 진골이지만"이라고 하였다(張德浩, 앞의 논문, 2005, 198쪽). 그렇지만 무엇 때문에 몰락한 진골인지는 설명하지 않고 있다.

8　李鍾旭, 『新羅骨品制研究』, 一潮閣, 1999, 235쪽.

9　'年至壯齒'는 "나이가 장년에 이르렀다"라고 해석된다. 좀 더 정확하게 얘기하면 30~40대를 뜻한다(諸橋轍次 著, 『大漢和辭典』 권3, 株式會社 大修館書店, 1984, 2561쪽).

로 주목받던 김주원을 비정상적인 방법으로 물리치고 왕위에 올랐기 때문에,[10] 비록 3년이 경과하였다고는 하지만 정치적으로는 매우 어수선한 상황이었음을 충분히 짐작할 수 있다. 그러한 가운데 현욱선사의 부친이 계속해서 병부시랑직에 있었는지는 확실하게 알 수 없다. 비록 억측이기는 하지만, 만약 현욱선사의 부친이 김주원과 밀접한 관계에 있었다면 그는 정치적으로 실각하였다고 보아도 무리가 없을 것이다. 물론 이를 뒷받침할 만한 기록이 없는 관계로 더 이상의 추측은 곤란하지만, 적어도 진골 신분을 가진 현욱선사가 출가하였다면 이러한 정치적인 측면을 배제하고는 설명하기가 어렵다. 결국 현욱선사의 출가는 당시의 정치적인 상황과 밀접한 관련 속에서 이루어졌다고 보아도 무리가 없을 것이다.

더구나 현욱선사가 언제 누구를 스승으로 삼아 출가하였는지, 또 어느 절에서 구족계를 받았는지도 알 수 없다. 다만 당시 불교계의 사정으로 미루어 볼 때 화엄종華嚴宗 사찰로 출가하였을 가능성이 매우 높다.[11] 왜냐하면 당시 신라 불교계는 화엄종이 매우 우세하였기 때문이다. 그리고 현욱선사는 화엄학에 대하여도 비록 어느 정도일지는 헤아리기 어렵지만 적잖은 지식이 있었을 것이다.[12]

---

10 이와 관련하여서는 金壽泰, 『新羅中代政治史硏究』, 一潮閣, 1996, 136~148쪽 참조.

11 金龍善은 현욱선사의 종파가 어떤 것인지는 알 수 없다고 하였다(金龍善, 앞의 논문, 2006, 115쪽).

12 당시 당나라에 유학하였던 신라의 승려들 대부분은 화엄종 사찰로 출가하여 공부하였으므로 현욱선사도 그와 다르지 않았다고 짐작할 수 있다.

3. 현욱선사의 입당 유학과 선종 체득

현욱선사는 신라를 떠나 당나라로 향하였다. 그의 입당 시기와 관련하여 『조당집』 권17의 기록이 주목된다. 그런데 그것을 자세히 보면, 그의 입당 시기와 관련하여 의아한 부분이 있다. 이 문제를 해결한 다음에 그가 유학을 결정하게 된 배경에 대하여 좀 더 구체적으로 알아보기로 하자.

C-1. 장경長慶 4년(824) 당나라로 들어가 태원부太原府에 이르러 두 절을 번갈아 살면서 뜻하던 바를 모두 이룬 뒤에 본국의 왕자인 김의종金義琮이 전하는 왕명에 따라 본국으로 돌아갔다[13](『祖堂集』 권17 東國慧目山和尙).

C-2. 함통咸通 9년(868)에 선대사先大師(현욱: 필자 주)께서 병이 들어 대사를 불러 "이 법은 본디 인도에서 동쪽으로 중국에 왔다. 한 송이 꽃이 피니 여섯 잎이 무성하였으며 역대로 서로 끊어지지 않도록 하였다. 나는 지난 날 중국에 유학하여 일찍이 백암百巖을 섬겼는데, 백암은 강서를 이었으며, 강서는 남악으로부터 법을 계승하였다"(景明王 撰, 「昌原 鳳林寺 眞鏡大師 寶月凌空塔碑文」, 李智冠, 앞의 책(新羅篇), 1994, 351쪽).

위 C-1의 기록을 보면, 현욱선사가 824년에 당나라로 들어간 것을 알 수 있다. 그렇다면 그는 808년에 구족계를 받은 이후 당나라로 유학을 떠나기 전까지 약 16년 동안 신라에 머물러 있었다는 설명이 된다. 그리고 이러한 사실을 그대로 인정한다면 그는 37세 무렵의 늦은 나이에 당나라에 간 것이 된다. 그런데 이러한 사실을 그대로 받아들일 경우 적잖은 문제가 발생한다. 그가 장경章敬선사 회휘懷暉(754~815)에게서 법을 받았다고 하는 것이 성립될 수가 없기 때문이다. 다시 말해 회휘선사는 815년에 입적하였기 때문에[14] 현욱선사가 그에게서 심인을 받았다고 하는 것은 상

---

13 長慶四年 入於大唐 至太原府歷居二寺 頗志已成 隨本國王子金義琮 奉詔東歸
14 장경선사의 입적 연대에 대해서는 기록마다 조금씩 다르다. 『조당집』과 『경덕전등록景德傳

호 모순이 되는 것이다.

이와 달리 C-2의 기록을 보면, 현욱선사는 당나라에 유학하여 백암百巖, 즉 회휘선사를 섬겨 그에게서 법을 받았다고 제자인 심희審希선사에게 전하고 있다. 더구나 B의 기록 첫머리에도 회휘선사에게서 심인을 받은 것으로 전하고 있다. 이러한 사실로 보면 장경長慶 4년(824)에 당나라로 들어갔다고 하는 C-1의 기록은 무엇인가 잘못된 것임을 짐작할 수 있다.[15] 그러면 이렇게 서로 모순되는 문제를 어떻게 풀어야 할지 생각해 보자.

이와 관련하여 기왕의 연구를 살펴보면, 현욱선사가 당나라에 도착한 것은 원화元和 10년(815) 이전이어야 옳다는 것이다.[16] 그러니까 회휘선사가 입적하기 이전에 현욱선사가 이미 당나라에 도착하여 그를 만나 법을 받았다는 것이다. 이러한 연구 성과를 염두에 두고 B의 기록을 다시 주목해 보자. "이미 바다를 건널 행장을 마련한 뒤에 마침내 머리를 깎고(旣持浮海之囊 遂落掩泥之髮)"라고 하는 내용이 눈에 들어온다. 이 기록을 자세히 검토하면, 당나라 유학을 결심한 후 머리를 깎고 구족계를 받은 것으로 되어 있다. 문자 그대로 이해한다면 당나라 유학을 위하여 출가하고 수계를 했다는 것이다. 그렇지만 이 기록은 현욱선사의 출가와 공부하는 과정, 그리고 당나라 유학을 결심한 것을 모두 한꺼번에 서술하는 과정에서 착오가 일어난 것으로 생각된다. 당시 당나라로 유학을 떠났던 승려들의 예로 비추어 볼 때 출가한 이후 신라에서 화엄을 공부하고 구족계를 받은 다음 당나라로 유학을 떠나는 것이 통상적이었다. 따라서 현욱선사도 출가

燈錄』에는 그의 입적 연대가 818년으로 기록되어 있다.

15 현욱선사가 회휘선사에게서 직접 법을 받지 않고 그의 제자에게서 법을 받았을 가능성도 떠올려 볼 수 있다. 그렇지만 남겨진 기록들을 통하여 볼 때 그러하였을 가능성은 거의 없다. 왜냐하면 법계를 조작해야 할 아무런 이유를 발견할 수 없기 때문이다. 더구나『조당집』이 고려 초에 편찬되었음을 떠올린다면 법계의 조작은 생각할 수 없을 것이다.

16 黃有福·陳景富 지음, 權五哲 옮김,『韓-中 佛敎文化交流史』, 까치, 1995, 273쪽 및 천징푸,「한국 승려의 長安에서의 활동」,『佛敎硏究』 23, 2005, 141~142쪽 참조.

하여 구족계를 받은 이후 당나라로 유학을 갔다고 파악하는 것이 타당할 것이다. 그러므로 그가 당나라로 유학을 떠난 해는 824년이 아니라 계를 받은 808년 무렵이라고 할 수 있을 것이다.

그러면 현욱선사가 824년에 입당하였다는 C-1의 기록을 어떻게 이해해야 할 것인가가 문제로 남는다. 이는 C-1의 기록 가운데 "태원부太原府에 이르러"라고 하는 것에서 실마리를 찾을 수 있다. 회휘선사에게서 법을 받은 이후 여러 곳을 다니면서 깨달음을 확인하는 작업을 거친 다음 824년 무렵에 태원부로 들어갔는데, 마치 이때 유학을 위하여 처음 당나라로 들어간 것처럼 기록된 것은 아닐까 하는 생각이다.[17] 당시 당나라로 유학을 떠난 선승들의 경우 스승에게서 법을 받은 이후 여러 지역을 다니면서 깨달음을 확인하는 작업을 한 것이 공통적으로 발견된다.[18] 그리고 나서 다시 특정한 스승을 찾거나 혹은 화엄을 공부하기도 하고 육조 혜능의 탑을 찾기도 하였다. 이러한 사실로 미루어 볼 때 현욱선사가 태원부로 들어간 것은 그에게 있어 매우 중요한 결정이었을 것이다. 따라서 824년 입당하였다는 기록은 태원부로 들어간 것을 잘못 적은 것이라 해도 좋을 것이다.

이상과 같은 논증이 타당하다면, 다음으로 현욱선사는 왜 당나라 유학을 결심하게 되었을까 하는 의문에 눈을 돌려야 할 것이다. 이와 관련하여 다음의 기록을 현욱선사의 당나라 유학 배경을 알려 주는 하나의 실마리로 볼 수 있다.

D. 절을 새로 짓는 것은 금하되, 다만 수리하는 것은 허락한다. 또 수놓은 비

---

17 김혜완이나 金龍善은 장경 회휘선사의 몰년을 감안하지 않은 채 『조당집』의 기록만을 가지고 현욱선사가 37세인 824년에 당나라에 도착한 것으로 설명하고 있다(김혜완, 앞의 논문, 2002, 152쪽 및 金龍善, 앞의 논문, 2006, 115쪽).

18 흔히 보림이라 하여 일정 기간 스스로를 정돈하는 시간을 가진 것으로 볼 수 있다(김복순, 「9~10세기 신라 유학승들의 중국 유학과 활동 반경」, 『역사와 현실』 56, 2005, 34쪽).

단을 불교 행사에 사용하는 것과 금과 은으로 만든 그릇의 사용을 금한다.
마땅히 담당 관청으로 하여금 이를 널리 알려 시행하도록 하라(『三國史記』
권10, 哀莊王 7년 봄 3월).

위 D의 기록을 보면, 애장왕哀莊王 7년(806)에 불교계에 대한 국가의 대
대적인 통제 정책이 수립되었음을 알 수 있다. 국가에서 이러한 정책을 실
시하였다는 것은 불교계 내에서 적잖은 문제가 발생했다는 것을 알려 주
는 것이기도 하면서 동시에 화엄종 승려들의 경우에는 그동안 누려 왔던
기득권을 어느 정도 포기해야 되었음을 의미한다. 따라서 불교계에서는
적잖은 불만을 가졌음에 틀림이 없을 것이다. 그런데 애장왕의 이러한 조
치는 하루아침에 이루어진 것이 아니고 원성왕대의 불교 정책과 맥을 같
이하는 것으로 보인다. 즉, 원성왕은 즉위하자마자 정관政官(정법전政法典)
을 정비하였다.[19] 정법전을 정비한 주목적은 불교계를 통제하기 위해서였
다고 할 수 있다.[20] 원성왕 이래 계속되던 불교 통제책이 애장왕대에도 이
어졌다고 볼 수 있다. 사정이 이러하자 현욱선사는 신라 정부의 통제에서
벗어나 새로운 길을 찾고자 하였던 것으로 볼 수 있다. 당시 그를 지원하
던 단월이 있었다고 하더라도 승려 현욱은 애장왕의 이 같은 조처로 말미
암아 큰 타격을 입었을 것이다. 이에 그는 당나라 유학을 하고 귀국할 즈
음이면 상황이 달라져 좀 더 좋은 환경으로 바뀌어 있을 것으로 예상하였
을 것이다. 현욱선사가 당나라 유학을 결심하게 된 데에는 이와 같은 사정
이 내재되어 있었다고 할 수 있을 것이다. 그러면 당나라에 도착한 현욱선
사가 회휘선사를 찾아가 공부한 이유는 어디에 있었을지 생각해 보자.
　현욱선사는 신라에 있을 때부터 도당유학을 마음에 두고 있었다고 하였

---

19 『三國史記』 권40 雜志9 職官 下
20 郭丞勳, 『統一新羅時代의 政治變動과 佛教』, 國學資料院, 2002, 103～118쪽.

으므로 일찍부터 회휘선사에 대하여 알고 있지 않았을까 하는 생각도 가져 볼 수 있다. 그러나 그가 출가할 당시 신라에는 남종선이 거의 알려져 있지 않았다.[21] 신라 하대 남종선의 초전자初傳者라고 할 수 있는 도의선사가 신라에 귀국한 것이 821년[22]이었으므로 현욱선사는 당나라로 가기 전까지 회휘선사뿐만 아니라 선종에 대해서도 거의 알지 못하였다고 보는 것이 온당할 것이다.

그렇다면 현욱선사는 어떻게 하여 회휘선사를 친견하고 그로부터 법을 전해 받을 수 있었는지 궁금해진다. 이를 알아보기 위해서는 당시 회휘선사의 활동에 주목할 필요가 있다.

> E. 선사께서 대적大寂의 법을 깨친 뒤 승속이 모두 법회에 모여들었고 이로 인하여 그의 명성이 천하에 퍼져서 덕화가 황제에까지 미쳤다. 원화元和 초에 왕의 조칙을 받들어 지위를 분별하는데, 승록과 수좌 밑에 배열하였더니 왕이 돌아보고 물었다. (중략) 왕명으로 장경사章敬寺에 살게 된 뒤로 크게 교화하여 부처님의 빛을 높이 밝히니 장안의 이름난 귀인들과 진리를 배우려는 무리가 앞을 다투어 구름같이 모였고 선사께서 우렛소리를 크게 떨치니 뭇 영재들이 고개를 숙여 굴복하고 스승과 제자의 인연이 맞은 이는 뜻을 얻고 말을 잊었다(『祖堂集』 권14 章敬和尙).

회휘선사는 원화 초(806) 무렵부터 당나라 왕실과 밀접한 관계를 맺고 활동한 것으로 나타나 있다. 그는 중앙제도中央帝都에서 선교하고 칙소勅召에 의하여 입내설법入內說法하였다.[23] 이러한 사실로 미루어 볼 때, 당시

---

21 물론 북종선이 알려져 있기는 하였지만 그 세력이 크지는 않았다(鄭善如, 「新羅 中代末·下代 初 北宗禪의 受容—〈丹城斷俗寺神行禪師碑文〉을 中心으로—」, 『韓國古代史研究』 12, 1997 참조).

22 鄭性本, 『新羅禪宗의 研究』, 民族社, 1995, 51쪽의 표 '禪法傳來者' 참조.

23 鄭性本, 『中國禪宗의 成立史 研究』, 民族社, 1991, 740쪽.

회휘선사는 수도인 장안長安뿐만 아니라 지방에까지도 널리 알려져 있었던 것 같다. 많은 사람이 그를 찾아왔다고 한 것으로 보아 그의 명성이 대단하였던 것으로 짐작된다.

　이러한 점을 염두에 둔다면 현욱선사가 회휘선사를 찾아간 것은 당연하다고 할 수 있을 것이다. 즉, 현욱선사는 당에 도착하자 당시 유명한 승려가 누구이고 어디로 가면 만날 수 있는지를 물었을 것이다. 그리고 당시 회휘선사가 왕실의 존경을 받고 있고 명성도 자자하였으므로 어렵지 않게 장안까지 그를 찾아간 것으로 생각된다.[24]

　그렇더라도 여전히 문제가 되는 것은 현욱선사가 화엄종에 대해서는 알고 있었다고 해도 선종에 대해서는 당나라에 도착하기 이전까지 거의 알지 못했을 것이라는 점이다. 그럼에도 불구하고 현욱선사가 당시 선종승으로 유명하던 회휘선사에게서 법을 전해 받을 수 있었던 것은 무엇인가 두 사람 사이에 공통적으로 통하는 바가 있었기 때문에 가능했을 것이다. 아마도 그것은 회휘선사가 마조馬祖선사 도일道一(709~788)의 문하였다는 점에서 그 해답을 찾을 수 있지 않을까 한다. 마조 계통의 선종은 원시불교의 실천적이고 근본적인 것을 지향하려는 입장에서 철저한 선 수행과 교학 연구를 필수로 하였던 것이 특징이다.[25] 이러한 사실에 비추어 볼 때 회휘선사는 마조선사의 제자로서 스승의 수행 방법을 따랐을 것이다. 따라서 현욱선사는 비록 선종에 대해 잘 모르고 있었다고 하여도 교학에 대

24　현욱선사의 입당 경로를 구체적으로 알 수는 없다. 다만 필자는 그가 상선을 타고 입당하였을 가능성을 시사했다(曹凡煥,「張保皐와 禪宗」,『STRATEGY21』4-2, 2002, 109쪽 및 본서 제3편 제2장 참조). 만약 왕실에서 파견한 사행사를 따라갔다고 할 경우라도 그는 당시 당나라의 수도인 장안에 자연스럽게 도착하였을 것이다. 그리고 그곳에서 이름이 나 있던 장경선사 회휘를 만나게 되었을 것이다. 이러한 예는 성주산문의 개창자인 무염선사를 통해서도 확인할 수 있다. 무염선사는 김흔金昕과 같이 당나라로 들어가 장안에 들러 불광사佛光寺에 주석하고 있던 여만如萬선사를 만났다. 당시 불광사의 여만선사는 매우 이름이 나 있었는데, 무염선사가 그를 찾아간 것은 현욱선사가 회휘선사를 찾아간 것과 같다고 보아도 좋을 것이다.

25　鄭性本, 앞의 책, 1991, 742쪽.

해서는 어느 정도 알고 있었을 것이므로 회휘선사에게서 법을 받을 수 있는 밑바탕은 이미 갖추어져 있었다고 볼 수 있다.[26]

앞서 현욱선사가 당나라에 도착한 시기를 808년 무렵으로 추정해 보았는데, 그렇다면 그는 회휘선사 밑에서 거의 8년 가까이 수학을 한 것이 된다. 이는 회휘선사가 815년에 입적한 사실로 볼 때 그러하다. 이후 현욱선사가 824년 태원부로 옮겨 가기까지 9년 정도의 행적에 대해서는 알 수 없다. 다만 앞서 언급하였듯이 두타행頭陀行을 하면서 그가 깨달은 법을 시험하기 위하여 노력했던 것으로 짐작할 뿐이다.

그러면 이제 현욱선사가 태원부로 간 이유가 무엇인지 알아보기로 하자. 태원부는 현재 산시성山西省의 중심 도시로 오대산五臺山에서 멀지 않다. 비록 태원부라고 기록되어 있기는 하지만 아마도 오대산으로 간 것을 그렇게 기록한 것이 아닌가 한다. 오대산은 당 초기에는 화엄종을 가르치는 최고의 중심지였다. 그러나 현욱선사가 태원부로 옮겨 갔을 무렵에는 이미 오대산 근처는 선종 사찰들이 주류를 이루었다고 한다. 이러한 사실로 미루어 보아 현욱선사는 선과 교학을 겸하여 공부할 곳을 찾았는데, 태원부가 가장 적합한 장소로 여겨졌던 것 같다. 이후 그가 이곳을 떠나지 않았던 것은 828년 당나라에서 출가 금지 조처를 내렸는데 오직 오대산과 종남산終南山에서만 수계가 허락되었기 때문이다.[27] 그러므로 현욱선사가 태원부로 가서 머무른 것은 당시의 정치적인 상황과 불가분의 관계에 있었다고 해야 할 것이다. 그리고 두 절을 번갈아 가면서 살았다고 하는데 그 가운데 하나는 성수사로 알려져 있다.[28]

---

26 석길암, 「羅末麗初 불교사상의 흐름에 대한 일고찰―선의 전래와 화엄종의 대응을 중심으로―」, 『韓國思想史學』 26, 2006, 53쪽.

27 圓仁 지음, 김문경 역주, 『엔닌의 입당구법순례행기』, 중심, 2001, 65쪽.

28 변인석·진경부·이호영, 『중국 명산 사찰과 해동승려』, 주류성, 2001, 52쪽. 그렇지만 구체적인 근거는 제시하지 않고 있다.

4. 현욱선사의 귀국과 신라 왕실과의 관계

현욱선사가 당나라에서 귀국한 이유는 김의종金義琮이 왕명을 전하였기 때문이라고 한다(C-1 기록 참조). 김의종은 왕자의 신분으로 흥덕왕興德王의 명을 받아 숙위로 당나라에 간 인물이다.[29] 따라서 현욱선사가 흥덕왕의 명으로 귀국을 한 것은 사실로 받아들여도 좋을 것이다. 그리고 현욱선사가 왕명을 받고 귀국하였다면 신라 왕실에서는 이미 그에 대하여 알고 있었을 것이다.

그러면 여기서 흥덕왕이 현욱선사를 불러들인 이유를 알아보는 것이 그가 귀국하는 동기를 이해하는 데 도움이 될 것이다. 현욱선사를 당나라에서 귀국시킬 무렵에 흥덕왕은 이미 홍척선사의 사법제자가 될 정도로 불교에 귀의하고 있었다.[30] 따라서 흥덕왕은 선종에 대하여 깊은 관심을 가지고 있었다고 보아야 옳을 것이다. 또한 흥덕왕이 그의 동생과 함께 선종에 귀의한 것과 관련하여 그들이 추진하고 있던 정치 개혁에 선禪을 새로운 정치 이념으로 채택하려고 했다는 지적을 주목해 볼 수 있다.[31]

이렇게 보면, 현욱선사가 귀국하는 배경에는 흥덕왕의 정치적인 의도가 내재되어 있었다고 볼 수 있을 것이다. 흥덕왕은 개혁 정치를 하는 데 있어 현욱선사를 포섭하고자 한 것으로 보인다. 현욱선사가 회휘선사에게서 법을 전해 받고 태원부에 머무르는 동안 선과 교학에 대하여 공부하였을 것임은 앞서 지적했다. 흥덕왕은 현욱선사의 이러한 사상적인 특징이 자

---

29 『三國史記』 권10, 興德王 11년(836) 정월. 그런데 그해 12월에 흥덕왕이 죽었다.

30 북송의 도원이 쓴 『景德傳燈錄』(1004년 찬)에는 흥덕왕과 그의 아우 宣康太子를 홍척선사의 사법제자로 기록하고 있다.

31 高翊晋, 「新羅 下代의 禪傳來」, 『韓國禪思想研究』, 東國大學校 佛教文化研究院, 1985; 『韓國古代佛教思想史』, 동국대학교 출판부, 1989, 528쪽 및 李基東, 「新羅 興德王代의 政治와 社會」, 『國史館論叢』 21, 1989; 『新羅社會史研究』, 一潮閣, 1997, 177~180쪽.

신이 정치 개혁을 추진하는 데 더없이 소중한 기반이 되리라고 판단하였던 것 같다. 왜냐하면 흥덕왕은 선을 통한 개혁 정치를 표방하고 정치적인 개혁을 하고자 했지만, 그에 대한 반대 세력의 저항이 심했기 때문이다. 특히 교종 세력 측에서 선종에 대하여 심하게 반대하였다고 한다.[32] 이러한 이유로 흥덕왕은 자신이 추진하고 있던 개혁 정치에 추진력을 더하는 가속 페달 역할을 현욱선사가 해주길 바라면서 그를 귀국시키려고 하였던 것으로 파악해 볼 수 있다.

다른 한편으로는 당시 흥덕왕을 도와 상주尚州 장백사長栢寺에 머무르고 있던 진감眞鑑선사 혜소가 지리산智異山으로 옮겨 간 것과도 무관하지 않으리라 생각된다.[33] 혜소선사가 지리산으로 갔다는 것은 흥덕왕의 개혁 정치에 문제가 생겼음을 보여 주는 것이다. 이에 흥덕왕은 당나라에 있는 현욱선사를 불러들여 혜소선사의 자리를 메우게 하는 동시에 교종 세력의 반대를 무마시키고자 하였다고 보는 것이 옳을 것이다.

> F. 개성開成 2년(837) 9월 12일 본국에 이르러 무주武州 회진會津의 남악南嶽 실상사實相寺에 머물렀다. 민애왕閔哀王·신무왕神武王·문성왕文聖王·헌안왕憲安王이 잇달아 제자의 예를 다하여 공경하면서 신하臣下의 예를 지키지 못하게 하였고, 매양 왕궁에 들어오면 반드시 자리를 펴게 하여 설법說法을 들었다[34](『祖堂集』 권17 東國慧目山和尙).

현욱선사는 837년 귀국하자 바로 실상사實相寺로 가서 머물러 있었다. 그가 실상사에 머문 것은 그곳이 선종 사찰이었기 때문일 것이다. 또한 실

32 金相鉉, 「新羅下代 華嚴思想과 禪思想―그 갈등과 공존―」, 『新羅文化』 6, 1989, 86~94쪽.

33 金楨權, 「眞鑑禪師 慧昭의 南宗禪 受容과 雙谿寺 創建―新羅下代 南宗禪 受容의 한 例―」, 『湖西史學』 27, 1999, 19~21쪽.

34 以開成二年九月十二日 達於本國武州會津 南岳實相安之 敏哀大王·神武大王·文聖大王·憲安大王 執師資之敬 不徵臣伏之儀 每入王宮 必命敷座講法

상산문의 홍척선사는 홍덕왕과 매우 밀접한 관계에 있었으며, 당시 실상사는 선종산문으로 두각을 나타내고 있었다.[35] 따라서 현욱선사가 귀국하여 실상사를 택한 것은 우연한 일이 아니었을 것이다.[36]

그렇지만 현욱선사가 실상사에 머물게 된 이유를 좀 더 자세하게 살펴볼 필요가 있다. 다시 말하면 당시의 정치적인 사정과 함께 검토해야 할 것이다. 현욱선사는 홍덕왕의 명으로 김의종과 함께 귀국하였다. 그런데 현욱선사가 귀국하였을 때 홍덕왕은 이미 세상을 뜬 뒤였고 희강왕僖康王(제43대)이 왕위에 올라 있었다. 희강왕은 치열한 왕위쟁탈전 속에서 승리하여 임금이 되었기 때문에 정치적인 혼란이 계속되고 있었다. 반대 세력이었던 김균정金均貞은 죽었고 그의 아들인 김우징金祐徵은 장보고張保皐의 도움을 받아 청해진淸海鎭으로 피신한 상태였다. 사정이 이렇게 되자 현욱선사는 희강왕에게서 어떠한 지원이나 약속도 받을 수 없었다. 그러한 사실은 F의 기록에서 볼 수 있듯이, 민애왕閔哀王부터 그를 주목하였다는 것이 입증한다. 그렇기 때문에 경주에는 더더욱 들어갈 수도 없었을 것이다. 결국 실상사에 머물 수밖에 없었던 이유가 바로 여기에 있었다고 할 수 있다. 이에 현욱선사는 실상사에 머물면서 당시 불교계의 사정을 두루 알아본 연후에 새로운 방향을 정하고자 하였을 것이다.

그러는 동안에 신라 왕실에서는 민애왕이 희강왕을 밀어내고 왕위에 올랐다. 민애왕은 즉위한 이후 실상사에 머물고 있던 현욱선사에게 제자의 예를 표하였다(F 기록 참조). 그렇지만 그것도 잠시뿐이었다. 장보고의 군대가 민애왕의 군대를 물리치고 김우징을 신무왕神武王으로 추대하였기 때문이다. 신무왕도 즉위한 이후 현욱선사에게 제자의 예를 표하였지만

---

35 曺凡煥, 「신라 하대 洪陟선사의 實相山門 개창과 鐵佛 조성」, 『新羅史學報』 6, 2006; 『羅末麗初 禪宗山門 開創 研究』, 景仁文化社, 2008, 39~43쪽.

36 金龍善은 현욱선사가 귀국하여 실상사를 거처로 택한 이유 가운데 하나로 홍척선사와 현욱선사의 정치적 성향이 서로 비슷하였다는 점을 꼽고 있다(金龍善, 앞의 논문, 2006, 116쪽).

채 일 년도 되지 않아 죽었다. 중앙의 정치적인 사정이 이렇게 급변하였기 때문에 현욱선사는 민애왕이나 신무왕의 관심을 받기는 하였지만 주석처 까지 제공받지는 못하였다. 그러다가 문성왕文聖王이 왕위에 오른 이후에 야 다시금 주목을 받은 것으로 보인다. 이러한 점과 관련해서 다음 절에서 자세히 살펴볼 것이다.

다만 여기서 주목할 점은 현욱선사가 왕실과 밀접한 관계를 유지함에 있어서 그것을 불편하게 여기거나 힘들게 생각하지는 않았던 것 같다는 점이다.[37] 이것은 아마도 그가 당나라에 유학하였을 때 회휘선사가 당나라 황실과 밀접한 관련을 맺고 있었던 것을 직접 경험한 것에서 비롯되지 않 았나 한다.

5. 현욱선사의 혜목산 이석과 고달사 주석

실상사에 머물던 현욱선사는 개성開城 말년(840년 무렵) 그곳을 떠나 혜 목산慧目山으로 옮겨 갔다.[38] 그러면 이제 그가 귀국하여 4년 정도 머물던 실상사를 왜 떠났는지 살펴보기로 하자. 앞서 보았듯이, 그는 신라 왕실로 부터 어느 정도 대우를 받고 있었다. 그럼에도 불구하고 그가 실상사를 떠

---

37 張德浩는 "(현욱이) 당에서 귀국할 때 왕명에 의해 왕자인 김의종과 함께 귀국하는 것을 보면, 유학도 왕명에 의해 이루어졌을 가능성을 배제할 수 없다. 즉 국비로 유학을 다녀온 현욱 선사로서는 왕실과의 관계를 지속적으로 유지할 수밖에 없었으며, 왕명에 의해 실상사에서 혜목산의 사찰로, 다시 고달사로 거처를 옮겨 가며 범문의 난으로 이반된 여주 인근 지역의 민심을 수습하는 데 일조하였던 것으로 보인다"라고 하였다(張德浩, 앞의 논문, 2005, 198 쪽). 그러나 신라 하대 승려 가운데 국비로 유학을 다녀온 경우는 거의 찾아보기 힘든 상황이 다. 따라서 현욱선사를 국비 유학승으로 설명하는 것은 무리가 있다고 본다. 당시 불교계의 일반적인 상황에 비추어 볼 때 쉽게 수긍되지 않는다.

38 金龍善은 개성 말년이라고 하였으므로 840년일 가능성이 높다고 하였다(金龍善, 앞의 논문, 2006, 113쪽).

난 이유가 궁금해진다. 위에서 살펴보았던 기록만으로는 그 해답을 찾기가 어려우므로 당시 현욱선사가 머무르던 실상사의 상황을 알아보는 것도 좋을 것이다. 이와 관련하여 다음의 기록을 참고할 수 있다.

> G. 마침내 다시 곧바로 가서 지리산智異山 지실사知實寺를 홀로 쌓으시고 (사축私築) 여러 장소章疏를 남김없이 보시니, 이는 나면서부터 뜻을 아는 이로서 날로 부처님이 천명한 가르침을 높여 가신 것이다(深源寺 秀澈和尙塔碑文).[39]

위 G의 기록에 의하면, 수철秀澈화상이 지리산 지실사知實寺로 돌아와 절을 사축私築하고 부처님의 가르침을 베풀었다고 한다. 지리산 지실사는 실상사를 지칭하는 것으로, 사축하였다는 것은 창건이 아닌 확장을 의미하는 것으로 보인다.[40] 이러한 사실로 미루어 볼 때, 홍척선사는 이미 열반에 들고[41] 그의 제자인 수철화상이 실상사를 이끌어 나가는 인물이 되었다고 생각해도 무리가 없을 것이다. 수철화상이 절을 확장하는 데 있어 책임자로 나타나고 있는 사실로 볼 때 그러하였을 가능성은 충분하다. 그리고 수철화상은 홍척선사와 달리 당나라에 유학을 하지 않고 홍척선사의 법을 이은 인물이다. 따라서 현욱선사는 홍척선사가 살아 있는 동안에는 실상사에 머무는 것이 괜찮았겠지만, 홍척선사가 입적한 이후에는 실상사에 머무르는 것이 그리 편하지만은 않았을 것으로 보인다. 더구나 수철화상이 실상사를 확장하고 교세를 넓혀 나가자 실상사에서 현욱선사의 입지는 더욱 좁아질 수밖에 없었을 것이다.

한편 당나라에서 돌아온 선사들 중 일부는 이 무렵 왕실이나 진골 귀족

---

39 이 부분의 번역은 정병삼의 것을 따랐다(정병삼 역주, 「深源寺 秀澈和尙塔碑」, 韓國古代社會研究所, 『譯註 韓國古代金石文』 제3권, 駕洛國史蹟開發硏究院, 1992, 168쪽).
40 추만호, 『나말려초 선종사상사 연구』, 이론과 실천, 1992, 78쪽.
41 홍척선사의 생몰 연대에 대해서는 알 수 없다.

의 도움을 얻어 나름대로 산문을 개창할 준비를 하고 있었다.[42] 그러므로 현욱선사도 실상사를 벗어나 독자적인 산문을 열고자 하는 의지가 강하였을 것이다. 실상사에 머무르는 것은 수철화상의 영향력 아래 있게 되는 것이고, 더 나아가 독자적인 선풍을 펼 수 있는 기회를 제한받는 것이기도 하였다. 이에 현욱선사가 실상사를 벗어나 새로운 활로를 개척하고자 했을 것임은 충분히 헤아릴 수 있다. 그러면 그가 혜목산을 주목하고 그곳으로 향한 이유는 무엇이었을지 궁금해진다.

당시 지리산에서는 실상사 이외에도 혜소선사가 쌍계사雙谿寺를 중심으로 남종선을 널리 전파하고 있었다. 이렇게 볼 때 이미 남악인 지리산에는 남종선이 퍼지고 있었다고 해도 좋을 것이다. 이에 현욱선사는 지리산의 어느 한 곳을 택하거나 아니면 다른 곳으로 가서 종신토록 머물 장소를 선택해야 할 상황이었을 것이다. 이에 그는 남악의 어느 한 곳에 종신처를 정하기보다는 북악으로 눈을 돌렸던 것 같다. 남종선이 만개한 곳에서 그의 위상을 드러내는 일이 쉽지 않다는 것을 헤아렸기 때문일 것이다. 그러나 북악에는 이미 도의선사가 진전사陳田寺를 중심으로 활동하였고, 그의 제자인 염거廉居화상이 설악산 억성사億聖寺를 거점으로 선을 전파하고 있었다.[43] 결국 현욱선사는 남악도 북악도 아닌 곳을 찾았을 것이다. 이에 그는 혜목산이 남악과는 멀리 떨어져 있으면서 북악에서 활동하고 있던 선사들의 영향력도 크게 미치지 않는 장소라고 판단하였던 것 같다. 그리고 더욱 중요한 점은 혜목산이 지리적으로 교통의 요지였기 때문에[44] 현욱선사는 이러한 지리적인 이점을 충분히 고려하였을 것이다.[45] 그런데 현욱

---

42 동리산문의 혜철선사가 대표적이다.

43 金穎 撰, 「長興 寶林寺 普照禪師 彰聖塔碑文」, 李智冠, 『校勘譯註 歷代高僧碑文』(新羅篇), 伽山文庫, 1994, 107쪽.

44 혜목산의 위치 및 환경에 대해서는 경기도 박물관, 앞의 책, 2002, 15쪽 참조.

45 金龍善은 현욱선사가 혜목산에 자리 잡게 된 것은 지리적인 이점을 염두에 두었기 때문으로

선사의 혜목산 이주와 관련하여 경제적인 문제를 배제할 수가 없다. 다시 말해서 누가 현욱선사의 단월이 되었을까 하는 점이다.

사실 선승들이 어느 곳에 거처를 정한다는 것은 단월 세력과 밀접한 관련이 있다고 할 수 있다. 예컨대 성주사聖住寺의 무염화상은 귀국하자 경주로 들어가 당시 정치적으로 실세였던 김양金陽을 단월로 삼은 뒤에 현재의 충남 보령으로 내려갔다.[46] 이러한 사실로 미루어 보면, 현욱선사도 틀림없이 단월을 정하고서 혜목산으로 이석移錫하였을 것이다. 이와 관련하여 F의 기록을 다시 주목할 필요가 있다. 현욱선사가 840년 무렵에 실상사를 떠나 혜목산으로 이석하였을 때는 신무왕이 죽고 문성왕이 왕위를 계승한 때였다. 그리고 문성왕은 현욱선사에게 제자의 예를 갖추며 관심을 보인 것으로 F의 기록에 나타나 있다. 이러한 사실로 미루어 볼 때 현욱선사는 문성왕의 지원으로 혜목산으로 옮겨 갔을 수 있다. 이러한 생각이 타당하다면 문성왕이 현욱선사를 지원하였던 이유는 무엇이었는지 살펴볼 필요가 있다.

이를 알기 위해서는 당시 혜목산을 중심으로 한 여주 지역의 정치적인 사정을 살펴보아야 한다. 그 지역은 헌덕왕憲德王 17년에 고달산高達山 산적 수신壽神이 김범문金梵文과 함께 난을 일으켰던 것으로 보아, 헌덕왕 재위 무렵에는 수신과 김범문의 영향력 아래에 있었던 것으로 짐작된다. 그후 그들의 난이 진압되었다고는 하지만, 그것으로 곧 반정부적인 기운마저 줄어든 것으로 이해할 수는 없을 것이다. 도리어 정부에 대한 반감이 점차 높아졌을 가능성도 있다. 이렇게 되자 문성왕은 그곳 지역을 위무할 수 있는 인물이 필요하였을 것이다. 이에 문성왕은 현욱선사에게 혜목산으로 가기를 요청하였고, 때마침 현욱선사도 실상사를 벗어나 새로운 주

파악하고 있다(金龍善, 앞의 논문, 2006, 117쪽).
46 曺凡煥,『新羅禪宗硏究』, 一潮閣, 2001, 49~52쪽.

석처를 정하고자 하던 차에 서로의 뜻이 부합하게 되었다고 할 수 있다. 문성왕이 현욱선사에게 지속적인 관심을 나타내어 여러 가지 지원을 하였던 것은 이와 밀접한 관련이 있었을 것으로 생각된다.[47]

이상에서 볼 때 현욱선사가 혜목산으로 옮겨 간 것은 여러 사정이 복합적으로 작용하였기 때문이다. 현욱선사의 입장에서 볼 때 단월도 중요할 뿐만 아니라 단월 세력의 의도를 헤아릴 필요도 있었다. 더 나아가 그의 위상을 드러낼 장소를 선택하는 것도 중요하였다. 그리고 그는 이러한 요소들이 모두 갖추어진 곳으로 혜목산을 생각하였던 것 같다. 그는 특히 누구보다도 왕실의 의도를 잘 헤아린 인물로 생각된다. 문성왕을 이어 헌안왕의 지원도 끊이지 않았는데, 바로 그러한 점이 이를 알려 주는 것이기도 하다. 그러면 혜목산으로 옮겨 온 현욱선사가 경문왕의 요청을 수용하여 다시 고달사로 옮겨 간 이유는 또 무엇이었을지 생각해 보자.

H-1. 개성開成 말년 혜목산慧目山 기슭에다 암자를 만들었는데, 경문왕景文王이 고달사高達寺에 살게 하고는 기이한 향과 묘한 약이 부족하다는 것을 들으면 반드시 공양했고, 더울 때엔 베옷, 추울 때엔 갖옷 등을 때에 맞추어 바쳤다[48](『祖堂集』 권17 東國慧目山和尚).

H-2. 원감대사가 중국에서 돌아와 혜목산에 머물러, 마침내 비탈진 골짜기에 절을 중창하여 한 해를 넘기지 않고 이루었다. △△△ △△△ △△△

---

47 김혜완은 경문왕이 현욱선사를 고달사에 머물게 한 것은 민심 수습 차원에서 그렇게 한 것으로 보았다(김혜완, 앞의 논문, 2002, 153쪽). 이에 대하여 張德浩는 김혜완의 논문을 기반으로 범문의 난 이후 여주의 민심을 수습하기 위하여 현욱선사를 고달사에 머물게 한 것으로 파악하였다(張德浩, 앞의 논문, 2005, 197쪽). 필자는 張德浩의 견해에 충분히 수긍하고 동조한다. 다만 그것이 경문왕대가 아니라 문성왕대에 그러하였을 가능성이 더 높다고 생각한다. 그 이유는 경문왕대에 이르러 갑자기 여주 지역의 반정부적인 기운을 제압하고자 하였다는 것이 쉽게 납득되지 않기 때문이다. 당시 문성왕은 웅천주 지역의 반정부적인 기운을 억제하기 위하여 노력하였는데, 성주사의 무염화상이 큰 도움을 주었다. 이렇게 볼 때 문성왕대에 반정부적인 기운을 억제하려는 정부 차원의 노력이 있었음을 헤아려 볼 수 있다.

48 自開成末 結苑於慧目山埵 景文大王命居高達寺 奇香妙藥聞闕必供 暑臘寒裘待時而授

△△△. 우리 스님은 부처님 문중의 모범생으로 그 엄연한 풍채와 모습을 본 사람치고는 마음에서 공경하지 않는 이가 없었으니, 원감대사의 으뜸가는 제자가 되었다. △△△ △△△. 함통咸通(860~873) 말에 다시 설산 억성사億聖寺로 돌아왔다(「襄陽 沙林寺 弘覺禪師碑文」, 李智冠, 앞의 책(신라편), 1994, 122쪽).

위 H-1의 기록을 보면, 현욱선사는 경문왕의 요청으로 고달사로 옮겨 갔다. 이와 관련하여 기왕의 연구를 살펴보면, H-2의 기록을 근거로 현욱선사가 실상사를 떠나 곧장 고달사로 가서 주석한 것으로 파악하고 있다.[49] 그렇지만 앞서 보았듯이 그는 처음부터 고달사에 머문 것은 아니었다.[50] 그는 처음에 혜목산에 위치한 어느 사찰에 머물다가 경문왕의 요청으로 고달사로 옮겨 갔다고 볼 수 있다. 그런데 위의 기록만으로는 그가 경문왕의 요청을 수용한 이유를 헤아리기 어렵다. 이 문제를 해결하기 위해서는 경문왕대의 불교 정책과 관련한 연구 성과를 먼저 살펴볼 필요가 있다.

경문왕대의 불교 정책이 어떻게 이루어졌는가에 대한 기왕의 연구를 살펴보면, 경문왕은 전국에 흩어져 있는 여러 선승 가운데 영향력이 있는 선승을 왕실로 불러들이거나 다른 곳으로 이석移錫시키고 있다.[51] 물론 범일梵日선사와 같이 전혀 움직이지 않은 선승도 있지만, 무염선사와 같이 신라 왕실로 가서 국사國師가 되는 경우도 있었다. 이렇게 볼 때, 현욱선사가 왕실의 관심의 대상이 되었을 가능성은 충분하다. 경문왕도 현욱선사에

---

49 김혜완, 앞의 논문, 2002, 152쪽.
50 이에 대하여 張德浩는 앞의 논문, 2005, 196쪽 주 10번에서 "혜목산에는 이전부터 선사들이 참선하기에 좋은 여건을 가진 사찰이 여러 개 있었던 것으로 보이며, 현욱이 처음부터 혜목산의 고달사에서 주석하지 않았다는 사료의 기록은 사실로 보여진다"라고 하였다. 金龍善도 홍각선사의 비문이 결락이 심해 현욱선사가 처음부터 고달사로 간 것으로 이해하는 것은 무리라고 하였다(金龍善, 앞의 논문, 2006, 114쪽의 주 4번 참조).
51 曺凡煥, 「新羅 下代 景文王의 佛敎政策」, 『新羅文化』 16, 1999, 36~43쪽.

대한 앞선 왕들의 계속되었던 존숭에 대하여 잘 알고 있었을 것이다. 또한 현욱선사도 앞서 보았듯이 이미 신라 왕실과 밀접한 관계 속에서 활동을 하였다. 따라서 경문왕의 입장에서는 군이 그를 다른 지역으로 가게 할 필요는 없었을 것이다. 이에 경문왕은 혜목산 고달사로 현욱선사를 이석시키고 경제적인 지원을 한 것으로 생각된다. 그동안 신라 왕실을 위하여 노력한 것을 염두에 둔 배려였다고 할 수 있는 것이다. 성주사의 무염선사를 불러 국사로 삼은 만큼 그동안 왕실을 위하여 노력한 현욱선사에 대해서도 배려가 필요하다고 생각하였을 것임은 충분히 짐작할 수 있다.

현욱선사가 경문왕의 이러한 조치를 수용한 것은 고달사가 종신처로 삼기에는 여러 가지로 좋은 장소였기 때문이었을 것이다. 특히 지리적인 이점 등이 현욱선사에게 크게 작용한 것이 아닐까 싶다. 따라서 현욱선사가 실상사를 떠나 20여 년간 머물던 장소를 뒤로하고 다시 고달사로 이주한 것은 이와 관련이 있을 것으로 생각된다. 더 나아가 현욱선사는 그곳을 기반으로 하여 선종산문으로 발전시키려는 의도까지 가지고 있었다고 보아도 무리가 없을 것이다.

현욱선사는 고달사로 이주한 이후 사세를 확장하였다. H-2 기록에서 한 해를 넘기지 않았다고 하는 것으로 보아 왕실의 적극적인 지원이 있었음을 엿볼 수 있다. 경문왕이 즉위한 해가 861년이므로 862년까지는 고달사가 큰 사찰로 성장해 있었을 것이다. 사정이 이렇게 되자 그의 영향력은 매우 커지고 많은 제자도 생겨났을 것이다.

현욱선사의 제자로는 먼저 홍각弘覺선사 이관利觀(811?~880)이 주목된다.[52] 그는 현욱선사의 으뜸가는 제자가 되었다고 전해진다(H-2 기록). 그런데 이관선사는 830년경 17세로 출가한 이후 해인사海印寺를 거쳐 억성

---

52 홍각선사 이관에 대해서는 다음의 글이 참조된다. 權悳永, 「新羅 弘覺禪師 碑文의 復元 試圖」, 『伽山 李智冠 스님 華甲 紀念 韓國佛敎文化思想史』(上), 가산불교문화연구원, 1992.

사에서 도의선사의 제자인 염거화상을 스승으로 하여 선을 공부하였다고 한다.[53] 이후 염거선사가 입적(844년)하자 이관선사는 860년대 어느 시점에 혜목산의 현욱선사를 찾아간 것으로 나타나 있다.[54] 이러한 사실로 보아 당시 현욱선사의 이름이 널리 알려져 있었던 것으로 보인다. 그리고 이관선사가 현욱선사의 으뜸가는 제자가 되었다는 것은 이관선사를 드러내기 위한 것일 수도 있다. 그러나 돌려놓고 생각하면 이관선사가 현욱선사의 제자라는 것을 강조하기 위하여 쓰였다고도 볼 수 있다. 이처럼 이관선사의 비문을 통하여 볼 때 현욱선사가 신라 하대 선종사에서 차지하는 위치는 결코 낮지 않을 것이다.

그런데 여기에서 중요한 사실은 이관선사가 억성사로 돌아가 그곳에서 머물다가 입적을 하자 그의 비문이 그곳에 세워졌는데, 그가 현욱선사의 으뜸가는 제자로 기록되었다고 하는 점이다. 염거선사가 입적한 이후 이관선사가 억성사를 떠나 다른 곳으로 갔다고는 하지만, 억성사에는 염거선사의 또 다른 제자들이 있었을 것이다. 그렇다면 이관선사를 현욱선사의 제자라고 내세우기보다는 염거화상의 제자라고 하는 것이 타당할 것이다. 그럼에도 이관선사의 비문에서 현욱선사를 내세우고 염거선사의 제자라고 밝히지 않은 것은 이미 현욱선사의 영향력이 억성사에까지 미치고 있었다는 것을 입증하는 것이 아닐까 한다.

I-1. 대사가 대답하여 말하기를, "달마達摩가 법을 주고 혜가惠可가 마음으로 전하여 선종이 동쪽으로 왔으니, 배우는 사람이 무엇 때문에 서쪽으로 가겠습니까. 빈도貧道는 이미 혜목慧目으로부터 바야흐로 향기로운 땅을 밟았습니다"(景明王 撰,「昌原 鳳林寺 眞鏡大師 寶月凌空塔碑文」, 李智冠, 앞의 책(신라편), 1994, 342쪽).

53 權悳永, 위의 논문, 1992, 640쪽.
54 權悳永, 같은 논문, 1992, 640쪽.

I-2. (함통) 9년 가을 해제 직후에 갑자기 문인들에게 이렇게 말했다. "내가 금년 안에 법연法緣이 다할 것이니, 너희들은 무차대회無遮大會를 열어 백 암으로부터 전해 받은 은혜에 보답케 하여 다오. 그것으로 나의 소원은 끝 나는 것이다"라 하였다. (중략) 15일 새벽에 갑자기 시자侍者에게 무상종 無常鐘을 치게 하고는 겨드랑을 자리에 대고 누워서 입적하니, 춘추는 82 세요, 승랍은 60세였다[55](『祖堂集』 권17 東國慧目山和尙).

현욱선사의 또 다른 제자로 진경眞鏡대사 심희가 있다(I-1 기록). 심희선 사는 8세 때인 경문왕 2년(862)에 현욱선사에게 출가하여 14세 때인 경문 왕 8년(868)에 스승에게서 법을 부촉받았다. 이와 관련하여 이것은 사실과 다른 일로 후일 심희선사가 현욱선사의 법맥을 이은 제자로 인정되었다는 사실을 과장하여 표현한 것으로 보기도 한다.[56] 비록 그렇다고는 하지만 봉림산문을 개창한 심희선사가 현욱선사에게서 법을 받은 것만큼은 틀림 없는 사실일 것이다. 더구나 심희선사는 I-1의 기록에서 볼 수 있듯이 현 욱선사에 대한 절대적인 존경과 신뢰를 가지고 있었다. 그리고 심희선사 는 27세 무렵 고달사에 머물고 있을 때 이미 상당한 명성을 떨치고 있었 다. 이는 혜목산의 고달사도 당시 불교계에서 상당한 영향력을 가지고 있 었음을 보여 주는 것이라 할 수 있다.

현욱선사는 입적하기 전에 제자들에게 무차대회無遮大會를 열어 줄 것 을 부탁하였다(I-2 기록). 무차대회는 남녀 귀천의 차별 없이 모든 신분 계 층이 참여하도록 하여 그들에게 잔치를 베풀고 물품을 나누어 주는 대규 모 법회로 알려져 있다. 현욱선사가 이런 법회를 열고자 한 것은 그 지역 의 민심을 수습하고자 하였던 것으로 이해된다.[57] 결국 현욱선사는 신라

---

55 九年秋解夏之始 忽告門人曰 我今歲內法緣當盡 爾等宜設無遮大會 以報百巖傳授之恩 終吾志 也 (중략) 十五日未曙 遽命侍者 撞無常鍾 脇席而終 亨年八十二 僧臘六十耳
56 金龍善, 앞의 논문, 2006, 121쪽.
57 曺凡煥, 「新羅末 鳳林山門과 新羅王室」, 『震檀學報』 78, 1994; 앞의 책, 2008, 86쪽.

왕실의 의도를 누구보다도 잘 헤아리고 그것을 위하여 노력한 인물이라고 할 수 있다.

그렇지만 고달사를 중심으로 한 새로운 선종산문의 개창은 이루어지지 못하였다. 비록 왕실의 지원으로 고달사를 발전시켜 나가긴 하였지만, 진성왕眞聖王 이후 신라 왕실의 지원이 없어지면서 과거와는 달리 쇠락하였던 것이 아닌가 한다. 그렇지만 현욱선사의 제자인 심희선사에 의하여 봉림산문이 개창되었다.[58] 그런 점에서 현욱선사를 봉림산문의 개산조로 자리매김해도 무리가 없을 것이다. 따라서 신라 하대 선종 불교계에서 그가 가진 위치나 위상은 매우 크다고 할 수 있겠다.

6. 맺음말

지금까지 신라 하대의 대표적인 선사 가운데 한 명인 현욱선사와 그가 수용한 선종의 전파에 대하여 살펴보았다. 각 절의 대체적인 논지를 정리하는 것으로 맺음말을 대신하고자 한다.

우선 현욱선사는 태어났을 때 진골 신분이었다. 그러나 신라 하대의 혼란한 정치적 상황 속에서 아버지인 김염균이 실세失勢하여 정치적인 출세의 길이 어려워지자 출가의 길을 택한 것으로 생각된다.

현욱선사는 출가하여 구족계를 받은 이후 당나라로 유학하여 회휘선사

---

58 심희선사가 태령(대관령)의 흑암선원에 머무르고 있을 때 홍준洪俊선사가 출가하러 오자, 심
   희선사는 "이제 나와 너희들이 혜목을 현양시켜 봉림을 무성하게 하여 장래의 사람에게 보여
   주도록 하자"라고 하였다(「榮豊 境淸禪院 慈寂禪師 凌雲塔碑文」, 李智冠, 『校勘譯註 歷代高
   僧碑文』(高麗篇1), 伽山文庫, 1994, 199쪽). 이러한 사실과 관련하여 金龍善은 "심희는 여주
   고달사를 떠나 있었지만, 봉림사에서 고달사의 선풍을 계속 이어 나가게 되었던 것이다"라고
   하였다(金龍善, 앞의 논문, 2006, 127쪽).

에게서 법을 전해 받았다. 그는 비록 신라에서는 화엄을 공부하였지만 마조 계통의 선 사상과는 부합하는 점이 많아 쉽게 선을 체득할 수 있었다. 회휘선사가 입적한 후에는 여러 곳으로 다니면서 두타행을 하고 824년 무렵에는 태원부로 가서 두 사찰에 번갈아 거주하면서 선교禪敎를 익혔다. 그러는 동안에 그의 이름이 신라 왕실에까지 알려지게 되었다.

현욱선사는 홍덕왕의 요청을 받고 귀국을 결심하였다. 홍덕왕의 선종을 통한 개혁 정치에 도움을 주고자 결정하였던 것이다. 그렇지만 현욱선사는 귀국하여 실상사에 머물 수밖에 없었다. 그사이에 홍덕왕이 사망하였을 뿐만 아니라 신라 중앙의 정치적인 상황이 매우 혼란하였기 때문이다. 비록 그렇기는 하지만 민애왕과 신무왕으로부터 제자의 예를 받았다.

그런 가운데 실상사에도 변화가 있어 현욱선사는 실상사를 떠나지 않을 수 없었다. 현욱선사는 남악 및 북악과는 거리가 먼 지역을 택하였으며 여주 혜목산에 자리를 잡았다. 그가 혜목산에 주석하게 된 이유는 단월인 문성왕의 의도와 그의 뜻이 함께 작용한 것이라 할 수 있다. 문성왕은 현욱선사가 여주 지역의 반정부적인 기운을 완화시켜 주는 역할을 해주길 바랐고, 그러한 왕의 의도를 알아차린 현욱선사는 지리산을 떠나 혜목산으로 간 것이다.

이후 경문왕은 현욱선사를 여주의 고달사에 머물게 하였는데, 이는 그동안 여주 지역을 중심으로 활동한 그를 배려한 것이라고 파악된다. 현욱선사는 고달사를 중심으로 남종선을 알렸으며, 염거선사의 제자인 홍각선사 이관이 그로부터 법을 받아 억성사로 돌아가 현욱선사의 법을 전하였다. 이는 현욱선사의 법이 도의선사가 전한 법을 포용한 의미로 받아들일수 있다. 또한 심희선사는 현욱선사에게서 법을 받아 현욱선사의 사상을 더욱 드러내는 역할을 하였다. 이후 혜목산을 중심으로 한 현욱선사의 법이 당시 선종 불교계에 많은 영향을 끼쳤음은 이를 나위가 없을 것이다.

즉, 원감선사 현욱은 신라 하대 선종의 수용과 그 전파에 있어 중요한 역할을 하였다. 그리고 봉림산문의 개산조로서의 위치를 차지하게 되었다.

제2편
선종산문의 개창과 확대

제1장
무진주 지역 불교계의 동향과 쌍봉사

1. 머리말

신라 하대 동리산문桐裏山門의 개창조인 적인寂忍선사 혜철慧徹(785~861)은 신무왕神武王 원년인 839년 2월 당나라에서 귀국하여 무진주 지역에 있던 쌍봉사雙峯寺에 얼마 동안 머물러 있었다. 당시 남원 부근에서 홍척洪陟선사가 실상사實相寺를 개창하여 선풍을 드날리고 있었지만,[1] 혜철선사는 그곳으로 가지 않고 쌍봉사에서 하안거夏安居를 지냈다. 이는 당시 쌍봉사가 실상사 못지않게 선승들에게는 매우 중요한 사찰이었음을 알려준다. 이후 쌍봉사에는 사자산문獅子山門의 개산조인 철감澈鑒선사 도윤道允(798~868)이 경문왕景文王의 요청으로 주석하였는데, 후학들을 이끌다가 열반에 들었다. 지금도 그곳에는 도윤선사의 부도와, 비록 비신碑身은

---

1 鳳林山門의 개산조인 圓鑑선사 玄昱은 당나라에서 귀국하자 홍척선사가 창건한 실상사로 갔다(『祖堂集』 권17 東國慧目山和尙). 실상산문은 구산선문 가운데 가장 먼저 개창되었는데, 이러한 사실로 볼 때 당나라에서 법을 받고 귀국하는 선승들에게 실상사는 매우 중요한 사찰이었음을 알 수 있다.

없어졌지만 귀부와 이수가 남아 있다.[2] 이렇게 보면 당시 무진주 지역에서 쌍봉사가 차지하던 위상이 매우 컸음을 알 수 있다.[3]

당시 무진주 지역은 선종 불교의 메카였다고 해도 과언이 아닐 것이다. 실상산문을 비롯하여 동리산문과 가지산문迦智山門이 이곳에 있었다는 것은 이와 관련하여 주목할 만한 사실이다. 동리산문은 842년 무렵에 혜철 선사가 개창하였으며, 가지산문은 859년 무렵 보조普照선사 체징體澄(804~880)이 보림사寶林寺에 거주하면서 형성하였다. 이렇게 볼 때 쌍봉사는 그 개창 시기가 실상산문보다 더 빨랐는지는 알 수 없지만 나머지 다른 두 개의 산문이 개창되기 이전부터 있었던 것은 사실이며, 그 지역에서의 영향력 또한 매우 컸을 것이다.

그런데 당시 쌍봉사가 차지하던 위상이 높았음에도 불구하고 지금까지 그것과 관련된 전고專稿는 찾아볼 수 없다.[4] 다만 개설적인 수준의 글이나 쌍봉사 발굴 현황, 그리고 도윤선사와 관련하여 언급된 것만 있을 뿐이다.[5] 이러한 사실은 그동안 무진주 지역에 위치한 쌍봉사와 그곳의 불교사적인 위치에 대한 관심이 적었음을 보여 주는 것이라 할 수 있다.

---

2 이수 전면에 위패형의 액을 만들고 그 안에 '雙峰山故澈鑒禪師碑銘'이라고 縱書로 2줄을 음각 하였다. 다행히 이 2줄의 10字 銘文이 남아 있어 탑비와 부도의 주인공을 알 수 있다(崔仁善, 「雙峯寺의 遺蹟과 遺物」, 『雙峯寺』, 木浦大學校 博物館 學術叢書 第三十八冊, 1996, 120쪽).

3 崔完秀는 쌍봉사를 '初期 南宗禪의 中心道場'이라고 하였다(崔完秀, 「雙峯寺」, 『名刹巡禮』 3, 대원사, 1994, 32쪽). 그가 쌍봉사를 이렇게 높이 평가한 것은 그만큼 쌍봉사의 위상이 대단하 였음을 보여 주는 것이라 하겠다.

4 필자가 이 글을 완성한 이후 쌍봉사에 대하여 변동명, 「신라말·고려시기의 和順 雙峯寺」, 『歷史學研究』 37, 2009가 발표되었다. 그의 논문은 이 책을 수정하고 보완하는 데 많은 도움이 되 었다.

5 쌍봉사와 관련하여 직접 언급된 것은 다음과 같다.
崔完秀, 앞의 책, 대원사, 1994.
李炳熙, 「雙峯寺의 연혁」, 『雙峯寺』, 木浦大學校 博物館 學術叢書 第三十八冊, 1996.
金杜珍, 「불교의 변화」, 『한국사』 11, 국사편찬위원회, 1996.
윤덕향 외, 『호남의 불교문화와 불교유적』, 백산서당, 1998, 79~81쪽.

이에 여기에서는 무진주 지역 불교계의 동향을 쌍봉사를 중심으로 검토해 보려고 한다. 특히 쌍봉사의 변화 과정을 당시의 해상 세력과 연계하여 살펴볼 예정이다. 이를 위하여 먼저 해상 세력이 지원하였던 쌍봉사와 왕실의 지원을 받았던 보림사를 서로 대비하여 검토할 것이다.[6] 다음으로 장보고張保皐 사후 도윤선사가 주석하면서 발전하게 되는 과정과 이후 후삼국後三國 시대 쌍봉사의 변화에 대하여 설명할 것이다. 그리하여 쌍봉사가 계속해서 무진주 지역에서 영향력을 발휘할 수 있었던 배경이 무엇인지 알아볼 예정이다. 이러한 검토가 신라 하대 무진주 지역의 선종과 교종의 변화 과정을 알아보는 데 좋은 계기가 되기를 기대한다.

2. 무진주 지역에서 쌍봉사의 위상

쌍봉난야는, 기왕의 연구에 따르면 839년 이전에 이미 창건된 것으로 설명되고 있다.[7] 그것은 혜철선사가 839년 귀국해서 쌍봉사에 머물렀다는 기록 때문이다.[8] 이런 사실로 보면 쌍봉사가 언제 개창되었는지 정확하게 알 수는 없지만, 최초의 선종산문인 실상산문이 829년 무렵에 개창되었으므로[9] 쌍봉사도 대략 이와 비슷한 시기에 무진주 지역에서 중요한 사찰 가운데 하나로 인정받고 있었을 것으로 추측된다. 당나라에서 오랫동안 생

6　혜철선사가 귀국한 839년 무렵의 보림사는 華嚴宗 사찰이었다. 이 사찰은 759년 元表가 창건하였으나 859년 무렵에 체징선사가 거주하면서 선종 사찰로 바뀌었다. 이와 관련하여 曹凡煥, 『羅末麗初 禪宗山門 開創 研究』, 景仁文化社, 2008, 19~27쪽.

7　崔完秀, 앞의 책, 1994, 35쪽에서 언급한 이후 주 5번에 열거된 논문과 책에서도 공통적으로 이러한 사실을 지적하고 있다.

8　崔賀 撰, 「谷城 太安寺 寂忍禪師 照輪淸淨塔碑文」, 李智冠, 『校勘譯註 歷代高僧碑文』(新羅篇), 伽山文庫, 1994, 87쪽.

9　실상산문은 홍척선사가 개창한 것으로, 개창 시기가 확실하지는 않지만 829년 무렵에는 이미 창건되어 있었다(曹凡煥, 앞의 책, 景仁文化社, 2008, 37쪽 참조).

활한 혜철선사가 귀국 직후 곧바로 쌍봉사로 향하였다고 하는 것은 당나라에 머물던 선승들에게도 그곳의 이름이 이미 알려져 있었음을 의미하기 때문이다.[10]

그러면 쌍봉사는 어떤 형태의 사찰이었을까 하는 의문이 든다. 선승인 혜철선사가 귀국한 직후 쌍봉사에 머물렀던 것으로 볼 때 839년 무렵에는 선종 사찰의 성격을 지니고 있었음에 틀림이 없을 것이다. 이를 해결하기 위하여 남종선이 전래되는 과정으로 잠시 눈을 돌려 보자.

홍척선사가 실상산문을 개창하기 이전에 이미 도의선사가 신라에 남종선을 들여왔음은 잘 알려져 있다. 그런데 도의선사가 남종선을 처음 들여오기는 했지만 진전사陳田寺에 주석하였던 사실을 염두에 둔다면 쌍봉사와 남종선을 바로 연결시키는 것은 어려울 것 같다. 또 실상산문이 쌍봉사보다 앞서 개창되었다는 근거도 찾을 수 없으므로 쌍봉사를 남종선 사찰로보기도 어려울 것 같다. 이 문제를 해결하기 위해서는 신라 중대 말에 먼저들어와 있던 북종선의 동향을 살펴보는 것이 도움이 되지 않을까 싶다.

북종선은 신행神行선사가 입당하여 수용하였으며, 그는 귀국 후 혜공왕대惠恭王代에 이르기까지 북종선을 전파하였다. 그리고 그가 입적한 후에도 북종선은 남종선이 크게 유행하기 이전까지 계속해서 영향력을 유지하였다. 비록 헌덕왕대憲德王代에 이르러 김헌정金獻貞의 죽음과 함께 세력이 급격하게 약화되었다고는 하지만, 북종선을 익힌 선사들은 지리산 자락에 남아 그 사상의 명맥을 유지하고 있었다.[11] 이러한 사실로 미루어 보

---

10 쌍봉사가 839년 무렵에 창건되었다고 한다면 혜철선사가 귀국하여 곧바로 그곳에 갔다고 단정 지어 말할 수는 없을 것이다. 왜냐하면 하나의 사찰이 만들어지고 그곳의 이름이 당나라에 머물던 선승들에게까지 알려지는 데에는 적어도 십수 년의 시간이 필요하였을 것이기 때문이다. 따라서 쌍봉사의 개창 시기를 실상산문의 개창 시기와 비슷하다고 단정할 수는 없더라도 그 무렵에는 창건되어 있었을 것으로 보아도 무리한 지적은 아닐 것이다.

11 신라 하대 북종선과 관련하여서는 鄭善如, 「新羅 中代末·下代初 北宗禪의 受容―〈丹城斷俗寺神行禪師碑文〉을 중심으로―」, 『韓國古代史研究』 12, 1997, 315쪽 참조.

면, 쌍봉사는 지리산과 그다지 멀리 떨어져 있지 않기 때문에 북종선과 어
느 정도 관련이 있었거나 아니면 북종선 사찰로 창건되었을 가능성도 추
정해 볼 수 있다.

그 이유는 당시 북종선 관련 사찰을 강원도에서도 찾아볼 수 있기 때문
이다. 낭혜朗慧선사 무염無染(800~888)이 812년 출가하여 강원도 설악산
오색석사五色石寺의 법성法性선사를 찾았는데, 오색석사는 북종선과 매우
밀접한 곳이었다.[12] 이렇게 볼 때, 이미 신라 중대 말에 들어온 북종선은
그 세력은 약하였을지라도 각 지역에 퍼져 있었음을 엿볼 수 있다. 따라서
쌍봉사도 북종선과 관련하여 창건된 사찰이라고 해도 무리한 지적만은 아
닐 것이다.

그렇지만 쌍봉사가 계속해서 북종선 사찰로 남아 있을 수는 없었을 것
이다. 당나라에서 새롭게 들어오는 남종선의 물결을 제어하기가 쉽지 않
았을 것이기 때문이다. 즉, 남종선을 배운 선사들이 귀국하여 쌍봉사를 거
쳐 가게 되면서 남종선 관련 사찰로 서서히 바뀌지 않았을까 한다. 그러다
가 혜철선사가 머물렀던 839년 무렵에는 남종선 사찰로 이미 새롭게 태어
나 있었을 것으로 추정된다. 또한 그곳이 북종선 사찰이었기 때문에 남종
선과 관련된 사찰로 바뀌는 데에 그리 큰 어려움은 없었을 것이다. 왜냐하
면 사상적인 변화로 인한 내부적인 고통이 그렇게 심하지는 않았을 것이
기 때문이다.

그렇다면 쌍봉사는 선종 사찰로 당시 그 지역에서 어느 정도의 위상을
가지고 있었는지 궁금해진다. 이러한 의문을 해결하기 위하여 혜철선사에
대한 기록을 인용하여 검토해 보기로 하자.

A. 원화元和 9년(814) 가을 8월에 부처님의 가르침을 찾아 서쪽으로 멀리 갔

---

12 曺凡煥, 『新羅禪宗硏究』, 一潮閣, 2001, 25~26쪽.

다. (중략) 대사(서당)는 (선사의) 뜻이 이미 굳고 품성이 잘 깨달을 만함을 알고 한 번 보고도 옛날부터 안 것 같아 비밀히 심인을 전하였다. (중략) 오래 지나지 않아 서당西堂이 입적하였다. (중략) 고국을 떠난 지 오래되었고 법을 선양하고자 하는 마음이 깊어져 드디어 군자의 나라(신라)에 돌아갈 것을 말하고, 신기루와 같은 파도를 가로질러 개성開成 4년(839, 신무왕神武王 원년) 봄 2월에 귀국하였다. (중략) 드디어 무주武州 관내의 쌍봉난야 雙峰蘭若에서 여름 결제 때 날이 가물어 산이 마르고 내가 말랐으며 비가 오지 않을 뿐 아니라 조각구름조차 없었다. 주사州司가 선사에게 간절히 청하니 선사가 고요한 방에 들어가 좋은 향을 사르며 하늘과 땅에 빌었다. 잠시 후 단비가 조금씩 내려 무주 관내의 들을 적시더니, 얼마 후 큰 비가 내렸다(崔賀 撰, 「谷城 太安寺 寂忍禪師 照輪淸淨塔碑文」, 李智冠, 『校勘譯註 歷代高僧 碑文』(新羅篇), 伽山文庫, 1994, 86쪽).

위 A의 기록에 의하면, 혜철선사는 814년 당나라에 들어가 서당西堂선 사 지장智藏(735~814)에게서 심인을 받았다고 한다. 그리고 그는 신기루 와 같은 파도를 가로질러 개성開成 4년(839) 봄 2월에 고국에 돌아왔다고 전한다. 그러니까 약 25년 동안 당나라에서 머물렀음을 알 수 있다. 그런 데 귀국할 때 사신의 배를 이용하였다는 기록이 없는 것으로 보아 상선商 船이나 무역선貿易船을 이용하였을 가능성을 배제할 수 없다.[13]

귀국한 이후 혜철선사는 태어난 곳인 경주에는 가지 않고 무주 관내의 쌍봉난야에 머물렀다고 한다. 무려 25년 동안 당나라에서 머물러 있었기 때문에 경주와는 거리가 멀어졌을 뿐만 아니라 아마도 경주에서는 그를 도와줄 만한 후원자를 찾기가 쉽지 않아서였을 것이다. 더구나 당시 경주 불교계는 교종 세력이 선종 세력보다 강하였기 때문에 그곳에서 활동하기 가 어렵겠다고 생각해 도착한 곳에서 멀지 않은 곳에 있는 선종 사찰인 쌍

13 曹凡煥, 「張保皐와 禪宗」, 『STRATEGY21』 4-2, 2002, 108쪽 및 본서 제3편 제2장 참조.

봉사를 찾아가 그곳에서 머물게 된 것으로 보인다. 당시 선승들이 배를 타고 도착한 포구는 무주의 회진會津항이나 영암의 상대포上臺浦항이었다. 이에 혜철선사는 도착한 곳에서 멀지 않으면서 선종 사찰로 알려져 있던 쌍봉사를 선택하여 그곳으로 들어갔던 것이다. 이러한 사실에서 당시 당나라에서 활동하던 신라의 선승들에게 쌍봉사는 이미 그 이름이 알려져 있었음을 다시 확인할 수 있다.

혜철선사는 쌍봉사에 머무는 동안 신이神異한 행적을 보였다(A의 기록 참조). 혜철선사가 귀국하여 하안거를 지낼 때 날이 가물어 매우 힘들었다고 한다. 이에 주사州司가 선사에게 간절히 청하니 선사가 방에 들어가 향을 사르며 빌자 비가 내려 가뭄을 해소시켜 주었다고 전한다. 이러한 사실에서 다음과 같은 추론이 가능할 것이다. 즉, 쌍봉사에 도착한 이후 혜철선사는 무주 관내에 상당히 이름이 알려져 있었을 것이다. 이는 주사가 그를 찾아 비를 내려 주기를 부탁하였다는 것을 통하여 입증된다.[14] 여러 승려가 있었음에도 불구하고 유독 그를 찾았다고 하는 것은 그의 영향력이 적지 않았음을 의미할 것이다. 더구나 그의 기도로 말미암아 비가 내렸다고 하는 것을 볼 때 혜철선사는 그 지역의 환경과 계절의 변화를 잘 알고 있었던 것 같다. 혜철선사가 보여 준 이적은 곧바로 쌍봉사의 위상과도 관련된다고 할 수 있을 것이다. 혜철선사가 쌍봉사에 머무는 것만으로도 그곳은 여러 사람의 관심의 대상이 되었을 것이기 때문이다.

이상에서 볼 때 혜철선사가 쌍봉사에 머무를 무렵에는 이미 그곳은 남종선 사찰로서 확고하게 자리를 잡고 있었을 것으로 보인다. 그리고 그 지역뿐만 아니라 부근 지역에도 쌍봉사의 영향력이 미치고 있었을 것이다. 더구나 주사가 쌍봉사를 찾아왔다는 것은 쌍봉사의 위상도 그에 걸맞았음

---

14 주사州司를 지방관사地方官司가 아닌 지방관리로 볼 수도 있다(金周成, 「新羅下代의 地方官司와 村主」, 『韓國史研究』 41, 1983, 55쪽).

을 보여 주는 것이라 하겠다.

그 밖에 쌍봉사가 무진주 지역에서 상당한 위상을 가지고 영향력을 행사할 수 있었던 또 다른 배경은 없었는지 살펴보기로 하자. 이와 관련하여 아래의 기록을 참고할 수 있다.

B. 김양金陽이 평동장군平東將軍이 되어 염장閻長, 장변張弁, 정년鄭年, 낙금駱金, 장건영張建榮, 이순행李順行과 함께 군사를 거느리고 무주武州 철야현鐵冶縣에 도착하였다. 왕은 대감大監 김민주金敏周로 하여금 군사를 내어 맞서 싸우게 하였는데, (김양이) 낙금과 이순행을 보내 기병 삼천 명으로 돌격하여 거의 다 죽이거나 상하게 하였다(『三國史記』 권10, 閔哀王 원년 12월).

위 B의 기록은, 민애왕閔哀王을 축출하기 위하여 김양金陽이 중심이 된 청해진淸海鎭의 군대가 무주로 진군하는 도중에 철야현鐵冶縣에서 관군과 접전하였음을 알려 준다. 철야현에서 커다란 전투가 벌어진 것은 그곳이 군사적으로 매우 중요한 요충지였기 때문일 것이다. 그런데 여기서 보다 중요한 사실은 철야현이 교통의 요지로서 쌍봉사가 위치한 곳과 멀지 않은 곳이라고 하는 점이다. 이는 쌍봉사가 지리적으로 중요한 위치에 자리 잡고 있었다는 것을 말해 준다. 지리적인 요지는 여러 사람의 이동과 물자의 교환이 이루어지는 곳이고, 그것은 곧바로 선종의 전파가 용이한 지역이라는 점을 시사해 준다. 이는 곧 쌍봉난야가 무진주 지역에서 여러 사람에게 널리 알려질 수 있는 지리적 요지에 자리하였음을 알려 준다.

다음으로 생각해 볼 수 있는 것은 쌍봉사가 청해진과 멀지 않은 거리에 있었다는 점이다. 839년 2월에 귀국한 혜철선사가 쌍봉사에 머문 이유 가운데 하나는 이곳이 당나라의 소식을 빨리 들을 수 있는 최고의 장소였기 때문일 것이다. 장보고 선단은 당나라에서 돌아오면서 많은 물건과 새로운 소식을 들여왔다. 당나라에서 전해진 새로운 소식은 그곳에 유학하였던 선승들이 당나라와의 유대 관계를 지속하는 데 매우 중요한 고리 역할을 했을 것이다. 그런 점에서 이곳은 당나라에 가지 않고도 당나라 불교계의 변화를 계속해서 들을 수 있는 최적의 장소였다고 할 수 있다.

이상에서 신라 하대 무진주 지역에서 쌍봉사가 차지하였던 위상에 대하여 살펴보았다. 그렇다면 쌍봉사의 경제적인 배경은 어디에 있었을까. 쌍봉사에 거주하였던 선승들의 숫자를 정확하게 헤아릴 수는 없지만, 이름난 사찰이었던 만큼 적잖은 수의 승려들이 거주하였을 것으로 생각된다.[15] 따라서 선승들의 노동력만으로는 의식주를 해결하기가 힘들었을 것이다. 결국 쌍봉사의 경제력은 당시 부근 지배 세력과의 밀접한 관계 속에서 찾는 것이 보다 좋을 것이다.

C. 김총金摠, 견훤甄萱에게 벼슬하여 인가별감引駕別監에 이르렀다. 박영규朴英規, 후백제 견훤의 사위였다(『新增東國輿地勝覽』 40, 순천도호부, 인물).

신라 말 승주昇州 지역의 유력한 호족으로 김총金摠과 박영규朴英規를 들 수 있다. 이들은 견훤甄萱이 후백제를 건국하고 크게 세력을 떨치던 시기에 활동한 호족들로 대대로 이곳에 거주하면서 세력을 형성하였던 것으로 보인다. 이렇게 볼 때, 이들이 쌍봉사에 여러 가지 지원을 하였을 것임은 의심의 여지가 없을 것이다. 그렇지만 쌍봉사는 이들이 활동하던 그 이전에 이미 개창되어 있었으므로 아마도 그들의 조상들과 더 밀접한 관련이 있지 않았을까 싶다.[16] 다시 말해서 장보고가 이곳에 경제적인 지원을

---

15 선종산문을 개창한 선사들에게 몇백 명에서 몇천 명의 문도들이 존재하였음은 널리 알려진 사실이다. 비록 이때 쌍봉사가 선종산문으로 개창된 것은 아니었지만 위상이 컸던 만큼 많은 수의 승려들이 거주하고 있었음에는 틀림이 없다고 해야 할 것이다.

16 朴貞柱는 쌍봉사의 단월을 승주 지역의 박씨 세력으로 보고 있지만(朴貞柱, 「新羅末·高麗初

하기 이전까지는 김총과 박영규의 선조들이 쌍봉사의 경제적인 단월이었을 것이다.

그렇지만 장보고가 청해진을 중심으로 활동할 무렵에는 이들의 지원보다 장보고의 지원이 더 큰 비중을 차지하였던 것이 아닌가 생각된다. 청해진을 중심으로 활동하던 장보고는 서남해 지역의 선종 사찰에 적지 않은 관심을 가지고 있었을 것이기 때문이다.[17] 그가 당나라에서 창건한 적산赤山 법화원法華院에 선승들이 상주해 있었던 것을 보아도 충분히 짐작이 된다. 이렇듯 장보고는 선승들에 대한 관심이 적지 않았음을 알 수 있다. 또한 당나라에서 귀국하는 선승들을 그의 선단에 태워 주었으며, 그 과정에서 이들과 유기적인 관계를 가졌으리라는 점도 충분히 생각해 볼 수 있다. 따라서 당나라에서 귀국한 선승들이 머무는 선종 사찰에 대해서도 관심을 가졌을 것이며, 그 사찰들에 경제적인 지원도 하였을 것으로 보인다.[18]

특히 쌍봉사의 경우 장보고의 지원이 적지 않았을 것이다. 그 이유는 쌍봉사가 청해진과 가까운 거리에 있었을 뿐만 아니라 앞서 보았듯이 승주 지역에서 영향력을 행사하던 선종 사찰이었기 때문이다. 또한 쌍봉사는 승주 지역의 유력자들에게는 정신적인 지주 역할을 하였을 것이다. 따라서 장보고는 쌍봉사를 통하여 그 지역의 유력자들을 움직이고자 하였을 것이다. 다시 말하면 장보고는 쌍봉사에 대한 지원을 통하여 승주 지역의 유력자들과 유기적인 관계를 유지하였던 것으로 볼 수 있다. 이렇게 볼 때

獅子山門과 政治勢力」, 『震檀學報』 77, 1994, 7쪽), 시간적인 변화 과정에서 추적하는 것이 보다 타당할 것이다. 즉, 장보고가 청해진을 설치하기 이전에는 승주 지역의 유력자들이 단월이었을 가능성이 높다. 그렇지만 청해진이 설치된 이후에는 이들 유력자들보다 장보고의 지원을 더 많이 받았을 것으로 볼 수 있다.

17 曹凡煥, 앞의 논문, 2002, 110~118쪽 및 본서 제3편 제2장 참조.

18 강봉룡은 "장보고 시대에 도당 유학을 하고서 서남해 지방을 통해서 귀국한 이들 선종 승려들은 장보고의 경제적 도움을 받았을 가능성이 크다. 그렇다면 이들 역시 신라 사회에 돌아와 장보고에 대한 우호적인 여론을 조성해 주었을 것이다"라고 하였다(강봉룡, 「서남해역의 해양세력과 해양영웅」, 『한국의 해양문화』(서남해역 上), 해양수산부, 2002, 612쪽).

쌍봉사는 장보고의 지원 아래 있었고 그의 지원으로 쌍봉사의 경제적인 기반이 유지되었으리라고 짐작할 수 있다.

그러면 쌍봉사는 계속해서 장보고 세력과 밀접한 관계를 유지하였을까 하는 궁금증이 생긴다. 이를 알기 위해서는 혜철선사와 관련된 기록을 다시 한 번 살펴볼 필요가 있다. 혜철선사가 쌍봉사를 떠난 시기가 언제인지는 구체적으로 알 수 없지만 842년 무렵에는 동리산 태안사에 주석한 것으로 보인다.[19] 혜철선사가 쌍봉사를 떠난 것에 대하여 여러 가지 해석이 가능하겠지만, 무엇보다도 장보고의 사망 후에 쌍봉사가 매우 커다란 곤란을 겪었던 것과 관련이 있지 않을까 싶다. 즉, 장보고의 죽음 이후 그에 의하여 주도되었던 해상 세력의 쌍봉사에 대한 경제적 지원이 끊어졌을 것이다. 더구나 앞서 보았듯이 쌍봉사는 장보고와 밀접한 관련이 있던 사찰이었으므로 신라 정부에서 쌍봉사를 그대로 내버려 두지는 않았을 것 같다. 사찰에 대해서는 계속해서 보이지 않는 감시가 있었을 것이고 선승들의 활동에도 제약이 따랐을 것으로 추측된다. 사정이 이렇게 되자 혜철선사가 쌍봉사를 떠나게 되었다고 보아도 무리한 해석은 아닐 것이다.

그렇다면 혜철선사가 떠난 쌍봉사의 향배向背는 어떠하였을지 궁금하다. 이를 알아낼 수 있는 자료는 없지만, 다음의 기록을 통하여 어느 정도 시사를 받을 수 있다.

D. 선사는 구름과 바위를 벗삼아 지내는 것을 편안히 여겼고, 또 결계結戒의 달이었으므로 정명淨名의 병病을 핑계 대고 육조六祖처럼 사양했다. 거울

---

19 曹凡煥은 혜철선사가 842년 무렵에 태안사에 이르게 되었다고 파악하였다(曹凡煥, 앞의 책, 2008, 68~69쪽). 그러나 金杜珍은 「羅末麗初 桐裏山門의 成立과 그 思想─風水地理思想에 대한 再檢討─」, 『東方學志』 57, 1988; 『신라하대 선종사상사 연구』, 일조각, 2007, 301쪽에서 "동리산문도 신라 하대의 다른 산문이 성립되는 것과 같은 추세 속에서 혜철에 의해 개창되었다. 언제 개창되었는지 분명하지는 않지만, 혜철이 지장의 법인을 받아 귀국하는 문성왕 원년(839)에서부터 늦어도 문성왕 8년까지는 개창되었다"라고 하였다.

10월에 왕이 다시 명을 내려와 (중략) 가지산사迦智山寺로 옮겨 거처할 것을 청했다. 드디어 마지못해 석장을 날려 가지산문으로 옮겨 들어가니, 그 산은 곧 원표대덕元表大德이 옛날에 거처하던 곳이다. 원표대덕은 법력으로써 정치에 도움을 주었으므로, 건원乾元 2년(759, 경덕왕景德王 18년) 왕이 특별히 명하여 장생표長生標 기둥을 세우도록 하였는데, 그 표주標柱가 오늘까지 남아 있다(金穎 撰,「長興 寶林寺 普照禪師 彰聖塔碑文」, 李智冠, 앞의 책, 1994, 109쪽).

위 D의 기록을 보면, 가지산 보림사는 선종 사찰로 바뀌기 전에 화엄종 사찰이었음을 알 수 있다. 보림사는 원표대덕元表大德의 활동으로 말미암아 국가에서 장생표도 마련해 준 사찰이었다. 원표대덕은 천보연간天寶年間(742~756)에 당에 유학하였고, 서역의 성지를 순례하기도 했다.[20] 그는 755년(경덕왕 14)에서 759년 사이에 귀국하였다. 그리고 759년 가지산에 보림사를 창건하였으며, 비의상계非義湘系 화엄華嚴 승려로 알려져 있다.[21] 따라서 보림사는 8세기 중반경에는 무진주 지역에서 상당한 영향력을 가진 화엄종 사찰이었음을 알 수 있는데, 장생표가 설치되었다는 것을 통해서도 보림사의 위상을 짐작할 수 있다. 장생표는 사격寺格을 정하거나 사계四界를 표지標識하기 위하여 세운 것이다. 따라서 국가의 재정적인 지원이 대단하였음을 알 수 있다. 결국 보림사는 쌍봉사와는 매우 대비되는 사찰이었다고 해도 좋을 것이다.

아마도 두 사찰은 멀지 않은 거리에서 보이지 않는 경쟁과 대립을 벌이고 있었을 것이다. 가까운 거리에 성격이 각각 다른 사찰이 존재한다는 것은 서로 발전할 수 있는 계기도 될 수 있지만, 한쪽에 의한 다른 한쪽의 약화도 가져올 수 있기 때문이다. 쌍봉사가 장보고의 지원 아래 성장하였다

---

20 『宋高僧傳』卷81 高麗國元表傳
21 金相鉉,「新羅 華嚴宗의 僧侶 및 그 寺院」,『新羅華嚴思想史硏究』, 民族社, 1991, 83쪽.

면, 보림사는 이미 왕실의 지원으로 성장, 발전해 왔던 것이다. 그런 과정에서 장보고가 신라 왕실에 의하여 제거되자 쌍봉사는 큰 타격을 입었을 것이다. 게다가 보림사는 화엄종 사찰로 계속해서 쌍봉사를 견제하였을 것이다. 그렇게 하지 않으면 선종이 계속해서 그 지역에서 영향력을 발휘할 것이고 많은 승려가 선종으로 돌아서게 될 것이기 때문이다.

그런데 체징선사가 859년 무렵에 보림사에 주석한 이후로는 사정이 달라졌다고 볼 수도 있다. 즉, 전에는 서로 견제하던 사찰이 이제는 성격을 같이하는 사찰로 바뀌었기 때문이다. 또한 체징선사가 그곳에서 영향력을 발휘하게 되면서 쌍봉사에 머물던 승려들 가운데에는 보림사로 옮겨 가는 이들도 적지 않았을 것으로 생각해 볼 수 있다. 즉, 체징선사가 주석한 보림사가 장보고 사후 무진주 지역에서 새롭게 불교계를 정비하면서 쌍봉사는 점차 위축되었을 것으로 생각된다. 또한 쌍봉사는 장보고의 경제적 지원이 사라지자 큰 타격을 입었으며, 보림사에게 주도권을 넘겨주고 그곳의 견제를 받아 더욱 위축되었을 것으로 보인다. 더구나 혜철선사마저 그곳을 떠났기 때문에 쌍봉사를 이끌어 갈 비중 있는 인물도 없었을 것이다. 그렇기 때문에 쌍봉사는 장보고 사후 사세가 위축되었던 것이 아닌가 한다.

이상에서 보면, 쌍봉사는 신라 하대 무진주 지역에서 선종 사찰로 그 영향력이 적지 않았다. 특히 장보고의 경제적인 지원으로 사세가 크게 확장되었다. 그렇지만 장보고 사후 커다란 타격을 받았으며 가까이 있던 보림사에게 주도권을 내주면서 견제와 제약까지 받았던 것으로 헤아려진다. 그렇다면 쌍봉사는 계속 쇠락의 길을 걸어갔을까 하는 것이 궁금한데, 이에 대해서 좀 더 자세하게 알아보기로 하자.

3. 정치 세력의 변화와 쌍봉사의 향배

장보고 사후 쌍봉사는 중앙을 대표하는 보림사에 주도권을 넘겨주면서 위축되어 가고 있었다. 그리고 장보고를 따르거나 그를 흠모하던 무진주 지역의 백성들은 염장閻長의 압제에 저항하였을 것이다. 그러자 신라 정부는 문성왕文聖王 13년(851)에 염장이 다스리던 청해진을 완전히 없애 버렸다.[22] 그리고 그곳의 주민들을 단체로 벽골군碧骨郡에 이주시켰다. 그에 따라 무진주 지역은 신라 정부에 적잖은 불만을 표출하였을 것으로 짐작된다. 이는 문성왕 17년(855) 봄 정월에 사자를 보내 서남 지방의 백성을 위문하였다는 기록을 통해서도 충분히 짐작이 가능하다. 사정이 이러하였던 만큼 쌍봉사는 이와 같은 격랑의 시기를 헤쳐 나가지 않으면 안 되었을 것이다. 더구나 장보고 사후 경제적인 지원이 끊어진 만큼 사세의 약화도 명약관화한 일이 되었을 것이다. 또한 앞서도 언급하였지만 중앙 정부의 계속되는 통제 속에서 쌍봉사의 선승들은 활동하기가 그리 쉽지만은 않았을 것이다.

한편 보조선사 체징이 859년 무렵 보림사에 주석하면서 그곳은 화엄종 사찰에서 선종 사찰로 바뀌었다.[23] 또한 왕실은 그곳에 적극적인 지원을

---

22 崔完秀는 문성왕의 이러한 조치를 다음과 같이 설명하였다. "서남이라면 청해진 세력이 있는 무주 일대이니 이곳에서 어떤 소요가 있었음을 시사하는 기록이다. 아마도 장보고를 살해한 배반자 염장 일파가 장보고 친위 세력에 의해 제거되는 정세의 변화가 있었던 모양이다"라고 하였다(崔完秀, 앞의 책, 1994, 39쪽). 또한 최규성은 벽골군으로 徙民 된 청해진 인민의 대부분을 청해진 군사력의 근간이 되었거나 그 배경이 되었던 인물들로 보았다(최규성, 「新羅下代 西南海 豪族과 王建과의 關係」, 『대외문물교류연구』 1, 2002, 85~86쪽). 그러나 이와는 달리 이미 왕실에서 염장의 세력이 커지는 것을 걱정하여 문성왕 13년(851)에 청해진을 폐지하고 벽골군으로 사람들을 옮긴 것으로 보는 해석도 있다. 필자도 후자의 해석이 좀 더 타당하다고 생각한다. 그것은 장보고를 제거한 이후 10여 년이 지나서 청해진의 군민을 벽골군으로 사민시켰다는 것을 염두에 둘 때 그러하다.

23 화엄종 승려가 창건한 보림사가 구산선문 중 하나인 가지산문의 중심 사원으로 바뀌게 되었다는 사실은 주목할 만하다. 崔源植은 이를 신라 하대의 선종이 화엄과 융합하고 있던 대표적

하였다. 그런 까닭에 보림사는 가지산문으로 성장할 수 있었다. 왕실에서는 진골 지배 세력을 동원하여 가지산문을 적극 지원하였는데,[24] 이는 무진주 지역의 불교 세력을 가지산문을 통하여 통합하고자 했기 때문일 것이다.

사정이 이러한 가운데 쌍봉사에 철감선사 도윤이 주석하게 되었다. 이는 경문왕이 취한 특단의 조치로 보인다.

E. 회창會昌 7년 4월에 (도윤선사가) 다시 청구로 돌아와 풍악楓岳에 머무르니 귀의하려는 이가 운무와 같이 모였고 배우러 오기를 바라는 이가 별똥과 파도같이 몰려들었다. 이때 경문대왕景文大王이 귀의하여 받들고 은혜를 베풂이 날로 융숭하였다. 함통咸通 9년 4월 18일에 갑자기 문인들에게 이렇게 하직을 고하였다(『祖堂集』 권17 雙峰和尙).

도윤선사는 825년 입당하여 남전南泉선사 보원普願(748~834)에게서 법을 받았으며, 남전선사가 열반에 든 이후에도 약 13년 동안 당나라에 머물러 있다가 847년 귀국하였다. 당나라 무종 황제의 폐불 정책으로 외국 승려들이 추방당하여 많은 승려가 귀국하였음에도 불구하고 2년 정도 더 당나라에서 머물다가 귀국한 것이다. 이는 도윤선사가 대단한 의지를 가진

인 경우로 보았다(崔源植, 「新羅下代의 海印寺와 華嚴宗」, 『韓國史硏究』 49, 1985, 23쪽). 이에 대하여 金相鉉은 "보림사는 창건주 원표의 뜻과는 관계없이 국가권력에 의해 선종 사원으로 그 성격이 바뀌게 된 것으로 이해된다"라고 하였다(金相鉉, 앞의 책, 1991, 238쪽). 필자도 후자의 견해를 지지한다. 예컨대, 월광사 원랑선사의 경우 그가 왕명으로 주석한 곳이 화엄종 사찰이었기 때문이다. 이렇게 보면 신라 하대에 화엄종 사찰에서 선종 사찰로 바뀐 것은 국가권력에 의한 것이라고 파악하는 것이 보다 옳을 것이다.

24 체징선사가 가지산사로 이주하고 난 다음 헌안왕 4년(860) 봄에 왕경으로 체징선사를 초빙하는 왕명을 받들고 왔던 선사의 제자인 장사현 부수 김언경이 녹봉을 떼어 내고 사재를 털어 鐵 2,500斤을 사서 노사나불을 조성하였다. 이에 왕은 망수택과 이남택에 교지를 내려 金 160分을 共出하게 하고 租 2,000斛을 내려 이를 돕게 하니, 다음 해인 경문왕 원년(861)에는 十方의 시주로 禪宇를 넓히는 불사까지 원만히 회향하였다(金穎 撰, 「長興 寶林寺 普照禪師 彰聖塔碑文」, 李智冠, 앞의 책, 1994, 110쪽).

인물이었음을 알려 준다.

위 E의 기록을 보면, 도윤선사는 귀국한 이후 풍악에 머물렀다고 하는데, 아마도 금강산에서 활동하였던 것으로 보인다. 그의 명성이 알려지자 경문왕은 그에게 귀의하였다. 경문왕은 헌안왕憲安王을 이어 861년에 왕위에 올랐다. 따라서 경문왕이 도윤선사에게 귀의한 것은 861년 이후라고 볼 수 있다.[25] 그리고 도윤선사는 861년 이후 868년 사이에 쌍봉사로 내려가 주석하였을 것이다. 그것은 도윤선사가 함통咸通 9년(868)에 열반에 들었다고 하는 기록 때문이다. 쌍봉사에는 도윤선사의 부도가 남아 있어 그가 열반에 들 무렵 쌍봉사에서 주석하고 있었음은 의심의 여지가 없다.

기왕의 연구에 따르면, 도윤선사는 황해도 봉산 출신으로 밝혀졌다.[26] 당시 중앙과는 매우 거리가 떨어진 곳에서 태어났음을 알 수 있다. 그리고 그는 호족 출신이면서 또한 무장 가문의 출신이었다고 한다.[27] 이러한 사실을 헤아린 경문왕은 도윤선사를 쌍봉사에 주석하도록 한 것이다. 앞서 보았듯이, 쌍봉사는 장보고 사후 사세가 하락하였기 때문에 경문왕은 쌍봉사를 왕실의 직접적인 통제 아래 두고자 하였을 것이다. 이에 경문왕에게는 왕실의 의도를 제대로 수행할 수 있는 선승을 발탁하는 것이 무엇보다 중요하였다. 그러던 중 도윤선사가 귀국하여 금강산에 머물게 되자 그에게 쌍봉사에 가도록 요청을 하였던 것으로 볼 수 있다. 결국 도윤선사가 쌍봉사에 주석하게 되었는데, 이는 신라 왕실의 의지가 관철된 것으로 이해할 수 있다.

그런데 여기에서 쌍봉사가 왕실에서 보낸 도윤선사를 받아들인 이유가 궁금하다. 이는 도윤선사가 쌍봉사에 주석하게 된 배경을 헤아려 보면 어

---

25 李炳熙, 앞의 논문, 1996, 14쪽.
26 朴貞柱, 앞의 논문, 1994, 7쪽.
27 朴貞柱, 위의 논문, 1994, 8쪽.

느 정도 해답을 얻을 수 있지 않을까 싶다. 우선 도윤선사는 귀국하였을 때 쌍봉사에 들렀을 가능성이 있다. 만약 그가 나주 회진항으로 귀국하였다면 쌍봉사나 실상사에 들렀을 가능성은 충분하다.[28] 따라서 귀국한 이후 쌍봉사나 실상산문과는 이미 인연이 있었을 것이다.

다음으로 생각해 볼 수는 있는 것은, 앞서 보았듯이 쌍봉사가 승주 지역의 박씨 세력을 단월로 하여 성장하였다는 점이다. 즉, 박영규의 선조가 쌍봉사의 단월로 활동하였던 것과 관련하여 속성俗姓이 박씨인 도윤선사가 일찍부터 이곳과 연결되어 있었을 가능성도 생각해 볼 수 있다.[29]

이렇게 보면, 신라 왕실에서는 화엄종 사찰을 통하여 쌍봉사를 견제하려 했고 다음에는 가지산문의 체징선사를 통하여 쌍봉사를 제어하려고 했지만 쉽지 않았던 것 같다. 결국 가지산문의 견제만으로는 쌍봉사의 문제를 해결할 수 없다는 한계를 파악하기에 이르렀을 것이다. 따라서 이제는 신라 왕실의 직접적인 통제 아래 쌍봉사를 두고자 하였던 것으로 볼 수 있다. 그 결과 경문왕은 문성왕대 이후 무진주 지역의 계속되는 반발을 회유하고 이 지역의 혼란을 수습하고 안정시키기 위하여 풍악에 머물던 도윤선사를 쌍봉사로 파견한 것으로 볼 수 있다. 결국 쌍봉사는 왕실의 의도대로 움직이게 되었다고 해도 과언이 아닐 것이다.

도윤선사가 쌍봉사에 머문 시간은 그리 길지 않다. 그리고 그곳에서 많은 제자를 배출하였을 것이지만 그 구체적인 내용은 전하지 않는다. 물론 도윤선사 사후 쌍봉사가 그의 제자들에 의하여 운영되었음은 틀림이 없을 것이다. 쌍봉사에 도윤선사의 비와 부도가 세워진 것은 그러한 사실을 반

---

28 崔完秀도 도윤선사가 회진항이나 영암 나루터로 귀국하였다면 쌍봉사에 머물렀을 가능성이
   크다고 하였다(崔完秀, 앞의 책, 1994, 38쪽).

29 이 글을 쓸 때만 해도 필자는 이러한 가능성만을 제시하고 말았다. 하지만 이후 도윤선사의
   사자산문 개창에 대하여 쓰면서 보다 자세하게 언급을 하였다. 이에 대해서는 曺凡煥, 앞의
   책, 景仁文化社, 2008, 167∼168쪽 참조할 것.

중한다.[30] 그렇지만 쌍봉사는 시간의 변화와 더불어 중앙보다는 지방 세력과 더 가까운 관계를 가지게 된 것 같다. 특히 신라 왕실의 통치력이 약화되고 이 지역을 중심으로 후백제가 탄생하면서 쌍봉사는 후백제 세력과 밀접한 관계를 가졌던 것으로 보인다.

> F-1. 빈도는 이제 늙어서 쌍봉사雙峯寺에 가 친히 동학同學하던 사람들을 찾아보고 선사(도윤)의 탑에 면례面禮를 드리려고 합니다. 때문에 남행에 주저할 수 없습니다(朴貞柱,「新羅末·高麗初 獅子山門과 政治勢力」, 『震檀學報』 77, 1994,「자료 1」澄曉大師碑 수정본 17~18행).
> F-2. 그 주州(무주武州)의 군리郡吏 김사윤金思尹 등이 (중략) (대사에게) 분령군芬嶺郡(승주昇州) 동림桐林에 거하며 길이 선거禪居의 장소로 여기고 종언지소終焉之所로 삼을 것을 청하였다. (하략) (朴貞柱, 앞의 논문, 1994, 수정본 20~21행)

위 F-1과 F-2의 기록을 보면, 절중折中(826~900)선사는 영월의 흥녕선원興寧禪院을 떠나 그의 스승이 입적한 곳인 쌍봉사에 도달하였음을 알 수 있다. 그런데 그가 이곳에 도착하였을 때는 이미 견훤이 나라를 세우고 한창 세력을 떨치던 때였다. 따라서 쌍봉사는 견훤의 세력권 안에 있었다고 보아야 할 것이다. 이는 도윤선사가 열반에 든 이후 쌍봉사의 구체적인 상황은 알 수 없지만, 892년 견훤이 무진주 지역을 석권할 때까지 쌍봉사가 계속해서 유지되었음을 알려 준다. 그리고 견훤의 통치 아래 들어간 쌍봉사는 견훤에게서 경제적인 지원까지 받았을 것으로 헤아려진다. 따라서 쌍봉사는 계속해서 무진주 지역에서 그 영향력을 발휘하며 사세를 키워 간 것으로 이해된다.

---

30 결국 이러한 사실은 쌍봉사가 신라 왕실의 지원하에 선종산문으로 성장하였음을 알려 준다. 이에 대해서는 曺凡煥, 위의 책, 2008, 168~169쪽 참조.

한편 쌍봉사와 대비를 이루던 가지산문의 핵심 사찰이던 보림사는 오히려 쇠락하였던 것 같다. 특히 고려 초기에서 중기에 이르도록 별다른 기록이 없는 것으로 보아 보림사는 가지산문 소속의 한 사찰일 뿐 그 중심 도량으로서의 역할은 하지 못하였던 것으로 파악되고 있다.[31] 아마도 신라 왕실의 지원이 없어지자 쇠락의 길로 들어선 것이 아닌가 한다.

이상에서 볼 때, 쌍봉사는 장보고 사후 반신라적인 성향을 가진 사찰이 되었지만 경문왕의 지원 아래 도윤선사의 주석으로 선종산문으로 성장할 수 있었다. 이후 견훤이 그 지역의 맹주가 되자 쌍봉사는 다시 견훤 정권과 밀접한 관계를 가지게 되었을 것이다. 그리고 견훤 정권의 보호 아래 훨씬 더 발전하는 모습을 보였다고 할 수 있다. 앞서 보았지만, 도윤선사의 제자인 절중선사가 이곳을 찾은 것도 여기가 혼란스러운 신라의 다른 지역보다 안정되어 있었기 때문일 것이다. 쌍봉사가 후삼국 시기에도 그 위상을 계속해서 유지할 수 있었던 것은 혼란의 소용돌이 속에서도 제대로 방향을 찾아나갔기 때문이라고 해야 할 것이다.

4. 맺음말

신라 하대 무진주 지역에 위치하였던 여러 선종 사찰 가운데 쌍봉사가 주목된다. 누가 개창하였는지 그리고 언제 개창되었는지 정확히는 알 수 없지만 동리산문을 개창한 혜철선사가 839년 무렵에 머물렀고, 사자산문의 개산조가 되는 철감선사 도윤도 주석하다 열반에 든 곳이다. 그리고 도윤선사의 부도와, 비신은 없어졌지만 이수와 귀부는 지금도 그곳에 남아 있

---

31 順天大學校 博物館, 『迦智山 寶林寺』, 1995, 18~19쪽.

다. 그런 만큼 쌍봉사는 무진주 지역에서 그 영향력이 컸음을 알 수 있다.

쌍봉사의 사세寺勢가 크게 성장할 수 있었던 것은 장보고의 경제적인 지원에 말미암아서이다. 장보고가 쌍봉사에 여러 가지 경제적인 지원을 아끼지 않았던 것은 무진주 지역에서 쌍봉사의 영향력이 작지 않았기 때문이다. 그렇지만 장보고 사후 왕실의 지원을 받고 있던 보림사의 보이지 않는 견제를 받아야 하였다.

경문왕은 당나라에서 귀국해 금강산 장담사에 주석하던 도윤선사를 쌍봉사에 주석시켰다. 도윤선사의 여러 가지 점을 고려하였기 때문인데, 왕실의 그러한 의도는 결국 성공을 거둘 수 있게 되었다. 도윤선사는 경문왕의 지원을 받아 쌍봉사에 머물면서 그곳의 사세를 더욱 확장하였으며 사자산문으로 성장할 수 있는 기반을 마련했던 것이다.

이후 견훤이 무주 지역의 맹주가 되자 쌍봉사는 다시 견훤 정권과 밀접한 관계를 가지게 되었다. 그리고 견훤 정권의 보호 아래 계속해서 그 위상을 유지하였다. 도윤선사의 제자인 절중선사가 후삼국의 혼란한 상황 속에서 쌍봉사를 찾은 것도 그곳의 위상이 높았기 때문일 것이다. 또한 혼란스러운 신라의 다른 지역보다 안정되어 있었기 때문으로 보인다. 쌍봉사가 후삼국 시기에도 계속해서 영향력을 발휘하고 그 이후 고려 시대에도 명성을 유지하였던 것은 이러한 역사적인 연원이 있었기 때문이다.

제2장
서남 지역 선종산문의 형성과 발전

1. 머리말

　신라 하대 선종구산문禪宗九山門이 중앙과는 멀리 떨어진 지방에서 개
창되었다. 특히 지리산智異山 자락을 중심으로 최초의 선종산문인 실상산
문實相山門이 개창되었으며,[1] 비록 선종산문으로 성장하지는 못하였지만
쌍계사雙谿寺도 지리산 자락에서 창건되었다. 이후 신라의 서남西南 지역
에는 사자산문獅子山門의 시초가 되는 쌍봉사雙峯寺와 혜철慧徹선사가 개
창한 동리산문桐裏山門, 체징體澄선사가 개창한 가지산문迦智山門 등 많은
선종 사찰과 산문이 생겨나고 성장, 발전하였다.[2]

---

[1] 흔히 迦智山門을 최초의 선종산문으로 보고 있지만, 실제 그것이 산문으로 성장하게 된 것은
　道義선사의 손제자인 體澄선사가 장흥 寶林寺를 중심으로 활동하면서부터이다. 그러므로 가
　지산문이 산문으로 성장한 것은 훨씬 뒤의 일이라고 할 수 있다. 이렇게 보면 실상산문을 최초
　의 선종산문이라 불러도 좋을 것이다. 김영수가 『朝鮮佛敎史藁』, 민속원, 2002, 36쪽에서 실상
　산문이 구산 가운데 제일 먼저 성립되었다고 한 이래 모두 따르고 있다. 김두진도 "9산선문 중
　가장 먼저 개창된 것은 실상산문이다"라고 하였다(김두진, 「불교의 변화」, 『한국사』 11, 국사
　편찬위원회, 1996, 196쪽 참조).

이러한 사실에 주목한 기왕의 연구에서는 선종산문들이 지방에서 개창된 사실에 주목하고 그것을 지방地方 호족豪族세력과 연계하여 설명하는 데 관심을 두었다.[3] 그 결과 선종산문은 지방 호족의 지원 아래 성장하였으며,[4] 선종은 어느덧 호족불교적豪族佛敎的 성격을 띠면서 성장하게 되었다는 것이다. 따라서 서남 지역의 선종산문도 이와 궤를 같이한 것으로 파악하였다.

그렇지만 이러한 연구 결과는 서남 지역의 선종 사찰들과 산문에 대한 구체적인 검토를 통하여 얻어낸 결론은 아니었다. 그러므로 서남 지역에서 탄생하고 성장, 발전한 선종산문에 대한 구체적인 검토가 이루어져야 그 실상을 제대로 파악할 수 있을 것이다. 더구나 많은 선승이 현재의 전라도 지역에서 활동하였는데,[5] 그것이 가능하였던 이유를 조금 더 구체적

---

2 崔柄憲은 "迦智山派의 寶林寺는 長興, 實相山派의 實相寺는 南原, 桐裏山派의 太安寺는 谷城에 있어서 西堂智藏 문하의 3派가 모두 전라도 지역에 있었던 것이 주목되거니와 이외에도 당나라에서 한때 道義와 함께 修行하기도 하였던 慧昭가 開創한 花開谷의 雙磎寺까지 합치면 智異山을 중심한 이 西南邊方地域이 초기 禪宗成立期의 하나의 중심지였음이 유의되는 것이다"라고 하였다(崔柄憲,「道詵의 生涯와 羅末麗初의 風水地理說─禪宗과 風水地理說의 관계를 중심으로─」,『韓國史硏究』11, 1975, 112쪽 참조).

3 崔柄憲,「新羅下代 禪宗九山派의 成立」,『韓國史硏究』7, 1972 및「羅末麗初 禪宗의 社會的 性格」,『史學硏究』25, 1975. 그리고 金杜珍,「新羅下代 禪師들의 中央王室 및 地方豪族과의 관계」,『韓國學論叢』20, 1997;『신라하대 선종사상사 연구』, 일조각, 2007, 146~157쪽에서 선승들과 왕실의 결연은 형식적인 것에 지나지 않는다고 하였다.

4 李基白은 "新羅 末期에 가서 禪宗이 크게 일어나고 이때가 山間佛敎 발전의 또 하나의 중요한 단계가 되는 것이지만, 그들 禪宗九山의 어느 하나도 五岳과 관계가 있는 것이 없는 것과는 좋은 대조를 이루고 있다. 이것은 禪宗이 地方豪族과 연결되기 때문에 일어난 결과이며, 華嚴宗의 경우와는 극히 대조적인 것이다"라고 하였다(李基白,「新羅 五岳의 成立과 그 意義」,『震檀學報』33, 1972;『新羅政治社會史硏究』, 一潮閣, 1974, 211~212쪽). 최근 金在庚도「新羅 下代의 禪佛敎와 風水地理說의 興起 背景」,『仁荷史學』10, 2003에서 李基白과 같은 주장을 하고 있다. 그런데 여기서 중요한 사실은 오악도 결국 중앙과는 멀리 떨어진 변방에 위치하고 있다는 점이다. 이렇게 보면 선종 사찰들이 오악이 아닌 다른 곳에서 개창되었다고 해서 지방 호족과 관련되었다고 단정하는 것은 무리가 따른다.

5 태안사의 慧徹선사는 무주 관내의 雙峯寺에 머무른 바 있고, 道允선사도 쌍봉난야에서 獅子山門을 개창하였으며, 보림사 體澄선사는 무주 黃壑寺에서 일시 머물기도 하였다. 이외에 廣照

으로 살펴볼 필요가 있다. 하지만 지금까지 이와 관련하여 이루어진 연구
는 거의 없다고 보아야 할 것이다. 다만 그 지역의 선종산문 개창과 관련
하여 간단한 언급들만 있을 뿐이다.[6]

이에 여기에서는 구산선문 가운데 초기에 개창된 선종 사찰들이 지리산
자락에서 시작하여 전라도 지역으로 외연을 넓혀 갔음에 착목하였다. 그
리고 그것이 가능하였던 이유를 밝히기 위하여 다음과 같은 점들에 주목
하였다. 첫째로 지리산 자락에서 실상산문과 쌍계사가 자리 잡게 된 배경
이 무엇이었을까 하는 것이다. 이러한 의문을 해결하기 위하여 당시 지리
산 지역에 퍼져 있던 북종선北宗禪의 동향을 검토할 것이다. 둘째로 전라
도 지역에 많은 선종 사찰이 분포하였던 이유가 궁금한데, 이를 해결하기
위해서 선종산문들이 생겨나기 이전에 이미 창건된 쌍봉사와 황학사黃壑
寺에 대하여 알아볼 예정이다. 두 사찰은 선종산문들이 형성되고 발전하
는 데 큰 디딤돌 역할을 하였기 때문이다. 셋째로 선종산문과 장보고張保
皐 집단集團의 관계에 대하여 구명究明해 볼 것이다. 이는 장보고 집단이

寺 眞澈선사, 菩提寺 大鏡선사, 興法寺 眞空선사, 淨土寺 法鏡대사, 玉龍寺 洞眞대사 등도 무주
관내에서 머물렀다. 이러한 사실은 현재의 전라도 지역이 선종과 매우 밀접하게 연결되어 있
었음을 보여 주는 것이다. 물론 선승들이 중국에서 돌아와 잠시 머물기도 하였지만, 그보다는
다른 이유가 내재되어 있을 것으로 보인다.
6 주 3번에서 언급한 논문 이외에 다음과 같은 자료들을 참고할 수 있다.
　金煐泰, 「九山禪門 形成과 曹溪宗의 展開」, 『한국사론』 20, 1990.
　추만호, 『나말려초 선종사상사연구』, 이론과 실천, 1992.
　李啓杓, 「新羅下代의 迦智山門」, 『全南史學』 7, 1993.
　順天大學校 博物館, 『迦智山 寶林寺』, 1995.
　金杜珍, 「불교의 변화」, 『한국사』 11, 국사편찬위원회, 1996; 「新羅下代 禪宗山門의 社會經濟
的 基盤」, 『韓國學論叢』 21, 1999; 앞의 책, 2007, 107~136쪽.
　崔仁杓, 「羅末麗初 禪宗佛教政策 研究」, 대구효성가톨릭대학교 대학원 박사학위 논문, 1998;
『羅末麗初 禪宗政策 研究』, 한국학술정보, 2007.
　윤덕향 외, 『호남의 불교문화와 불교유적』, 백산서당, 1998.
　대한불교조계종 교육원 저, 「구산선문의 형성과 전개」, 『曹溪宗史(고중세편)』, 조계종출판사,
2004.

선종산문의 형성과 발전에 어떠한 역할을 하였는지 더듬어 봄으로써 헤아릴 수 있을 것이다. 마지막으로 서남 지역에 위치한 선종산문의 경제적經濟的 기반基盤에 대하여도 살펴볼 것이다. 이를 위하여 선종산문이 소유하였던 염전鹽田에 대하여 알아보고, 왕실과의 관계에 대해서도 검토할 예정이다.

2. 지리산과 초기 선종산문

9세기 초반 지리산 자락에는 두 개의 선종 사찰이 창건되었다. 홍척洪陟 (생몰년 미상)선사가 개창한 실상사實相寺와 혜소慧昭(774~850)선사가 개창한 쌍계사가 바로 그것인데, 현재 실상사는 지리산 북쪽에, 쌍계사는 지리산 동남쪽에 위치해 있다. 앞에서도 말하였듯이 실상산문은 신라 최초의 선종산문이다.

실상산문은 창건 시기가 확실하지 않지만, 흥덕왕이 즉위(826)하고 얼마 지나지 않은 829년 무렵으로 보아도 좋을 것이다. 그것은 두 가지 기록을 통해서 추정해 볼 수 있다. 먼저 봉림산문鳳林山門의 개산조開山祖인 현욱玄昱(787~868)선사와 관련된 것이다. 그는 당나라에서 귀국하여 희강왕僖康王 2년(837)부터 4년 동안 남악 실상사에 머물다가 혜목산慧目山으로 옮겨 갔다고 한다.[7] 이러한 기록에 따르면 실상사가 837년 무렵에는 이미 창건되어 있었음을 알 수 있다. 그리고 837년 9월에 현욱선사가 귀국하여 바로 그곳으로 갔다는 것으로 보아 실상사의 존재는 당나라에 머물고 있던 선승들에게 이미 널리 알려져 있었다고 보아도 좋을 것이다.

---

7 『祖堂集』 권17 東國慧目山和尙 및 曺凡煥, 「新羅末 鳳林山門과 新羅王室」, 『震檀學報』 78, 1994; 『羅末麗初 禪宗山門 開創 硏究』, 景仁文化社, 2008, 84쪽.

다음으로 심원사深源寺 수철秀澈(815~893)[8]화상 비문에는 그가 실상사에 주석하고 있던 홍척선사를 찾아가 만난 것으로 기록되어 있다.[9] 그런데 그는 남원의 실상산문보다 명주의 진전사陳田寺를 먼저 찾은 것으로 알려져 있다. 이후 수철화상이 그곳에서 발길을 돌려 실상사로 향하였다고 한 것으로 보아 진전사나 억성사億聖寺에서 홍척선사에 대하여 들었을 가능성이 높다.[10] 다만 여기서 주목할 사실은 수철화상이 진전사나 억성사에서 홍척선사에 대한 얘기를 듣고 남원으로 향하였다면, 이는 홍척선사가 당나라에서 신라로 돌아온 이후 도의道義선사를 만나기 위하여 설악산雪嶽山에 갔던 것으로 볼 수 있다는 점이다. 두 사람은 모두 서당西堂선사 지장智藏(735~814)의 제자로, 도의선사보다 뒤에 귀국한 홍척선사는 도의선사가 설악산 진전사에 주석하게 된 사정을 알아보기 위하여 그곳을 찾아갔던 것이 아닌가 생각된다. 이후 홍척선사는 설악산을 떠나 지리산으로 옮겨 갔으며, 그 시기가 바로 829년 무렵이었을 것이다.

한편 혜소선사는 흥덕왕興德王 5년(830)에 귀국하여 왕의 청으로 상주의 노악산露岳山 장백사長柏寺에 잠시 머물다가 지리산으로 들어가 쌍계사를 창건하였다.[11] 혜소선사가 쌍계사를 창건한 시기는 구체적으로 알 수 없으

---

8 필자는 위의 책, 2008, 37쪽에서 수철화상이 태어난 해를 814년으로 보았으나 815년으로 수정해 둔다.

9 추만호는 「심원사 수철화상 능가보월탑비의 금석학적 분석」, 『역사민속학』 1, 1991, 282쪽에서 "(수철화상이) 설악산으로 나아가서 홀로 구름에 쌓인 산봉우리에 올라 실상선정국사를 만나 뵈었다"라고 하였다. 그렇지만 이러한 해석은 옳지 않다. 판독이 어려운 부분을 억지로 해석하는 과정에서 생겨난 오류라고 할 수 있다.

10 曹凡煥, 「新羅 下代 道義禪師의 '雪嶽山門' 開創과 그 向背」, 『新羅文化』 34, 2009 및 본서 제1편 제1장 참조.

11 金楨權, 「眞鑒禪師 慧昭의 南宗禪 受容과 雙谿寺 創建」, 『湖西史學』 27, 1999, 19쪽에서 흥덕왕이 혜소선사를 장백사에 주석시킨 것으로 파악하였다. 그리고 金福順, 「眞鑑禪師의 생애와 불교사상에 관한 연구」, 『韓國民族文化』 15, 2000; 『韓國古代佛教史硏究』, 民族社, 2002, 239~240쪽에서도 같은 견해를 드러내고 있다. 그는 "장백사는 오늘날의 상주 南長寺로 왕도와 가까이 있던 왕실의 원찰로 보인다"라고 하였다. 또한 金杜珍, 「眞鑑禪師塔碑와 慧昭의

나 830년대 후반으로 파악되고 있다.[12] 이렇게 보면 830년대 후반 지리산 자락에는 두 개의 남종선南宗禪 사찰이 창건되어 큰 영향력을 발휘하고 있었음을 알 수 있다. 결국 초기의 선종 사찰들이 지리산 자락에서 개창된 것인데, 이에는 분명히 어떤 이유가 있었을 것이다. 그렇다면 그 이유는 어디에 있었을지 궁금해진다.

신라 최초의 선종산문인 실상산문에 대해서는 구체적인 기록이 없어 창건 배경이나 성장 과정 등을 밝혀내기가 쉽지 않다. 더구나 홍척선사와 관련된 기록이 거의 없어 이를 알아내는 데는 적잖은 어려움이 따른다. 그렇지만 혜소선사가 지리산으로 들어갈 무렵 그곳 불교계의 상황에 대해서는 기왕의 연구가 있으므로 그것을 바탕으로 살펴보기로 하자.

당시 지리산 자락에서는 북종선이 명맥을 유지하고 있었다. 북종선은 신라 중대 말에 들어왔는데, 신행神行(704~779)선사가 입당하여 북종선을 수용하고, 귀국 후 혜공왕대惠恭王代에 이르기까지 북종선을 전파하였다.[13] 그리고 신행선사가 입적한 후에도 북종선은 남종선이 크게 유행하기 이전까지 계속해서 활동한 것으로 나타나고 있다. 헌덕왕대憲德王代에 김헌정金獻貞이 죽은 후 북종선의 세력이 약화되었다고는 하지만, 북종선을 익힌 승려들이 지리산 자락에 남아 명맥을 유지하고 있었던 것이다.[14] 이에 혜소선사는 북종선풍北宗禪風이 남아 있던 지리산에서 선종을 전파하는 것이 훨씬 더 용이하다는 것을 염두에 두었다고 한다.[15] 이는 북종선 사

선종사상」, 金杜珍 외, 『금석문을 통한 신라사 연구』, 한국학중앙연구원, 2005; 「진감선사 혜소의 선종사상과 탑비의 건립―북종선과 남종선의 수용과 연관하여―」, 앞의 책, 2007, 86쪽에서 이와 관련된 사실을 언급하고 있다.

12 金福順은 혜소선사가 지리산 화개곡에 자리 잡은 시기를 838년 무렵으로 보고 있다(金福順, 앞의 책, 2002, 241쪽).

13 신행神行선사에 대해서는 呂聖九, 「神行의 生涯와 思想」, 『水邨朴永錫教授華甲紀念 韓國史學論叢』(上), 探求堂, 1992, 342~347쪽.

14 신라 하대 북종선과 관련해서는 鄭善如, 「新羅 中代末·下代初 北宗禪의 受容―〈丹城斷俗寺神行禪師碑文〉을 중심으로―」, 『韓國古代史研究』12, 1997, 315쪽 참조.

상이 남종선과 서로 연결되는 부분이 적지 않았던 것과 관련이 있다. 예컨대, 혜소선사는 제자들에게 "일심一心을 근본으로 삼아 너희들은 힘써 노력하라"라고 하였는데 이는 북종선풍과 관련이 있다고 한다.[16] 이렇게 볼 때 혜소선사는 북종선풍의 영향력을 기반으로 하여 선종 사찰을 개창하였음을 알 수 있다.

특히 혜소선사가 지리산에 들어와 처음으로 도착한 곳이 화개곡花開谷에 있는 고故 삼법화상三法和尙의 유기遺基였다는 점을 주목할 필요가 있다. 이와 관련하여 기왕의 연구에서는 '육조정상절취사건六祖頂上截取事件'과 연계하여 삼법화상을 남종선사南宗禪師로 보았다.[17] 그렇지만 이는 후대에 만들어진 설화로 보이며,[18] 삼법화상은 북종선의 법맥을 이은 선사로 보는 것이 타당할 것이다. 그것은 앞에서도 보았듯이 당시 지리산에서 북종선풍이 어느 정도 명맥을 유지하고 있었기 때문이다. 혜소선사가 삼법화상의 유기를 택한 것도 그러한 것과 맥을 같이하였기 때문일 것이다. 따라서 혜소선사는 북종선을 디딤돌로 하여 쌍계사를 창건한 것이라 생각된다.

이러한 사정을 염두에 두면 지리산 자락에서 쌍계사가 개창될 수 있었던 이유를 충분히 헤아릴 수 있을 것이다. 그리고 쌍계사의 예로 미루어

---

15 金楨權, 위의 논문, 1999, 23쪽 참조.
16 金杜珍, 「新羅下代 禪宗思想의 成立과 그 變化」, 『全南史學』 11, 1997; 「신라하대 선종사상의 전래와 그 변화」, 앞의 책, 2007, 402쪽. 또한 金杜珍은 같은 책, 2007, 92~94쪽에서도 같은 내용을 설명하고 있다.
17 金楨權, 위의 논문, 1999, 22~23쪽. 그의 견해에 따르면 도의선사 이전에 이미 남종선을 들여온 인물이 삼법화상이라는 것인데, 이는 당시 불교계의 사정으로 미루어 볼 때 타당성이 그리 많지 않아 보인다. 한편 韓基汶은 삼법화상을 화엄계나 유가계 승려일 가능성이 높다고 하였다(韓基汶, 「新羅末 禪宗 寺院의 形成과 構造」, 『韓國禪學』 2, 2001, 264쪽). 그는 선승들이 중국에서 귀국한 이후 폐사된 교종 사원을 수리하여 선종 사원으로 바꾼 예가 있음을 들어 설명하고 있다. 삼법화상의 유기가 화엄계나 유가계일 가능성도 있지만, 북종선 사원으로 보아도 큰 무리는 없을 것이다.
18 鄭性本, 「'禪宗六祖慧能大師頂上東來緣起'考」, 『韓國佛敎學』 14, 1989; 『新羅禪宗의 研究』, 民族社, 1995, 302쪽 참조.

볼 때 홍척선사가 실상사를 그곳에서 창건한 것도 북종선이 명맥을 유지하고 있던 지역이라는 점이 크게 작용하였을 것이다. 홍척선사나 혜소선사보다 앞서 귀국한 도의선사는 선종을 전파하려다 마어魔語로 비난받아 강원도 설악산에 은거하였다. 이러한 사정을 누구보다도 잘 알고 있던 홍척선사와 혜소선사는 우선 북종선의 맥을 잇고 있던 지리산을 택하였을 것이다. 당시 혁신적이었던 남종선 사상이 화엄이나 다른 사상과는 서로 어울리기가 어려웠기 때문에 지리산에서 명맥을 유지하던 북종선과 연계하고자 한 것으로 짐작된다.

그리고 실상사와 쌍계사는 지리산을 사이에 두고 위와 아래에 자리 잡고 있다. 이렇게 보면 서로 거리가 먼 것같이 느껴지지만 뱃길을 이용하면 아주 가까운 거리이다. 섬진강과 남강의 수운은 지리산 주변의 사람과 물산의 교류와 유통에 중요한 기능을 담당하였다. 이렇게 볼 때 두 개의 선종 사찰이 가까운 곳에 위치하여 서로를 보완해 주면서 상승 발전하는 역할을 한 것은 아니었을까 한다. 즉, 선승들의 자유로운 교류라든가 사상의 교환을 위해서,[19] 그리고 남종선을 널리 알리기 위해서 서로 상호 보완하였을 가능성을 생각해 볼 수 있는 것이다.

다음으로 또 하나의 중요한 점을 들 수 있는데, 바로 차茶의 재배와 관련된 것이다. 당시 신라 왕실에서는 차의 재배에 관심을 쏟고 있었다. 흥덕왕 3년 입당 사신使臣이었던 대렴大廉이 차를 가져와 지리산에 심었기 때문이다. 이때부터 지리산에서는 차 재배가 성행하였고 중앙에서도 큰 관심을 보였다.[20] 차가 당시 선승들뿐만 아니라 중앙 진골 지배 세력들에게

---

19 홍척선사는 당나라에 유학하여 지장선사의 법을 받았고, 혜소선사는 滄洲선사 神鑒의 법을 받았다. 특히 혜소선사는 百丈선사 懷海를 친견하였는데, 회해선사는 그의 선사상 형성에 큰 영향을 미쳤다(金楨權, 앞의 논문, 1999, 23쪽). 더구나 혜소선사는 범패에 능하였다. 이렇게 보면 사상적인 측면에서 두 선사는 각각 다른 특징이 있었을 것이다.
20 金楨權, 위의 논문, 1999, 22쪽.

도 매우 중요한 기호품嗜好品이었음은 이를 나위가 없다. 따라서 왕실이나 진골 지배 세력들이 지리산에 가졌던 관심도 어느 시기보다 컸다고 볼 수 있다. 이러한 상황을 염두에 둔 홍척선사와 혜소선사는 지리산을 선종 전파의 본거지로 삼았던 것으로 보인다.

결국 홍척선사와 혜소선사는 지리산 자락에서 사상적으로 공통점이 있는 북종선을 기반으로 하여 실상사와 쌍계사를 창건하였다고 볼 수 있다. 지리산을 중심으로 퍼져 있던 북종선이 홍척선사와 혜소선사가 선종 사찰을 창건할 수 있는 밑거름이 되었던 것이다.[21] 그리고 그들은 왕실의 관심을 끌고 있던 지리산에 사찰을 창건하고 왕실의 여러 가지 지원도 받았다.[22] 왕실의 관심이나 지원 없이는 선종의 전파가 쉽지 않다는 것을 헤아리고 있었던 것이다. 북종선의 경우 커다란 후원 세력이 없어지면서 명맥만 유지하였던 것으로 볼 때 중앙의 관심과 지원은 선종을 전파하고 널리 펴는 데 필수적인 요소였을 것이다. 더구나 혜소선사와 홍척선사처럼 오랫동안 당나라에 머물다가 귀국하여 지방에서 갑자기 후원 세력을 구할 수 없던 상황에서는 더욱 그러하였을 것이다.

---

21 金杜珍은 "道義 이후에 實相山門을 개창한 홍척이나 희양산문을 연 도헌 등은 비록 지방에서 이긴 하지만, 비교적 순조롭게 산문을 성립시켜 갔다. 그 이유에 대해서는 선종 사상은 물론 신라 사회 자체의 변화 속에서 다양하게 찾아야 할 것이다. 그중의 하나로 남종선 사상이 북종선 사상을 다소 포용하면서 왕실이나 중앙 귀족들의 거부감을 완화시킨 점을 지적할 수 있다. 혜소의 남종선 사상은 이런 면에서 이해될 수 있다"라고 하였다(金杜珍, 앞의 책, 2007, 91쪽 참조).

22 崔致遠이 撰한「智證大師碑文」에는 당시 홍척선사가 興德王에게 설한 禪旨의 대요가 소개되어 있고, 北宋의 道原이 쓴 『景德傳燈錄』(1004년 찬)에는 흥덕왕과 그의 아우 宣康太子를 洪直(홍척)의 嗣法弟子로 기록하고 있다. 이러한 사실을 통하여 볼 때 실상사에는 왕실의 적극적인 지원이 있었던 것으로 보인다. 또한 崔致遠이 찬한「眞鑑禪師碑文」에 의하면, 혜소선사가 830년에 귀국하자 흥덕왕이 그를 맞아들여 "寡人은 장차 동쪽 雞林之境을 妙吉祥의 집으로 만들겠다"라고 하였다. 이후 쌍계사는 敏哀王, 특히 충공계의 후원을 받았던 것으로 파악되고 있다(金杜珍, 위의 논문, 2005, 174쪽).

3. 서남 지역의 선종 사찰과 산문의 형성

지리산 자락에 위치한 선종 사찰 가운데 실상사는 크게 발전하여 실상 산문으로 확대되었다. 그리고 비록 산문으로 성장하지는 못하였지만 쌍계 사도 그 영향력이 적지 않았다. 그러한 상황에서 당나라에서 귀국한 선승 들이 지리산과 그다지 멀지 않은 서남 지역에 새로운 선종 사찰들을 개창 하였다. 당시 서남 지역에는 대략 11개의 선종 사원이 존재하였다고 한 다.[23] 신라 하대의 다른 지역과 비교해 볼 때 상당히 많은 수의 선종 사원 이 서남 지역에 자리를 잡았던 것이다. 그렇다면 그 이유는 무엇이었는지 살펴보기로 하자.

이러한 의문을 해결해 줄 수 있는 구체적인 사료를 찾기는 쉽지 않다. 그 러므로 당시 그 지역의 사정에 대한 검토부터 해보기로 하자. 이와 관련하 여 주목되는 점은 선사들이 당나라에 오갈 때 무주武州의 회진會津항을 가 장 많이 이용하였다는 사실이다.[24] 그곳은 당시 선승들의 출국과 귀국의 장소로서 큰 역할을 하였다. 그리고 무엇보다도 회진항은 당나라의 새로 운 문물이 쉴 사이 없이 전해지는 곳이었다. 그런데 당시 선진 문물을 접 하고 그것을 수용한 인물들이 바로 선승들이었다. 그들은 신라의 다른 지 역으로 가기보다는 그곳에 머물며 당나라에서 들어오는 새로운 문물을 접 하고, 또한 그곳에 위치한 여러 사원의 다른 선승들과 더불어 사상을 교환 하고 있었을 것이다. 따라서 무주를 포함한 서남 지역 일대는 새로운 사상 을 수용할 수 있는 바탕이 마련되어 있었다고 보아야 할 것이다. 그것은 선종 사찰들이 여럿 있었던 것을 통해서도 입증된다. 이와 관련하여 당시

---

23 韓基汶, 앞의 논문, 2001, 276쪽.

24 權悳永,「新羅 遣唐使의 羅唐間 往復行路에 대한 考察」,『歷史學報』149, 1996, 5쪽 및『古代 韓中外交史』, 一潮閣, 1997, 191쪽에서 언급하고 있다. 또한 韓基汶, 위의 논문, 2001, 276쪽 도 참조.

서남 지역에서 선종산문들이 개창되기 이전에 선승들에게 널리 알려져 있었던 쌍봉사와 황학사에 대하여 살펴보기로 하자.

기왕의 연구에 따르면, 쌍봉사는 839년 이전에 이미 창건되었다고 한다.[25] 이는 혜철선사가 839년 당나라에서 귀국한 이후 쌍봉사에 머물렀다는 기록에 기대고 있다.[26] 이러한 사실로 볼 때 쌍봉사가 언제 개창되었는지 단정하기는 어렵지만, 최초의 선종산문인 실상산문의 개창과 짝하여 서남 지역에서 중요한 사찰 가운데 하나로 인정받고 있었음을 짐작할 수 있다. 혜철선사는 당나라에서 귀국하자 바로 쌍봉사로 갔는데, 아마도 그곳의 이름이 선승들 사이에 널리 알려져 있었기 때문일 것이다.

쌍봉사는 처음부터 남종선 사찰은 아니었던 것으로 알려져 있다. 도리어 쌍봉사는 처음 개창되었을 무렵에는 북종선 사찰 가운데 하나였을 가능성이 높아 보인다. 그러나 혜철선사가 귀국하여 그곳에 이르렀을 때에는 이미 남종선 사찰로 바뀌어 있었던 것으로 이해되고 있다.[27] 당나라에서 법을 받고 돌아온 선승들이 쌍봉사로 간 것은 그곳이 남종선과 관련된 사찰이었음을 더욱 입증한다고 하겠다. 따라서 선승들이 쌍봉사로 찾아가 머문 것은 어쩌면 당연하였을 것이다.

그렇다면 쌍봉사의 경제적인 기반은 어디에 있었을까 하는 점이 궁금해진다. 이를 알려 주는 구체적인 기록이 없어 무엇이라 단정 지을 수는 없지만, 앞선 연구를 살펴보면 적어도 828년 이후에는 장보고와 연결되어 있었던 것 같다.[28] 즉, 쌍봉사가 청해진과 가까운 거리에 있었기 때문에 장

---

25 崔完秀,「雙峯寺」,『名刹巡禮』3, 대원사, 1994, 35쪽.

26 崔賀 撰,「谷城 太安寺 寂忍禪師 照輪淸淨塔碑文」, 李智冠,『校勘譯註 歷代高僧碑文』(新羅篇), 伽山文庫, 1994, 87쪽.

27 曺凡煥,「新羅下代 武珍州地域 佛敎界의 動向과 雙峰寺」,『新羅史學報』2, 2004, 188~189쪽 및 본서 제2편 제1장 참조.

28 曺凡煥, 위의 논문, 2004, 195쪽 및 본서 제2편 제1장 참조.

보고가 그곳을 주목하고 지원을 하였던 것으로 파악된다. 장보고 사후 쌍
봉사는 잠시 사세의 변화를 겪기도 하였으나, 경문왕의 요청으로 철감선
사 도윤道允(798~868)이 861년 이후 868년 사이에 그곳에 주석하게 되면
서 중앙 정부의 지원을 받을 수 있었던 것으로 생각된다.[29] 선사가 특정한
사찰에 왕의 요청으로 주석한다는 것은 그곳이 왕실과 밀접한 관계에 있
었음을 보여 주는 것으로 해석할 수도 있지만,[30] 때에 따라서는 그곳을 중
앙의 통제 아래 두고자 하는 의도가 있었을 것으로 볼 수도 있다. 쌍봉사
는 후자와 같은 경우에 해당된다고 할 수 있는데, 쌍봉사가 장보고 사후 왕
실과 약간의 거리가 있게 되자 경문왕이 당나라에서 귀국하여 금강산에
머물고 있던 도윤선사를 그곳에 주석시켰던 것이다.[31]

다음으로 무주에 있던 황학사에 대하여 알아보자. 황학사가 언제 창건
된 사찰인지 그리고 누가 창건하였는지는 알 수 없지만 858년 이전부터
있었던 사찰인 것 같다. 그것은 체징(804~880)선사 비문의 그가 고향인
웅천주에서 무주로 내려가 황학사에 주석하였다고 하는 기록을 통하여 알
수 있다.[32] 선승인 그가 황학사를 찾아갔다는 것은 이미 그곳이 선종 사찰
이었다는 의미일 것이다. 그렇지만 황학사에 대한 더 이상의 자료가 없는
관계로 당시 무주 지역의 정치적 상황이나 불교계의 움직임에 대해서 검
토하면 그곳의 성격을 좀 더 잘 알 수 있지 않을까 싶다.

체징선사가 무주와 인연을 맺은 것은 그가 당나라 유학을 떠나던 837년
부터일 것이다. 그가 당나라로 가기 위하여 출발한 장소가 어디였는지는

---

29 曺凡煥, 같은 논문, 2004, 200쪽 및 본서 제2편 제1장 참조.
30 혜소선사가 흥덕왕의 요청으로 상주 장백사에 잠시 머물렀던 것을 떠올리면 알 수 있다. 그리고
   신라 하대 선종 사찰이 宣教省이나 興輪寺 등에 예속된 것으로 미루어 짐작이 가능할 것이다.
31 曺凡煥, 앞의 논문, 2004 및 본서 제2편 제1장 참조.
32 체징선사는 귀국한 이후 고향인 장곡사에 머물면서 법을 전하다가 858년 무렵에 무주의 황학
   사로 이거하였다. 이와 관련하여 曺凡煥, 「新羅 下代 體澄선사와 迦智山門의 개창」, 『정신문
   화연구』 100, 2005; 앞의 책, 2008, 16~17쪽 참조.

정확히 알 수 없으나, 당시의 사정을 염두에 두면 무주의 회진항이었을 가능성이 높다. 당시 장보고는 828년 청해진淸海鎭이 설치된 이후 그곳을 중심으로 활발하게 활동하고 있었고, 선승들이 당나라로 유학을 떠나기 위해서는 그의 선단船團을 이용하지 않을 수 없었다. 특히 체징선사의 경우 당나라 유학을 떠났을 때 사신의 배를 이용하였다는 기록이 없는 것으로 보아 장보고 선단을 이용하였을 가능성이 크다.[33] 그리고 3년 만인 840년 봄 2월에 평로사平盧使를 따라 귀국하였다. 귀국한 장소도 무주의 나루터였을 것이다. 당시 무주 지역은 국제적인 항포구가 위치한 곳이었으며, 선진 문물을 접할 수 있는 최고의 장소였다. 또한 불교계의 새로운 사상인 선종이 파도처럼 밀려들어 오는 곳이기도 하였다. 아마도 체징선사는 이러한 무주의 지역적 특징을 잘 알고 있었을 것이다.

그렇지만 체징선사가 850년대 후반에 웅천주에서 무주로 옮겨 왔을 때에는 정치적인 상황이 많이 달라져 있었다. 청해진을 중심으로 해상 무역을 주도하였던 장보고는 841년 진골 지배 세력의 자객인 염장閻長에게 죽음을 당한 뒤였다. 이후 청해진은 염장의 감독 아래 있었으나 851년에는 청해진의 주민들마저 벽골군碧骨郡으로 강제 이주된 상태였다.[34] 따라서 무주 지역은 반신라적反新羅的인 분위기가 팽배해 있었다고 보아도 무리가 없을 것이다.[35] 체징선사는 무주로 옮겨 오기 전 웅천주에 20여 년 가까이 머물러 있었지만 선종산문을 개창하지는 못하였다. 기록에는 많은 사람이 그를 우러러본 것으로 되어 있지만 그 지역에서 그를 지원하는 유력자가 없었던 것 같다. 더구나 그의 집안도 산문을 개창할 수 있을 만큼의 경제적인 지원을 하지 못하였던 것으로 헤아려진다. 그렇기에 체징선사는

---

33 曹凡煥, 「張保皐와 禪宗」, 『STRATEGY21』 4-2, 2002, 108쪽 및 본서 제3편 제2장 참조.

34 『三國史記』 권11, 文聖王 13년 봄 2월

35 李基東, 「張保皐와 그의 海上王國」, 『張保皐의 新研究』, 莞島文化院, 1985; 『新羅社會史研究』, 一潮閣, 1997, 226쪽 참조.

무주에서도 선종산문을 개창하기가 쉽지 않았을 것이다. 따라서 그는 황학사에 머물면서 선종 사상을 전파하는 데 주력하였을 것이다.

이렇게 볼 때 체징선사가 황학사에 머물게 된 것은 그곳이 선종 사찰이었음을 말해 주는 것이라 하겠다. 물론 황학사의 단월이 누구였는지는 알수 없지만,[36] 적어도 그곳에서 체징선사가 활동할 수 있었던 것으로 보아선종과 결코 무관하지 않았을 것이다. 그리고 체징선사가 그곳에서 활동하자 바로 왕실에서 그를 주목하였는데, 이는 황학사의 영향력이 컸었다는 것을 알려 주는 것으로 해석된다.

결국 무진주를 포함한 서남 지역은 당나라에서 들어오는 새로운 문물이도착하는 첫 장소였으며, 그러한 장소로 성장하기 위한 사상적인 배경도이미 마련되어 있었다고 볼 수 있다. 지리산 지역에서 성장한 선종 불교세력이 점차 서남 지역으로 퍼지게 되었으며, 쌍봉사와 황학사 등이 당나라에서 들어오는 선승들을 키워내는 보금자리 역할을 하였던 것이다. 이후 장보고의 활동과 죽음 등 커다란 정치적 변화의 소용돌이 속에서도 불교 사상계에는 새로운 변화의 바람이 불어왔다. 선종 사상이 위축되기보다는 더욱 불타올랐으며, 그것은 곧 가지산문과 동리산문의 탄생으로 이어졌다.

황학사에서 활동하던 체징선사는 헌안왕의 요청으로 859년에 보림사로이거移居하여 가지산문을 개창하였다. 비록 왕실의 요청에 의한 것이었지만, 서남 지역에서 가지산문을 개창하였다는 것은 그만큼 그 지역이 선종사찰이 태어날 수 있는 최적의 장소였음을 보여 주는 것이다. 그리고 혜철선사는 쌍봉사를 벗어나 태안사에 주석하면서 842년 무렵에 동리산문을개창하였다. 쌍봉사는 바로 혜철선사가 동리산문을 새롭게 탄생시키는 데

---

36 金杜珍은 체징선사를 황학사에 주석하도록 한 단월을 광주 지역에 거주하던 지방 호족 세력으로 보았다(金杜珍, 앞의 책, 2007, 160쪽).

있어 매우 중요한 역할을 하였던 것이다. 이후 쌍봉사에는 경문왕대에 이르러 사자산문의 개창조인 도윤선사가 주석하였는데, 이는 곧 쌍봉사가 선종 불교의 중심지 역할을 하였음을 뜻한다 하겠다.

4. 서남 지역의 선종산문과 장보고 집단

앞에서 선종산문이 당시 서남 지역에서 많이 개창될 수 있었던 사상적인 기반에 대하여 살펴보았다. 그러면 이상에서 언급한 것 이외에 선종 사찰들이 번창하게 된 다른 요인은 없었을까 하는 점이 궁금해진다. 이와 관련하여 다음의 기록부터 살펴보기로 하자.

A-1. 재상宰相의 집에는 녹祿이 끊이지 않으며, 노동奴僮이 3,000명이다. 갑병甲兵·소·말·돼지도 이에 맞먹는데, 가축은 바다 가운데의 산에 길렀다가 필요할 때 쏘아 잡는다(『新唐書』 권 220 東夷列傳 新羅條).

A-2. 묘시卯時경에 무주 남쪽 경계 황모도黃茅島의 니포에 도착하여 배를 대었다. 이 섬은 또한 구초도丘草島라고 부른다. 네다섯 명이 산에 있기에 사람을 보내어 잡으려 하였으나 그 사람들은 도망가 숨어 버려 잡으려 해도 있는 곳을 알 수 없었다. 이곳은 신라국 제3재상宰相이 말을 방목하는 목장이다. 고이도로부터 이 구초도에 이르기까지는 산들이 있는 섬이 이어져 있으며 동남쪽으로 멀리 탐라도가 보인다. 이 구초도는 신라 육지로부터 바람이 좋은 날이면 배로 하루에 도착할 수 있다. 잠시 뒤에 섬지기 한 사람과 무주 태수 집의 매를 키우는 사람 두 명이 배 위로 올라와서 이야기하기를 "나라는 편안하고 태평합니다. 지금 당나라의 칙사가 와 있습니다"(하략) (圓仁, 『入唐求法巡禮行記』 권4, 846년 9월 6일).

위 A-1의 기록은 당인唐人의 견문을 바탕으로 기술된 것이며,[37] A-2는 엔닌圓仁의 일기로 당나라에서 일본으로 돌아가는 길에 신라의 서남해에 잠시 들렀음을 알려 준다. 두 내용의 공통점은 바로 신라 하대의 사실을 보여 주고 있다는 것이다. 먼저 두 기록에서 보이는 재상宰相은 진골 지배 세력을 의미하는데, 그들은 바다 가운데의 산에서 가축을 기르고 말도 방목하였다고 한다. 중앙의 진골들이 바다 가운데의 산에서 가축을 기르고 말을 방목하였다면 그들은 섬도 소유했던 것이 아닌가 하는 생각이 든다. 그리고 A-1의 기록에서 녹이 끊이지 않았다고 한 것으로 보아 그곳은 진골 지배 세력들이 녹읍으로 받은 지역이라고 보아도 좋을 것이다. A-2의 기록에서는 제3재상의 방목장이 있었음을 알려 주는데, 그것도 마찬가지였을 것이다.

서남해의 도서 지역에서 키운 가축이나 말은 필요에 따라 경주로 운반되었다. 이때 육지보다는 바닷길을 많이 이용하였을 것이다. 그런데 장보고가 청해진을 설치할 무렵 서남 해안에는 적잖은 해적이 활동하고 있었다. 따라서 섬에서 기른 가축들을 바닷길을 통하여 경주까지 운반한다는 것이 쉽지가 않았다. 예컨대, 헌덕왕憲德王 2년(810) 신라인 김파형金巴兄 등 3인이 현縣의 곡물을 운송하다가 도적을 만나 일본에 표착한 사례[38]는 신라 서남해안의 조운로漕運路가 결코 안전하지 않았음을 보여 주는 것이다.[39]

사정이 그러하였던 만큼 서남 지역에서 생산되는 곡물을 해로를 통하여 경주까지 운반하기 위해서는 여러 가지 어려움이 따랐을 것이다. 특히 신라 하대에는 해적들의 발호가 무엇보다 큰 근심거리였다. 해적들이 중앙으로 공급되는 곡물이나 중요한 생산물을 약탈하는 경우가 적지 않았던 것이다. 이에 중앙의 지배 세력은 서남 지역에서 생산되는 곡물과 가축의 안정

---

37 今西龍, 「新羅骨品考」, 『史林』 7-1, 1992; 『新羅史硏究』, 國書刊行會, 1933, 198쪽 및 李基白, 「新羅私兵考」, 『歷史學報』 9, 1957; 앞의 책, 1974, 256쪽.

38 『日本後紀』 권21, 弘仁 2년 8월 갑술

39 전덕재, 「신라 하대 청해진의 설치와 그 성격」, 『STRATEGY21』 4-2, 2002, 58쪽.

적인 공급을 위하여 청해진을 설치하는 데 동의하였다고 할 수 있다.[40]

결국 청해진의 설치로 해적들의 활동이 거의 그치게 되자 중앙에는 안정적인 곡물 공급이 이루어졌다. 중앙으로의 안정적인 곡물 공급은 전라도 지역에 위치한 선종 사원에도 적잖은 영향을 미쳤을 것이다. 즉, 이러한 안정적 공급 덕분에 서남 지역에 위치한 사원들이 중앙의 계속되는 관심과 지원을 받았다고 해도 좋을 것이다. 이렇게 보면 장보고 집단이 선종 사원의 형성과 발전에 끼친 사회적 영향은 매우 컸다고 해도 무리는 없을 것이다. 돌려 말하면, 장보고 집단은 서남 지역에서 선종 사원이 성장하고 발전하는 데 큰 영향을 미친 것이다. 더구나 장보고가 개창한 적산赤山 법화원法華院에는 선승들이 머물러 있었는데,[41] 이 또한 신라 서남 지역 선종 사원의 발달과 결코 무관하지 않았을 것이다.

한편 청해진 설치로 말미암아 전라도 지역에서 선종 사원이 크게 발전할 수 있었던 것은 결코 우연한 일이 아닐 것이다. 이는 다음의 기록을 통하여 충분히 방증된다.

B. 남포의 도적떼들이 몰려와서 (무염)화상에게 나아가기를 청하니 (중략) (화상은) 지혜의 횃불로 그들의 눈을 이끌어 주고 불법의 즐거움으로 그들의 배를 채워 주었다(「崇巖山聖住寺事蹟」, 『考古美術』 9-9, 1968, 450쪽).

위 B의 기록은 무염無染화상이 성주사聖住寺를 창건한 이후 남포의 도적떼가 성주사로 몰려들었음을 보여 준다. 이에 무염선사가 이들을 교화하

---

40 청해진의 설치 배경과 관련하여 이미 여러 가지 견해가 도출되었다. 이와 관련하여 허일 외, 『張保皐와 황해 해상무역』, 국학자료원, 2001, 214~219쪽 참조.

41 圓仁, 『入唐求法巡禮行記』 권2, 840년 정월 15일. 당시 엔닌圓仁이 법화원에 들렀을 때 그곳에 머물고 있던 惠覺은 최치원이 찬한 「鳳巖寺 智證大師碑銘」에 나오는 신라에 귀국하지 않은 선승 가운데 한 사람으로 알려져 있다(閔泳珪, 「圓仁 入唐求法巡禮行記 二則」, 『羅唐佛敎의 再照明』, 대한전통불교연구원, 1993; 『四川講壇』, 우반, 1994, 88~89쪽).

였다고 하는데, 중요한 사실은 선종 사찰이 도적들의 약탈 대상 가운데 하나였다는 점이다.[42] 당시 선종 사찰이 도적의 약탈 대상이 되었던 것은 적지 않은 재물을 소유하고 있었기 때문일 것이다. 특히 성주사는 왕실과 중앙의 진골 지배 세력의 지원 아래 창건되었기에 그 경제적인 기반이 적지 않았을 것이다.[43]

이상과 같은 사실로 미루어 볼 때, 서남 지역의 선종 사찰들도 도적의 약탈 대상 가운데 하나였음에는 틀림이 없을 것이다.[44] 그럼에도 불구하고 선종 사원이 개창되고 성장, 발전할 수 있었던 것은 적어도 장보고 집단의 비호 아래 있었기 때문일 것이다. 특히 무주 지역에서 선종 사원이 성장하고 발전할 수 있었던 것은 바로 장보고 집단이 해적들을 소탕하고 나아가 도적들의 발호를 억눌렀기 때문에 가능하였을 것이다.

---

42 조금 뒤의 일이지만 해인사에도 도적들이 떼를 지어 몰려들자 승려들이 이들을 막다가 목숨을 잃기도 하였다(하일식, 「해인사전권과 묘길상탑기」, 『역사와 현실』 24, 1997, 27~37쪽).

43 曺凡煥, 『新羅禪宗硏究』, 一潮閣, 2001, 49~54쪽.

44 廣慈大師가 本谷을 잊지 않고 故山으로 돌아왔다. 문득 이틀 밤을 지냈는데 갑자기 山賊이 절에 들어와 衣物을 겁탈하면서 바로 上方으로 나아갔다. 大師는 놀랐으나 두려움 없이 禪座에서 움직이지 않았으며, 威鋒을 입음으로써 惡을 물리치고 慧忍을 갖추어 降魔하고자 했다. 賊徒는 함부로 대사와 충돌하지 않고 스스로 罪過를 알아 예배를 마치자 走散하였다(孫紹, 「谷城 大安寺 廣慈大師碑」, 韓國學文獻硏究所 編, 『泰安寺誌』, 亞細亞文化社, 1984, 40~41쪽). 이러한 사실과 관련하여 광자대사 윤다가 주석할 무렵의 태안사를 침탈한 산적 세력은 甄萱이거나 그와 연관된 세력일 것이라고 한다(金杜珍, 「羅末麗初 桐裏山門의 成立과 思想—風水地理思想에 대한 再檢討—」, 『東方學志』 57, 1988; 앞의 책, 2007, 321~322쪽). 효공왕대에 이르면 태안사가 위치한 지역은 대체로 후백제의 세력권에 포함되고 있으며, 고려 초 「광자대사비」가 찬술될 무렵 賊徒 혹은 魔賊으로 기록될 정도로 고려 왕조에 적대적이었던 이 지역의 세력은 역시 견훤과 연관될 수밖에 없다.

5. 서남 지역 선종산문의 경제적 기반과 왕실과의 관계

신라 하대 서남 지역에서 선종 사원이 발전하게 된 사상적인 배경과 장보고 집단과의 관계 등에 대해서는 앞에서 검토하였다. 이제 선종 사원이 성장하고 발전하게 된 배경을 경제적인 측면에서 좀 더 살펴보기로 하자.

> C. 경상좌도慶尙左道는 땅이 모두 메마르고 백성이 가난하지만 우도右道는
> 기름지다. 전라좌도全羅左道의 지리산智異山 곁은 모두 기름지다(李重煥,
> 『擇里誌』卜居總論 生利).

위 C의 기록은 비록 조선朝鮮 후기後期의 사실을 알려 주는 것이지만 시사하는 바가 매우 크다. 지리산 주변의 토지는 동쪽의 영남 지역이나 서쪽의 호남 지역이나 모두 비옥함을 알 수 있다. 그리고 한반도의 지형적 특성상 평야지대는 대부분 서쪽에 집중되어 있다. 이러한 사실로 미루어 볼 때 신라 하대의 경우도 이와 크게 다르지 않았을 것이다. 즉, 서남해 연안을 포함하는 신라 남서부 지역이 토지 경작 및 조세 수취와 관련하여 신라 재정의 주요한 축을 이루고 있었음을 알 수 있다.[45] 더구나 이곳은 섬진강과 남강 등이 흐르고 있어 수운이 매우 발달한 곳이기도 하였다. 이러한 수운은 경주로 세금을 옮기는 데 이용되기도 하였지만, 더 나아가 많은 사람이 이동할 수 있는 통로이기도 하였다. 이러한 뱃길을 통하여 물적인 교류뿐만 아니라 인적인 교류도 함께 이루어졌다. 그리고 인적인 교류는 선종이 널리 퍼질 수 있는 계기가 되었을 것이다. 따라서 선종 사찰들이 이지역에서 많이 개창된 배경 가운데 또 하나의 중요한 요소가 바로 경제적

---

45 高慶錫,「장보고 세력의 사회경제적 기반과 신라 서남해 지역」,『韓國古代史研究』 39, 2005, 215쪽 참조.

인 기반과 교통로라고 해야 할 것이다. 결국 서남 지역에 위치한 선종 사찰들은 비옥한 토지와 물산, 그리고 뱃길을 바탕으로 하여 성립되었음을 알 수 있다.

신라 하대 무주 지역을 포함한 서남 지역 일대는 곡창지대였다. 따라서 다른 지역보다 풍부한 물산의 혜택을 받을 수 있는 곳이었다. 서남 지역과 지리산 자락에 위치한 선종산문들은 이러한 것과 매우 밀접하게 연결되어 있었을 것이다. 따라서 선종 사찰들이 비옥한 토지를 바탕으로 성립되었을 것이라는 점은 쉽게 추측이 가능하다. 선종산문에는 많은 수의 사람들이 있었다. 특히 홍척선사의 실상산문에는 수백 인의 제자가 있었다고 한다. 이들이 전부 농사짓는 일에 관여한 것은 아닐 것이라고 생각할 때 이들을 위한 경제적인 기반은 매우 컸을 것이다. 그렇다면 어떤 재원이 있었는지 궁금해진다.

혜철선사 비문의 말미에는 태안사의 소유 전답이 자세하게 기록되어 있다. 비문에는 전답이 494결結 39부負이며 시지柴地가 143결, 그리고 염분鹽盆이 43결로 나타나 있다. 여기서 주의를 끄는 것은 염분으로, 이는 염전을 말하는 것으로 생각할 때 사원이 염전을 소유하고 경영한 것으로 파악된다. 이러한 사실로 미루어 보면 서남주군 지역의 선종 사원뿐만 아니라 중앙의 진골 지배 세력들도 제염 시설을 보유하고 있었을 가능성이 크다. 거기에다 바닷물을 달이는 데 필요한 땔감도 소유하고 있었다. 따라서 염전도 선종산문의 경제적인 기반 가운데 매우 중요한 수단이 되었음은 당연할 것이다.

그런데 태안사가 염전을 소유하게 된 배경에 대해서는 자세하게 밝혀진 바가 없다. 다만 기왕의 연구에 따르면, 장보고를 제거한 염장이 태안사에 이러한 염전을 기진하였다고 보았다.[46] 그렇지만 구체적인 근거가 없는

---

46 李敬馥, 「新羅末·高麗初 大安寺의 田莊과 그 經營」, 『梨花史學硏究』 30, 2003, 127쪽의 주

이상 이러한 추측은 좀 더 연구해 보아야 할 것이다. 더구나 염장이 과연 동남 해안에 염전을 가지고 있었는지도 의문이다. 그렇다면 태안사가 언제부터 염전을 가지게 되었는가 하는 것이 궁금한데, 그 시기부터 살펴보기로 하자.

태안사가 염전을 가지게 된 것은 적어도 혜철선사가 쌍봉사에서 이거하여 태안사에 주석한 이후부터라고 할 수 있을 것이다. 이렇게 보면 동리산문이 소유한 염전을 장보고와 관련된 것으로 파악할 수는 없을 것 같다. 왜냐하면 혜철선사가 태안사로 이거한 것은 장보고의 죽음과 관련이 있기 때문이다.[47] 혜철선사가 태안사에 주석한 이후 염전을 소유하게 된 것이라고 볼 때, 그것이 가능하였던 이유를 찾아보아야 한다. 이와 관련하여 아래의 기록을 살펴보자.

> D. 문성대왕文聖大王이 이를 듣고 상법과 말법 시대에 걸쳐 많은 몸을 나타 냈다고 이르고, 자주 글을 내려 위문하면서 겸하여 머물고 있는 절의 사방 밖에 살생을 금하는 당을 세우기를 허락하였다(崔賀 撰, 「谷城 太安寺 寂忍禪師 照輪淸淨塔碑文」, 李智冠, 『校勘譯註 歷代高僧碑文』(新羅篇), 伽山文庫, 1994, 90쪽).

위 D의 기록을 보면, 문성왕文聖王이 태안사의 혜철선사에게 금살당禁殺幢 세우기를 허락하였다고 한다. 이러한 사실은 태안사가 가진 사원전을 인정해 준 것으로 볼 수 있는데, 이는 곧 태안사의 전장田莊이 형성된 과정을 이해하는 중요한 사료라 할 수 있다. 더구나 면세전免稅田으로 만들어

27번 참조.

47 동리산문이 언제 개창되었는지는 자세하게 알 수 없다. 다만 道詵국사가 태안사로 혜철선사를 찾아갔을 때가 문성왕 8년(846) 무렵이므로(金杜珍, 앞의 책, 2007, 303쪽) 적어도 846년 이전에 이미 태안사가 창건되었음을 알 수 있다. 이렇게 볼 때 혜철선사가 쌍봉사에서 태안사로 옮겨 간 것은 장보고의 죽음과 밀접한 관계가 있었다고 보아야 할 것이다. 필자는 842년 무렵에 태안사의 창건이 이루어진 것으로 판단하고 있는데, 이에 대해서는 曺凡煥, 앞의 책, 2008, 69쪽을 참조할 것.

준 것으로 볼 수도 있을 것이다. 그렇지만 위의 기록을 통하여 태안사가 염전을 소유하게 되었다고 단정할 수는 없다. 왜냐하면 성주사에도 헌강왕이 금살당을 정해 주었는데, 그것은 토지와 관련된 것이었기 때문이다. 이렇게 보면 금살당과 염전을 서로 연결시키는 것은 무리가 있다.[48]

그러면 당시의 지방 세력이 지원하였을 가능성에 대해서 생각해 볼 필요가 있다. 앞서 언급하였듯이 염장이 염전을 기진했을 가능성은 거의 없다. 그렇다면 다른 유력자를 찾아야 할 것인데, 그와 관련하여 이런 사실을 알려 주는 기록은 보이지 않는다. 따라서 당시 태안사와 가까운 지역에 있던 유력자를 떠올리는 것도 쉽지 않다.

이렇게 볼 때, 태안사가 염전을 가질 수 있게 된 것은 매득과 관련된 것은 아니었을까 하는 추측을 하게 된다. 물론 구체적인 기록은 없지만 그러하였을 가능성은 충분하다. 당시 태안사뿐만 아니라 선종 사원들은 많은 사원전을 소유하고 있었다. 그러므로 태안사가 이러한 사원전을 기반으로 하여 염전을 매득하였을 가능성을 떠올리게 되는 것이다. 소금은 사람들에게 없어서는 안 될 매우 귀중한 것이다. 더구나 선종산문에 많은 사람이 거주하게 되면서 소금도 그만큼 많이 필요하였을 것이다. 사정이 이렇게 되자 혜철선사는 금살당을 지정받은 이후 염전도 매득한 것으로 보인다.

이상에서 동리산문이 염전을 가지게 된 배경에 대해서 알아보았다. 그렇다면 염전의 경영은 어떻게 이루어졌을까 하는 의문이 든다. 당시 제염업은 바닷물을 쪄서 농축시키는 방법이었다.[49] 그러므로 당시 제염업을 위해서는 많은 시지가 필요하였고, 혜철선사의 비문에 시지의 결수가 나타난 것도 이와 무관하지 않을 것이다. 또 제염의 월당 조업일수는 이틀 정도로 염전의 경영은 사원전의 경영보다 더 쉬웠음을 알 수 있다. 결국 동

---

48 李敬馥, 앞의 논문, 2003, 126쪽.
49 朴南守, 『新羅手工業史』, 신서원, 1996, 83~87쪽.

리산문은 염전을 소유하여 염을 생산하였으며, 그것을 토대로 사세를 확장시켜 나간 것으로 이해할 수 있다.

한편 선종 사원이 발전하게 된 또 다른 배경은 바로 왕실과의 관계일 것이다.[50] D의 기록에서도 볼 수 있듯이, 문성왕은 혜철선사가 개창한 동리산문에 금살당을 정해 주었다. 이는 금살당 내의 토지 소유권을 인정한 것으로 파악된다. 따라서 동리산문의 경제적인 기반과도 매우 밀접한 관계가 있다고 할 수 있다. 그리고 가지산문의 경우도 왕실과 밀접한 관계를 보이고 있다. 이와 관련하여 다음의 기록이 주목된다.

E. 교教를 내려 망수望水, 이남택里南宅 등도 금金 160분分, 조租 2,000곡斛을 내놓아 공덕을 꾸미는 데 도와 충당하고 가지산사는 선교성宣敎省에 속하게 하였다(金穎 撰, 「長興 寶林寺 普照禪師 彰聖塔碑文」, 李智冠, 앞의 책, 1994, 110쪽).

위 E의 기록은 체징선사가 가지산사로 이거하자 헌안왕憲安王이 취한 조치를 보여 준다. 헌안왕은 망수택望水宅과 이남택里南宅에 명을 내려 금金과 조租를 가지산사에 기진토록 하였다. 여기서 우선 망수택과 이남택이 주목된다. 이 둘은 금입택金入宅으로 불리는 것으로 경주의 지배 세력들이 소유한 것이다. 그런데 망수택과 이남택의 금과 조를 가지산사에 내놓게 한 것은 아마도 그들의 전장이 장흥 부근에 있었기 때문에 가능하지 않았을까 생각된다.[51] 다시 말하면 장흥 부근이나 그 가까운 곳에서 생산되는 조곡租斛을 경주로 운송하지 않고 바로 가지산사에 기진하도록 한 것이다. 그리고 가지산사에 조성된 철불鐵佛은 장사현 부수 김수종金邃宗과 밀접한 관련이 있다.[52] 그는 국가에서 식읍食邑 내지는 녹읍祿邑을 받았을 것인

---

50 신라 하대 선승들과 왕실의 관계에 대해서는 曺凡煥, 「新羅 下代 禪僧과 王室」, 『新羅文化』 26, 2005 및 본서 제3편 제1장 참조.
51 서영교, 「淸海鎭과 西南海岸의 田莊 · 牧場」, 『STRATEGY21』 4-2, 2002, 82쪽.

데, 장사현은 김수종이 재직하여 연고지가 된 곳일 가능성이 크다고 한다.[53] 이렇게 보면 체징선사가 보림사에 주석한 이후 그곳의 불사는 김수종의 전장이 바탕이 되었음을 헤아릴 수 있다.

그런데 여기서 주목할 사실은 신라 서남 지역의 선종 사찰에 대한 왕실의 지원을 어떻게 볼 것인가 하는 것이다. 이와 관련하여 헌안왕이 보림사에 취한 조치를 두고 여러 견해가 도출되었다.[54] 헌안왕 이후 경문왕대에도 왕실의 지원은 계속되었다. 왕실은 선종 사원 세력이 지방 세력과 연결될 가능성이 높다는 것을 파악하고 있었던 것이다. 그러므로 당시 왕실에서는 선종산문을 왕실의 비호 아래 두면서 통제를 가하고자 하였던 것으로 보인다. 또한 선종 사원을 통하여 그 지역의 혼란을 수습하고자 하였던 것으로 볼 수도 있다. 이는 장보고 사후 정치적으로 혼란하였던 서남 지역에 대한 위무책 차원에서 비롯된 것으로 해석할 수도 있을 것이다. 특히 쌍봉사에 도윤선사를 머물게 한 것은 이와 결코 무관하지 않을 것이다.

결국 서남 지역에서 많은 선종 사찰이 성장하고 발전할 수 있었던 것은 풍부한 물산과 염전을 가진 사찰, 그리고 중앙 왕실의 지원과 지배 세력의 전장들이 전라도 각 지역에 퍼져 있었기 때문이었다고 할 수 있다.

---

52 李基東, 『新羅骨品制社會와 花郎徒』, 一潮閣, 1984, 189~190쪽 및 李啓杓, 앞의 논문, 1993, 290~291쪽. 그렇지만 최완수는 김수종과 김언경이 동일인일 수 없다고 보았다(최완수, 「신라 선종과 비로자나불의 출현」, 『新東亞』, 2001년 6월호, 599~600쪽).

53 李基東, 위의 책, 1984, 188~190쪽.

54 헌안왕이 체징선사를 보림사로 이거시키고 적극적으로 경제적인 지원을 한 것을 두고 선사와 사원에 대한 통제로 보기도 하고(崔仁杓, 「新羅末 高麗初 禪宗佛教 統制」, 『加羅文化』 13, 1996, 151쪽), 무주 지역에 위치한 쌍봉사를 견제하기 위한 의도로 파악하기도 하였다(曺凡煥, 앞의 논문, 2004, 195~197쪽). 한편 金昌謙은 헌안왕이 체징선사를 가지산사로 이거시키고 그곳을 후원한 것은 김헌창金憲昌의 난과 장보고 세력의 몰락 등으로 형성된 무진주 지역의 불만 세력과 새로이 대두할 수 있는 지방 세력을 견제 내지 회유하여 왕권의 안정을 도모하기 위해서라고 하였다(金昌謙, 「신라 憲安王의 卽位와 그 治積」, 『新羅文化』 26, 2005, 31쪽).

6. 맺음말

신라 하대 선종 사원이 지리산 자락과 서남 지역에서 크게 성장하고 발전하게 된 배경에 대하여 검토하였다. 검토한 바를 요약하면 다음과 같다.

실상산문과 쌍계사가 지리산 자락에 위치하게 된 배경은 북종선과 중앙의 지원 때문이라고 할 수 있다. 지리산 자락에는 신라 중대에 들어온 북종선이 퍼져 있었다. 당나라에서 돌아온 홍척선사와 혜소선사가 지리산을 택하여 선종 사찰을 개창한 것은 북종선을 포용하고 그것을 기반으로 하여 선종을 전파하고자 하였던 것이라고 볼 수 있다. 그들은 도의선사가 경주에 들어가지 못하고 설악산 진전사에 주석하게 된 것을 거울 삼아 조심스럽게 남종선을 전하려고 하였던 것이다. 따라서 그들이 지리산을 택한 것은 그와 같은 이유 때문이었다. 그리고 차의 재배로 왕실의 관심을 끌고 있던 지리산에 선종 사찰을 개창함으로써 중앙 지배 세력의 경제적인 지원도 받을 수 있었다.

이후 지리산과 멀지 않은 서남 지역에 많은 선종 사찰이 창건되었는데, 그것은 회진항이라는 항구와 지리적으로 매우 가까웠기 때문이다. 많은 유학승이 당나라에 오갈 때 무주 회진항을 통하여 드나들었으며, 그 과정에서 서남 지역에는 곧바로 새로운 사상이 밀려들어 왔다. 이에 선승들은 무주 회진항과 가까운 곳에 머물면서 남종선을 전파하고자 하였던 것이다. 이처럼 무주를 포함한 서남 지역은 사상적으로 새로운 변화의 바람이 불고 있던 곳이다. 그 결과 선종 사찰들이 일찍부터 생겨났으며 쌍봉사와 황학사가 대표적인 사찰이다.

한편 선종 사원과 장보고 집단은 아주 밀접한 관계를 유지하였다. 우선 장보고가 청해진을 중심으로 서남 해안 지역의 해적 활동을 제압함으로써 선종산문은 중앙 진골 지배 세력의 경제적인 지원을 받을 수 있었다. 더 나아가 장보고 집단의 활약으로 선종 사원들은 도적들의 침탈에서도 보호를 받았다. 이렇게 볼 때 서남 지역에서 선종산문이 발전할 수 있었던 데에는 장보고 집단의 역할이 매우 컸음을 알 수 있다.

마지막으로 당시 서남 지역에서 선종산문이 성장하고 발전하게 된 경제적인 배경은 바로 선종 사원 자체에서 염전을 소유하고 있었던 것과 무관하지 않다고 본다. 게다가 왕실의 적극적인 지원도 있었는데, 그것은 선승들이 왕실에 대하여 탄력적인 대응을 하였기 때문이다. 결국 서남 지역에서 선종 사원이 성장하고 발전하게 된 것은 그 지역의 호족 세력과 연계되었기 때문보다는 중앙과의 적절한 관계 때문이라고 해야 할 것이다.

※ 제3장 ※
굴산문의 성장과 분화

1. 머리말

최치원崔致遠이 찬술한 지증智證선사 도헌道憲의 비문을 자세히 들여다보면, 신라 하대 남종선을 처음으로 전한 도의道義선사를 시작으로 하여 웅천주에서 활약하며 양조兩朝국사가 된 무염無染화상까지 신라 하대 선종 불교계를 대표하는 선승들이 열거되어 있다. 이 선승들 가운데 굴산문 崛山門의 범일梵日(810~889)선사도 찾아볼 수 있는데, 이러한 사실을 통하여 범일선사도 신라 하대 선승들 가운데에서 일찍부터 명성이 높았음을 알 수 있다.[1]

사정이 이러한 만큼 범일선사와 그가 개창한 굴산문에 대한 연구가 적지 않게 이루어졌는데, 굴산문의 개창과 단월 세력, 그리고 그곳의 분화 등

---

1 지증도헌의 비문은 진성왕 7년(893)에 완성되었고 비가 세워진 것은 924년이다(곽승훈, 『최치원의 중국사 탐구와 사산비명 찬술』, 韓國史學, 2005, 178쪽의 주 3번 참조). 범일선사가 889년에 입적하고 약 4년 뒤에 도헌선사의 비문이 찬술된 것으로 볼 때, 당시 최치원도 굴산문의 범일선사에 대하여 잘 알고 있었음에 틀림이 없을 것이다.

에 대한 연구를 주목할 수 있다.[2] 또한 굴산문의 선사상에 대해서도 자세한 연구가 이루어져[3] 굴산문의 여러 모습에 대한 이해의 폭이 깊어지고 넓어진 것은 이를 나위가 없다고 해야 할 것이다.

그러나 연구가 다양하게 이루어졌다고 해서 굴산문에 대한 모든 것이 해결되었다고 할 수는 없다. 오히려 굴산문에 대하여 아직도 더 살펴보아야 할 부분이 적지 않음을 지적할 수 있다. 예컨대 범일선사가 굴산사에 주석한 이후 강원도 지역에서 어떻게 굴산문의 세력을 확장하였는가 하는 것이다. 물론 이에 대한 연구가 있지만, 자세한 검토 없이 기록에 보이는 것을 토대로 추정한 것이 많다는 점이 문제이다. 가령 굴산문과 낙산사洛山寺의 관계가 바로 그러한 것 가운데 하나일 것이다. 다음으로는 굴산문이 어떻게 분화하게 되었는가 하는 것과 개청開淸(835~930)선사와 행적行寂(832~916)선사로 대표되는 세력의 동향일 것이다. 물론 이에 대한 연구도 있지만 좀 더 살펴보아야 할 점이 있다. 예를 들어 굴산문의 분화가 생겨나게 된 배경이 무엇이며, 범일선사의 제자인 개청선사와 행적선사가 지향志向한 방향이 서로 다른 이유에 대해서도 알아볼 필요가 있다.

이에 여기에서는 기왕의 연구를 바탕으로 하여 범일선사가 굴산문을 개창한 이후 어떻게 강원도 지역에서 사세를 확장하고 그 세력을 키워 나갈 수 있었는가 하는 것에 대하여 살펴볼 예정이다. 이를 위하여 범일선사가 굴산사에 주석한 이후 그의 활동을 검토해 보고자 한다. 다음으로 범일선

---

2 굴산문에 대한 연구에 대해서는 金興三, 「羅末麗初 崛山門 硏究」, 강원대학교 대학원 사학과 박사학위 논문, 2002를 눈여겨 볼 수 있다. 또한 최근에는 鄭東樂, 「新羅 下代 禪宗史 硏究動向」, 『韓國古代史探究』 7, 2011도 굴산문의 향방을 이해하는 데 크게 도움이 된다. 더 나아가 申虎澈, 「후삼국시대 溟州호족과 崛山寺」, 『韓國古代史探究』 9, 2011도 주목된다.

3 범일선사의 선사상에 대해서는 金杜珍, 「新羅下代 崛山門의 形成과 그 思想」, 『省谷論叢』 17, 1986; 『신라하대 선종사상사 연구』, 일조각, 2007에 재수록 및 정동락, 「梵日(810~889)의 선사상」, 『大丘史學』 68, 2002와 金興三, 「羅末麗初 崛山門의 禪思想」, 『白山學報』 66, 2003을 참조할 것.

사 사후 굴산문이 분화되는 과정에 대해서 좀 더 철저하게 검토해 보려고
한다. 이를 위하여 범일선사의 제자인 개청과 행적 두 선사에 대해서 알아
보고자 한다. 특히 그들이 어떠한 정치 세력과 연결되었고 그것이 어떤 의
미를 가지고 있는가를 살펴봄으로써 굴산문의 향배向背를 헤아려 보고자
한다.

이상과 같은 검토가 이루어지면 나말여초 굴산문의 성장과 분화에 대해
서 좀 더 잘 파악할 수 있게 될 것이다. 이 연구가 굴산문과 그 향배에 대하
여 새로운 이해를 하는 데 있어 조그마한 보탬이 되었으면 한다.

2. 굴산문의 발전과 명주에서의 영향력 확대

범일선사는 847년 무렵에 당나라에서 귀국하였다.[4] 그리고 그가 굴산사
를 개창한 것은 대략 문성왕 13년(851) 이후로 추정되고 있는데, 굴산사 개
창은 기왕의 연구 성과[5]와는 달리 외관外官인 명주 도독 김공金公의 지원
아래 이루어졌을 가능성이 높다.[6] 즉, 굴산문은 지방 호족 세력을 단월로
하여 이루어진 것이 아니라 중앙 왕실과의 유기적인 관계 속에서 창건되
었다고 볼 수 있다. 그러면 굴산문은 어떻게 성장하고 발전하여 나갔을까
하는 것에 대하여 살펴보도록 하자.

---

4 『三國遺事』권3 塔像 제4 洛山二大聖 觀音 正趣 調信條에는 범일선사가 회창會昌 7년 정묘丁
  卯에 귀국한 것으로 되어 있다.
5 거의 대부분의 연구에서 굴산문은 金周元系 세력의 도움으로 창건된 것으로 보고 있다. 필자
  도 처음에는 기존의 연구 성과에 의지하여 명주 지역의 김주원과 굴산문의 관계를 그대로 수
  용하였다. 그렇지만 범일선사의 굴산문 개창에 대한 논문을 집필하면서 생각을 바꾸게 되었
  고, 현재는 김주원과 굴산문 세력을 서로 연결시키는 것은 무리한 것이라고 생각하고 있다.
6 曹凡煥, 『羅末麗初 禪宗山門 開創 研究』, 景仁文化社, 2008, 142~148쪽. 申虎澈도 曹凡煥의
  주장이 보다 타당성이 있음을 부연하고 있다(申虎澈, 앞의 논문, 2011, 126쪽).

이와 관련하여 기왕의 연구를 먼저 검토해 보면, 김두진은 범일선사가 굴산사에 주석하면서 신복사神福寺도 그 영향력 아래에 두었으며 지장선원地藏禪院도 굴산문의 핵심 도량이었다고 설명하고 있다.[7] 또한 그의 제자 행적선사가 주석하였던 건자암도 굴산문의 영향력 아래에 있었던 것으로 파악하고 있다.[8] 그리고 월정사月精寺와 양양의 낙산사洛山寺도 범일선사의 영향력 아래에 들었다고 한다.[9] 더 나아가 석남산사石南山寺와 삼화사三和寺도 굴산문의 영향력 아래에 있었던 것으로 파악하고 있다.[10] 이러한 연구를 그대로 수용한다면 범일선사는 굴산사에 주석한 이후 강원도 지역에 위치한 많은 사찰에 그의 영향력을 미쳤다고 볼 수 있다.

그리고 더더욱 중요한 지적은 굴산문이 강원도 및 영동 지역 일대에 흩어져 있던 토지와 그에 소속된 사원에 장사莊舍를 두었으며, 전문 경영인인 지장知藏을 파견하였을 가능성이 높다고 하는 것이다.[11] 이러한 해석으로 미루어 볼 때, 굴산문은 많은 사원전寺院田을 소유하고 있었을 뿐만 아니라 그것을 토대로 하여 경제적 기반이 매우 컸음을 헤아려 볼 수 있다.

이상의 연구 성과로 미루어 볼 때, 당시 굴산문이 많은 사찰을 말사로 거느리면서 경제적으로도 크게 성장하였음을 알 수 있다. 그렇지만 굴산문이 어떻게 하여 그렇게 많은 사찰을 말사로 거느리게 되었으며 또한 넉넉한 재원을 마련할 수 있게 되었는지에 대해서는 구체적인 검토가 이루어지지 않고 있다. 이에 굴산사와 관련된 기록을 좀 더 자세하게 살펴본다면

---

7 金杜珍, 앞의 책, 2007, 251쪽. 그런데 지장선원은 범일선사의 제자인 개청선사가 주석한 이후에야 비로소 굴산문과 연결되었다. 따라서 범일선사가 생존하였을 당시에는 지장선원이 그의 영향력 아래에 있었다고 하기에는 무리가 있지 않을까 싶다.

8 金杜珍, 같은 책, 2007, 252쪽. 건자암의 경우에는 범일선사의 영향력 아래에 있었다고 보아도 무리가 없을 것이다.

9 金杜珍, 같은 책, 2007, 253쪽.

10 金杜珍, 같은 책, 2007, 254~255쪽.

11 金杜珍, 같은 책, 2007, 257쪽.

이러한 의문을 해결하는 데 도움이 될 것이다. 다만 위에서 언급한 모든 사찰과 굴산사의 관계를 전부 검토하기보다는 어떻게 하여 낙산사를 굴산 사의 영향력 아래에 두게 되었을까 하는 것을 집중적으로 살펴보기로 하 자. 이러한 검토가 가능한 이유는 범일선사와 낙산사에 관한 기록이 자세 하게 남아 있기 때문이다.

A. 그 후 굴산조사崛山祖師 범일梵日이 태화太和 연간에 당나라에 들어가 명 주明州 개국사開國寺에 이르렀더니, 왼쪽 귀가 떨어진 한 사미沙彌가 여러 중의 말석에 앉았다가 조사에게 말하기를, "저 역시 고향 사람입니다. 집이 명주溟州 지경 익령현翼嶺縣 덕기방德耆坊에 있사오니, 조사께서 훗날 본 국으로 돌아가시거든 꼭 저의 집을 지어 주소서"라고 하였다. (중략) 회창 會昌 7년 정묘丁卯에 고국에 돌아와 우선 굴산사崛山寺를 세우고 불교를 전하였다. 대중大中 12년(858) 무인 2월 15일 밤 꿈에 전에 보았던 사미가 창 아래에 와서 말하기를, "예전에 명주 개국사에서 조사께 약조를 드려 승 낙을 받았는데 어찌하여 그리 지체하십니까?"라고 하였다. 조사는 놀라 깨 어 수십 인을 데리고 익령 지경에 가서 그의 집을 찾았다. 한 여인이 낙산 아래에 살고 있어 그 이름을 물으니, 덕기德耆라고 하였다. 여인에게 나이 겨우 여덟 살이 된 아들 하나가 있었는데, 늘 마을 남쪽 돌다리 옆에 나가 놀더니 그 어머니에게 고하기를, "나와 함께 노는 아이 가운데 금빛 나는 아이가 있다"라고 하였다. 그 어머니가 조사에게 알리니, 조사가 놀라고 기 뻐하여 그 아들과 함께 놀던 다리 밑에 가서 찾으니 물속에 돌부처 하나가 있었다. 그것을 꺼내 보니 왼쪽 귀가 떨어진 것이 전에 본 사미와 같았는데, 이는 곧 정취正趣보살의 상이었다. 이에 점치는 괘쪽을 만들어 절 지을 터 를 점쳐 보니, 낙산의 위가 길하므로 불전 세 칸을 짓고 그 보살상을 모셨다 (『三國遺事』권3 塔像 제4 洛山二大聖 觀音 正趣 調信條).

위 A의 기록을 보면, 범일선사는 귀국한 이후 굴산사를 개창한 다음 858 년 무렵에는 낙산사에 정취正趣보살을 모시게 되었다고 한다. 이는 김두진의 언급처럼 굴산사의 영향력이 낙산사에 미쳤음을 알게 해준다. 그런데 낙산사는 잘 알려진 바와 같이 신라 화엄의 초조인 의상義湘(625～702)대사가 개창한 사찰이다. 그런 곳에 선승인 범일선사가 정취보살을 모셨다고 하는 것으로 보아 낙산사는 관음觀音도량으로서 새로운 모습을 갖추었다고 해야 할 것이다.[12] 범일선사는 당나라 유학 당시에 절강 지역에서 공부하였다. 그는 그곳에서 관음보살과 인연이 있는 사찰을 방문하였고, 다음으로는 관음신앙이 성행하던 염관鹽官(?～842)선사의 해창원海昌院에서 6년을 보냈다.[13] 이러한 사실에서 미루어 볼 때 범일선사는 비록 선승이기는 하지만 관음신앙과도 밀접하였음을 짐작할 수 있다. 적어도 낙산사에 정취보살을 모신 것을 쉽게 이해할 수 있는 대목이다.

그렇지만 여기에서 무엇보다 중요한 사실은, 범일선사가 굴산사에 주석하면서 낙산사에 정취보살을 모신 것으로 보아 화엄종 사찰인 낙산사가 선종 사찰인 굴산사의 영향력 아래에 들게 되었다는 점일 것이다. 이는 그만큼 범일선사의 영향력이 강원도 일대에서 점차 커져 갔음을 알려 주는 것이다. 당시 낙산사의 사세가 어느 정도였는지에 대해서는 구체적으로 알 길이 없으나,[14] 고려 경종景宗 때의 비기인 「양주지밀기襄州地密記」를 보면 낙산사에 소속된 토지가 고려 초에 무려 600결에 이르렀음을 알 수 있다.[15] 이러한 기록을 그대로 수용한다면 당시의 낙산사의 사세가 매우

---

12 조영록, 「張保皐 船團과 9세기 동아시아의 佛敎交流—赤山・寶陀山과 洛山의 內的 聯關性의 모색—」, 『대외문물교류연구』 창간호, 2002; 『동아시아 불교교류사 연구』, 동국대학교출판부, 2011, 236쪽.
13 조영록, 위의 책, 2011, 239쪽.
14 申千湜은 낙산사가 원성왕 2년 병인丙寅에 대부분 소실되었다고 하였다(申千湜, 「韓國佛敎史上에서 본 梵日의 位置와 崛山寺의 歷史性 檢討」, 『嶺東文化』 1, 1980, 14쪽). 그러나 이러한 사실이 어디에 전하는지에 대해서는 알려 주지 않고 있다. 다만 그는 범일선사가 정취보살상을 모시는 과정에서 낙산사의 중건이 이루어졌다고 파악하였다. 하지만 金杜珍의 지적처럼 범일선사가 정취보살상을 모신 불전을 추가하여 건립하였을 수도 있다(金杜珍, 앞의 책, 2007, 254쪽의 주 15번 참조).

컸음을 헤아릴 수 있다. 다만 범일선사가 그곳에 불전 세 칸을 짓고 정취 관음의 보살상을 모셨을 즈음에도 그러하였는지는 알 수 없지만, 그 무렵에도 이와 크게 다르지는 않았을 것으로 보인다. 왜냐하면 낙산사는 의상이 창건한 화엄종 사찰이었고 게다가 중앙 정부의 지원 아래에서 성장하였기 때문이다. 그러므로 그러한 상태가 신라 하대에도 지속되었을 것임은 어렵지 않게 예측할 수 있다. 이러한 추측이 틀리지 않다면 당시 낙산사의 사세는 굴산사를 능가하고 있었다고 보아도 좋을 것이다. 그런 곳에 범일선사가 불전 세 칸을 짓고 정취보살을 모셨다고 하는 것인데, 그러면 어떻게 하여 그것이 가능하였는지 좀 더 검토해 보기로 하자.[16]

범일선사가 낙산사에 정취보살을 모신 것은 858년 무렵이다(A의 기록 참조). 그가 당나라에서 돌아온 이후 대략 11년이 지난 다음에 이러한 일을 추진하였다. 이때는 헌안왕 2년 무렵으로 생각되는데, 이 시기면 적어도 지방에 대한 중앙의 지배력이 약화되었다고 할 수는 없다. 즉, 지방에 대한 중앙의 통제력이 미치고 있었음에 틀림이 없다고 보아야 할 것이다. 그럼에도 불구하고 선승이 낙산사에 불전 세 칸을 지었다고 하는 것으로 보면, 이는 중앙의 허락 없이는 이루어질 수 없는 일로 생각된다. 그렇다고 하면 중앙의 허락하에 그러한 일을 수행하였을 것인데, 그것은 결국 강릉 지역에 파견된 지방관의 허락을 받은 것으로 판단해도 무리한 해석은 아닐 것이다. 아마도 이러한 일이 추진될 수 있었던 것은 굴산사를 창건할 때 도움을 주었던 명주 도독 김공의 도움이 있었기 때문으로 생각해 볼 수

---

15 金杜珍, 앞의 책, 2007, 256쪽.
16 金興三은 "범일은 자장계의 화엄사상의 전통을 이어받고 가까이에 있었던 의상계와 교섭을 하기 위하여 어떤 계기가 필요했을 것이다. 평소에 『화엄경』을 즐겨 읽던 범일이 「입법계품」을 보고 그 매개체로 내세운 것이 정취보살상이었을 것이다"라고 하였다(金興三, 앞의 논문, 2002, 104쪽). 이는 범일선사의 선사상 기반이 화엄에서 시작되었다는 것을 알려 주는 것이다.

있다.[17] 따라서 범일선사는 명주 도독 김공을 움직여 낙산사를 굴산사의 영향력 아래에 있도록 한 것으로 보이며, 그것은 결국 굴산사의 영향력을 확장하는 중요한 계기가 되었던 것이 아닌가 싶다.

한편 낙산사에 정취보살을 모시게 되었다고 해서 하루아침에 낙산사를 선종 사찰로 바꿀 수는 없었을 것이다. 따라서 범일선사가 낙산사를 굴산사의 영향력 아래 두고자 한 보다 근본적인 이유를 찾아보아야 하는데, 그것은 바로 낙산사의 경제력을 고려하였기 때문이라고 생각할 수 있다. 당시 낙산사는 앞서도 언급하였듯이 중앙의 비호를 받았기 때문에 경제적 기반이 적지 않았다. 이에 범일선사는 낙산사를 통하여 굴산문의 경제적 기반을 확대하고자 하는 의지를 보인 것이라고 추측된다. 그래서 그는 명주 도독의 협조를 얻어 낙산사를 굴산문 아래에 두고 그것을 통하여 굴산문의 경제적 기반을 확실하게 마련할 수 있게 되었다고 여겨진다.

이러한 사정으로 말미암아 결국 신라 왕실에서도 굴산문의 범일선사에게 관심을 기울이게 되지 않았을까 싶다. 즉, 범일선사가 굴산사에 주석한 이후 강원도 지역에서 영향력을 확대해 가자 신라 왕실에서 그에게 많은 관심을 가지게 되었다고 볼 수 있다.

> B. 함통咸通 12년(871) 3월에 경문대왕景文大王이, 광명廣明 원년元年(880)에 헌강대왕憲康大王이, 광계光啓 3년(887)에 정강대왕定康大王이 범일의 선풍을 흠모하여 국사國師로 봉하기 위하여 중사中使를 보내어 서울로 모시려 하였다. 그러나 대사는 오랫동안 굳게 뜻을 지켜 끝내 나아가지 않았다[18](『祖堂集』 권17 溟州崛山故通曉大師).

---

17 申虎澈은 "범일은 명주의 토착 세력의 후원보다는 오히려 명주 외관으로 내려온 진골 귀족의 지원을 받아 굴산사를 개창하고, 나아가 신라 왕실과의 인연을 바탕으로 중앙 귀족과 탄력적인 관계를 맺으면서 그들의 후원하에 더욱 발전시킬 수 있었다고 생각한다"라고 하였다(申虎澈, 앞의 논문, 2011, 135쪽). 이러한 견해는 충분히 수긍할 수 있으며, 범일선사가 낙산사에 영향력을 행사할 수 있었던 것도 이러한 견지에서 보면 충분히 이해할 수 있다.

위 B의 기록을 보면, 신라 왕실에서는 범일선사에 관심을 가지고 그를 국사로 책봉하기 위하여 사신까지 보냈음을 알 수 있다. 그런데 범일선사는 그러한 초청을 거절한 것으로 드러나 있다. 비록 범일선사가 신라 왕실에 나아가지는 않았으나 경문왕景文王과 헌강왕憲康王 그리고 정강왕定康王이 계속해서 그를 초청하였다고 하는 것으로 볼 때, 그는 꾸준히 신라 왕실의 관심을 받고 있었다고 보아야 할 것이다.

여기서 신라 왕실이 계속해서 범일선사를 초빙하고자 한 이유라든가 그가 왕의 초청에 응하지 않은 이유를 밝히는 것도 중요하지만, 보다 눈여겨볼 것은 경문왕과 헌강왕 그리고 정강왕이 굴산문의 단월이 되고자 하였던 것은 아니었을까 하는 점이다. 물론 신라 경문왕계 왕실이 굴산문의 단월이 되었다고 하는 기록이 없기 때문에 이러한 의견을 제시하는 것이 무리한 것으로 생각되기도 하지만, 적어도 왕실에서 대를 이어 가면서 관심을 가지고 특정 산문의 선사를 초빙하였다고 하는 사실을 통해서 볼 때 가능성은 충분하지 않나 싶다.

범일선사와 관련된 기록은 『조당집祖堂集』이 유일하고, 그 밖에 그의 제자들의 비문에서 약간의 편린片鱗을 찾아볼 수 있다. 그런데 그의 제자들의 비문에는 범일선사 당시의 단월에 대해서는 서술된 바가 없기 때문에 실제적인 모습을 찾을 수 없는 형편이다. 하지만 범일선사 사후 그의 행적을 기록한 비문을 볼 수 있는데,[19] 적어도 이는 신라 왕실의 지원 없이는 이루어질 수 없는 일임을 어느 누구도 부인할 수 없을 것이다. 이러한 사실로 미루어 보면, 아마도 굴산문은 신라 왕실로부터 직접적인 것은 아니더라도 간접적인 지원을 받았을 것으로 생각된다. 그 결과 낙산사와 같은

---

18 咸通十二年三月 景文大王 廣明元年 憲康大王 光啓三年 定康大王 三王並皆特迂御禮 遙申欽仰 擬封國師 各差中使 迎赴京師 大師久蘊堅貞 確乎不赴矣

19 범일선사의 행적을 기록한 비편이 몇 개 남아 있어 비가 세워졌음을 인정할 수 있다(申千湜, 앞의 논문, 1980, 23쪽).

화엄종 사찰을 굴산사의 영향력 아래에 둘 수 있었을 것이다.

이렇게 보면 범일선사가 신라 왕실의 부름에 응하지 않은 이유도 어느 정도는 알 수 있지 않을까 싶다. 즉, 굴산문이 낙산사를 통하여 경제적 기반을 확보하게 되자 신라 왕실에서는 그것을 매개로 하여 계속해서 그를 부른 것으로 보인다. 반면 범일선사의 입장에서는 왕의 초치가 부담스러웠으며, 더 나아가 신라 왕실을 방문하게 되면 굴산사에 돌려보내지 않고 다른 곳에 머물게 할 수도 있어 꺼리게 되었다고 생각된다. 특히 경문왕의 선종 불교에 대한 정책이 바로 그러한 것이었다.[20] 이러한 사정을 간파한 범일선사는 왕실의 부름에 응하지 않는 것이 오히려 굴산문을 지키는 방법이라고 생각하였을 것이다. 중앙 왕실의 허락으로 낙산사의 경제적 기반을 통하여 굴산문이 성장할 수 있는 배경을 마련하였지만, 그러한 것을 계기로 하여 신라 왕실과 서로 얽히는 것을 달가워하지 않았다고 볼 수 있는 것이다.[21]

다음으로 범일선사의 영향력과 관련하여 관심을 두어야 할 것은 그와 굴산문이 당대의 선승들에게 잘 알려져 있었다고 하는 점이다. 동리산문桐裏山門 출신의 경보慶甫(869~947)선사가 범일선사를 방문한 것이 바로 그러한 예이다.[22] 잘 알려진 것과 같이 경보선사는 도선道詵(827~898)국사의 제자이다. 기록에 따르면, 그는 도선국사의 법을 받은 다음 당대의 유명한 여러 선사를 참방하였다고 하는데, 성주사의 무염선사와 굴산사의 범일선사가 바로 그들이다. 그가 성주사의 무염선사를 거쳐 범일선사를 찾았다고

---

20 曹凡煥, 「新羅 下代 景文王의 佛敎政策」, 『新羅文化』 16, 1999 참조.
21 申虎澈은 범일선사가 왕실의 초청에 불응한 것에 대하여 신라 왕실과 적대적이었기 때문이라기보다는 당시 신라 왕실 내의 복잡한 정치적 상황에서 자신의 안위를 지키려는 소극적인 태도에서 비롯된 것으로 보았다(申虎澈, 앞의 논문, 2011, 135쪽).
22 金廷彦 撰, 「光陽 玉龍寺 洞眞大師 寶雲塔碑文」, 李智冠, 『校勘譯註 歷代高僧碑文』(高麗篇1), 伽山文庫, 1994, 420쪽.

하는 것은 당대에 그들의 이름이 널리 알려져 있었기 때문일 것이다. 그리고 그들의 영향력이 컸기 때문에 그들을 찾아 나선 것으로 보인다. 경보선사는 두 사람을 만난 후에 당나라 유학을 결심하게 되는데, 아마도 무염선사나 범일선사가 경보선사에게 새로운 세상에서 수학할 것을 권유하였기 때문일 것이다.

사실 경보선사는 무염선사와 범일선사를 참방한 다음 말하기를 "옥을 캐고 구슬을 탐색하듯 어찌 도가 먼 곳에 있겠는가? 행하면 바로 그곳에 있다"라고 하였는데, 이는 도가 다른 곳에 있는 것이 아니라 바로 이곳에 있다는 것을 말하는 것이다. 이는 범일선사의 선사상에서도 찾아볼 수 있는 것으로,[23] 범일선사의 영향을 특히 많이 받은 것으로 보인다.

그리고 이러한 경보선사의 행적을 통해서 간과할 수 없는 점은 신라 하대 각 산문들은 독립적이면서도 서로 연결될 수 있는 토대가 마련되어 있었다는 것이다. 그것은 선승들이 각 산문을 자유롭게 참방할 수 있었다고 하는 점에서 볼 때 그러하다. 또한 선승들은 각 산문의 참방을 통하여 그곳의 사상적 특징과 더불어 산문이 추구하는 정치적인 특징 등도 헤아릴 수 있었을 것이다.[24] 결국 굴산문은 당대의 이름난 산문인 동리산문과 연결되어 있었으며, 경보선사를 통해서 동리산문에 대해서도 잘 헤아리고 있었다고 보아야 할 것이다. 이는 각 산문들이 서로 유기적으로 연결되어 있었음을 보여 주는 것이다. 더 나아가 굴산문은 성주산문聖住山門과도 일정한 관계를 유지하고 있었음을 알 수 있다.[25]

---

23 金興三, 앞의 논문, 2002, 44쪽의 주 16번 참조.
24 이에 대해서는 曺凡煥, 『新羅禪宗硏究』, 일조각, 2001, 162~164쪽 참조.
25 성주산문의 초기 단월은 김흔金昕과 김양金陽이었다(曺凡煥, 위의 책, 2001, 48~54쪽). 이러한 사실을 염두에 두고 기왕의 연구에서는 김주원과 관련된 계통이 두 산문의 단월이었기 때문에 서로 연결되었을 가능성을 지적하였다. 하지만 앞서 보았듯이 굴산문이 김주원이나 그 후손과는 연결되었을 가능성이 낮기 때문에 단월 세력을 통한 연결 고리를 찾는 것은 무리가 있다고 생각된다. 오히려 각각의 독자적인 산문으로서의 위상을 가지고 있었기 때문에 서

3. 굴산문의 분화와 새로운 변화

앞에서 보았듯이 범일선사가 개창하고 발전시킨 굴산문은 강원도 지역에서 그 영향력이 매우 컸음을 알 수 있다. 이후 범일선사가 열반에 들자 그의 제자들이 굴산문을 유지시켜 나간 것으로 알려져 있다. 그러면 범일선사의 제자들은 어떠한 방향으로 굴산문을 이끌어 나갔을까 하는 것이 궁금하다. 이와 관련하여 기왕의 연구를 살펴보면, 제자들의 행보에 따라 굴산문의 분화가 이루어졌다고 한다. 범일선사의 대표적인 제자인 행적과 개청 두 선사의 활동을 통해서 그러한 사실을 헤아리고 있는 것이다.[26]

그렇지만 굴산문의 분화가 이루어지게 되는 배경과 그것이 가지는 의미에 대해서는 좀 더 살펴볼 필요가 있다. 왜냐하면 우선 두 사람의 행적을 살핀 연구에서 좀 더 밝혀야 할 부분이 보이기 때문이다. 더 나아가 굴산문의 분화 배경이 가지는 의미에 대해서도 다른 각도에서 살펴볼 수 있다. 이에 범일선사의 제자인 행적선사의 활동부터 먼저 살펴보면 해결의 실마리를 얻을 수 있을 것으로 기대된다.

1) 행적선사의 활동과 굴산문의 새로운 모색

행적선사는 스승인 범일선사의 법을 받은 이후 당나라에 유학하였다가 귀국한 다음 굴산사에 머물면서 스승을 시봉했다.[27] 범일선사가 입적한 이후 행적선사는 스스로를 범일선사의 상족上足이라 칭하면서 그곳에 머물려고 하였지만 뜻대로 되지 않았다. 이에 그는 굴산사를 떠나 삭주의 건자난야建子蘭若에서 제자들을 지도하였다고 한다.[28] 삭주는 지금의 춘천 지

로의 위치를 확인하는 차원에서 연결되었을 가능성을 열어 둘 필요가 있다.
26 굴산문의 분화에 대해서는 金興三, 앞의 논문, 2002를 참조할 것.
27 崔仁渷 撰, 「奉化 太子寺 朗空大師 白月栖雲塔碑文」, 李智冠, 앞의 책, 1994, 386쪽.
28 崔仁渷 撰, 위의 비문, 李智冠, 위의 책, 1994, 386쪽.

역으로 생각되는데, 그가 그곳으로 간 이유에 대해서는 자세하게 알 수 없다. 다만 그가 춘천까지 가서 머물렀다고 하는 것으로 보아 그를 후원하는 세력이 있었음은 충분히 유추할 수 있는데, 아마도 그를 지원하였던 세력은 춘천 지역의 유력자였을 것이다.

그렇지만 행적선사는 삭주의 건자암에서 그리 오래 머물지는 못하였다. 그의 비문에 의하면 거처하던 곳에 전쟁의 기운이 감돌고 있었기 때문에 그는 결국 894년 무렵에 그곳을 떠나 왕성王城에 이르렀다고 한다.[29] 아마도 이때 궁예弓裔가 양길梁吉의 도움으로 명주 지역으로 들어가는 과정에서 춘천을 지나간 것이 아닌가 싶다.[30] 전운이 감돌았다고 하는 것은 바로 그러한 사실을 의미하는 것으로 보아도 무리가 없을 것이다. 행적선사가 왕성을 택한 것은 아무래도 전운을 피할 수 있는 장소를 찾기 위해서였을 것이다. 그리고 더 나아가 그곳에서 그를 도와줄 수 있는 왕실이나 진골 귀족 등의 단월을 구하고자 하는 의도도 내재되어 있었다고 보아야 할 것이다.

하지만 행적선사는 광화光化 말년에 왕성을 떠나 다시 야군野郡으로 돌아갔다[31]고 하는데, 이를 통하여 보면 왕성에서 그를 지원해 줄 만한 단월을 만나지 못한 것으로 보인다.[32] 더욱이 신라 왕실의 주목도 받지 못하였던 것 같다. 야군으로 돌아갔다고 하는 것은 삭주의 건자암으로 되돌아간 것으로 보아도 좋을 것이다. 그런데 갑자기 그는 효공왕孝恭王의 초빙을 받았고, 효공왕 10년(906)에는 왕실에 나아가 국사로 봉해졌다.[33] 이는 그

---

29 崔仁渷 撰, 같은 비문, 李智冠, 같은 책, 1994, 387쪽.

30 『三國史記』 권50 弓裔傳에 따르면 궁예는 건녕乾寧 원년(894)에 명주에 들어갔다고 한다. 이러한 사실로 볼 때 춘천에는 전운이 감돌았음을 예상할 수 있을 것이다.

31 崔仁渷 撰, 앞의 비문, 李智冠, 앞의 책, 1994, 387쪽.

32 金興三은 행적선사가 왕성에 머무는 동안 진성왕과 결연을 맺었을 가능성을 시사하였다(金興三, 앞의 논문, 2002, 179쪽). 그러나 행적선사가 다시 그곳을 떠나 야군으로 돌아갔다고 하는 것으로 볼 때 진성왕과의 결연이 이루어지지 못한 것으로 보는 것이 옳을 것이다.

가 효공왕의 주목을 받았음을 시사해 준다. 그렇다면 그는 왜 갑자기 효공왕의 관심의 대상이 된 것인지 의문이 생긴다.

행적선사가 건자암에서 왕성으로 갔을 때는 대략 진성왕眞聖王이 통치하던 시기였다. 이때는 정치적으로 매우 혼란한 상황이었으며, 진성왕의 부름에 선승들은 대체로 응하지 않았다. 예컨대 무염화상이 대표적인 경우이며, 봉림산문鳳林山門의 심희審希선사도 진성왕의 초청에 응하지 않았다.[34] 이와 같은 상황이었음에도 불구하고 진성왕이 행적선사에게 관심을 두지 않았던 것은 아마도 그의 영향력이 크지 않았기 때문에 그랬던 것이 아닌가 싶다. 그러나 진성왕을 이어 왕위를 계승한 효공왕의 경우에는 각 산문을 대표하는 선승들과 연결되고자 하였던 것 같다.[35] 그 결과 굴산문의 대표자로 행적선사를 인식하였던 것으로 짐작된다.

행적선사는 효공왕의 부름을 받아 신라 왕실로 가면서 제자들에게 "선을 일으키면서부터 말대에까지 우리 도가 유통된 것은 모두 외호外護의 은혜이다"라고 말하였다.[36] 이는 결국 신라 국왕의 도움이 있었기에 선종의 전파가 가능하였음을 드러낸 것이다. 그가 이러한 태도를 보인 것은, 당나라에서 유학하는 동안 당나라 황제인 의종懿宗의 생일을 맞이하여 초청을 받아 궁에 들어갔던 경험을 바탕으로[37] 왕실과 가깝게 지내는 것에 대하여 거리낌이 없었기 때문이라고 해야 할 것이다. 효공왕의 초청에 응한 것이

---

33 崔仁滾 撰, 앞의 비문, 李智冠, 앞의 책, 1994, 387쪽.

34 曺凡煥, 앞의 책, 2008, 96쪽.

35 효공왕은 진경대사 심희를 초청하였으며, 행적선사도 불러 국사로 대우하였다. 이에 대하여 金在應은 효공왕이 행적선사를 불러들인 것은 중앙 집권적인 지배 체제를 회복하기 위한 노력에서 비롯된 것으로 파악하였다(金在應, 「新羅末·高麗初 禪宗寺院의 三綱典」, 『震檀學報』 77, 1994, 55쪽). 하지만 이러한 일은 당시 여러 왕의 노력에 비추어 볼 때 다반사였다. 따라서 효공왕이 굳이 행적선사를 초청하여 국사로 삼은 이유에 대해서는 적어도 그가 굴산문의 상징적인 인물이었기 때문으로 보는 것이 보다 온당하지 않을까 싶다.

36 崔仁滾 撰, 앞의 비문, 李智冠, 앞의 책, 1994, 387쪽.

37 권덕영, 「견당사 관련 기록의 검토」, 『古代韓中外交史』, 一潮閣, 1997, 89~90쪽.

나 국사에 책봉된 것도 그와 같은 사실을 염두에 두면 어느 정도 이해가 가능할 것이다.[38]

국사에 책봉된 이후 얼마 지나지 않아 행적선사는 수도를 떠나 김해부金海府에 들러 소충자蘇忠子·소율희蘇律熙의 귀의를 받았다고 한다.[39] 행적선사가 김해부에 가게 된 것은 효공왕의 의중을 이해하고 그것을 수행하기 위한 것에서 비롯된 것이라고 보아야 하지 않을까 싶다. 즉, 김해부를 주도하던 세력이 친신라적 정책을 고수하고 있었는데,[40] 신라 왕실에서는 그들과의 관계에 관심을 두게 되었을 것이다. 당시 소충자와 소율희는 이름난 선승들을 많이 초치하였는데, 행적선사는 이러한 사정을 잘 알고 있던 효공왕이 자신을 국사로 임명하자 그곳으로 가서 소충자·소율희의 세력과 신라 왕실이 유기적인 관계를 계속 이어 갈 수 있게 하였던 것으로 보인다. 행적선사가 김해에서 약 8년의 세월을 보낸 것으로 보아 그는 적어도 신라 왕실을 적극적으로 대변하는 역할을 하였을 것으로 짐작된다.

효공왕을 이어 신덕왕神德王이 즉위하자 행적선사는 다시 왕성으로 돌아가 경주 남산 실제사實際寺에 안거하였다.[41] 신덕왕이 행적선사를 그곳에 머물게 한 것은 효공왕대에 그가 김해부에 머물면서 활동한 것에 대한 답례의 차원이었을 것이다. 그리고 행적선사는 그해 7월에 명요부인明瑤夫人의 요청을 받아 봉화 석남산사石南山寺에 주석하게 되었다.[42] 아마도 그가 이러한 행보를 하게 된 것은 안정된 단월 세력과 종신토록 주석할 수 있는 곳을 찾았던 것과 깊은 관련이 있을 것이다.

---

38 행적선사는 효공왕을 만난 자리에서 중국 고대 인물의 행적을 들어 설명하였는데, 그것은 곧 지방 호족을 제압하고 백성의 삶을 편안히 할 것을 주장한 것으로 생각된다(崔仁杓,『羅末麗初 禪宗政策 研究』, 한국학술정보, 2007, 143쪽).

39 崔仁渷 撰, 앞의 비문, 李智冠, 앞의 책, 1994, 388쪽.

40 崔柄憲,「新羅末 金海地方의 豪族勢力과 禪宗」,『韓國史論』4, 1978, 404~405쪽.

41 崔仁渷 撰, 앞의 비문, 李智冠, 앞의 책, 1994, 389쪽.

42 崔仁渷 撰, 같은 비문, 李智冠, 같은 책, 1994, 390쪽.

이상은 행적선사가 굴산문을 떠난 다음의 역정인데, 그가 굴산문 출신이라는 점에서 보면 스승인 범일선사와는 다른 길을 걸었음을 알 수 있다. 비록 스승과는 다른 길을 걸었지만 자신의 행보를 통하여 굴산문의 영향력을 세상에 드러내는 역할을 하였다고 보아도 좋을 것이다.

2) 개청선사의 활동과 굴산문의 정체성 유지

개청선사는 스승인 범일선사 사후 굴산사에서 지내다가 민규閔規 알찬 閼粲이 보현산사普賢山寺를 시주하자 그곳으로 옮겨 갔다.[43] 민규 알찬은 일찍부터 개청선사를 후원하였는데, 그는 개청선사가 굴산사에 있을 때부터 계속해서 관심을 두었다고 한다.[44] 민규 알찬이라고 한 것으로 볼 때 그는 명주 지방의 세력가 가운데 하나였을 것이다. 현재 민규 알찬에 대해서는 경주에서 육두품六頭品 출신으로 벼슬을 하다가 더 이상 승직陞職할 수 없어서 중앙의 정치권력에서 이탈하여 명주로 이주해 지방 호족이 된 것으로 파악하기도 한다.[45] 그러나 알찬의 관등을 잠칭하였을 뿐이지 경주에서 지방으로 이주해서 호족이 되었다고는 보이지 않는다. 예컨대, 왕건王建의 선대가 그러하였던 것처럼 민규 알찬도 지방에 있으면서 중앙의 권위를 빌린 것으로 해석된다.

개청선사는 민규 알찬의 보현산사 희사로 그곳에서 지내게 되었으며 활발한 활동을 하였던 것으로 알려져 있다. 그것은 "보현산사로 이주한 다음 구릉을 깎아 멀리 도로를 만들었더니 많은 사람이 그곳을 찾았다"[46]라고 하는 것을 통하여 알 수 있다. 그의 이름이 명주 지역 일대에 자자하게 되자 더욱 많은 사람이 그에게 관심을 보였는데, 지당주군주사智當州軍州事

---

43 崔彦撝 撰, 「江陵 地藏禪院 朗圓大師 悟眞塔碑文」, 李智冠, 같은 책, 1994, 149쪽.
44 崔彦撝 撰, 같은 비문, 李智冠, 같은 책, 1994, 149쪽.
45 김흥삼, 「나말려초 굴산문 開淸과 정치세력」, 『韓國中世史硏究』 15, 2003, 202쪽.
46 崔彦撝 撰, 앞의 비문, 李智冠, 앞의 책, 1994, 150쪽.

인 왕순식王順式도 그 가운데 한 사람이었다. 왕순식은 김주원金周元과는 아무런 관련이 없는 인물로 알려져 있는데,[47] 그는 선대부터 내려온 족적 기반을 바탕으로 성장한 것이 아니라 자신의 힘으로 세력을 확보하여 당대에 장군을 자칭한 것으로 해석되고 있다.[48] 이러한 견해를 수용한다면 범일선사가 889년 사망한 다음 개청선사는 민규 알찬의 지원을 받았고, 이후 궁예가 894년에 명주로 들어가 자신의 독자적인 세력을 형성하게 되면서 민규는 궁예에 의하여 제거된 것이 아닌가 하는 생각이 든다. 만약 그렇지 않다고 한다면 민규의 세력이 궁예에게 흡수되었을 가능성도 떠올려 볼 수 있다. 이러한 생각이 타당하다면, 895년 궁예가 무리를 이끌고 그곳을 떠나자 개청선사는 새롭게 성장한 왕순식과 연결되었던 것이 아닌가 한다. 다시 말하면 보현산사의 새로운 단월이 생겨났으며, 개청선사는 그에게서 더욱 많은 지원을 받았을 것으로 헤아려지는 것이다.

그런데 895년 궁예가 명주 지역에서 떠나 철원으로 옮겨 간 다음 곧바로 왕순식이 영향력을 행사한 것은 아니었을 것이다. 아마도 왕순식은 궁예가 철원으로 간 이후 점차 명주 지역에서 영향력을 키워 간 것으로 이해되는데, 그 과정에서 개청선사와 서로 잘 알게 되었을 것이다.

이후 개청선사는 신라 경애왕景哀王의 초청을 받았으며 국사에 임명되었다.[49] 경애왕이 임금이 된 것이 924년이므로 적어도 개청선사는 궁예가 떠난 이후 30여 년 동안 왕순식의 지원을 받았다고 할 수 있다. 왕순식의 지원 아래 개청선사가 주도하던 산문이 성장하였음에 틀림이 없다고 해야 할 것이다. 개청선사가 경애왕에 의하여 국사에 임명되자 왕순식이 그를

---

47 申虎澈,「신라말 고려초의 江陵豪族 王順式」,『忠北史學』25, 2009 및 앞의 논문, 2011, 117
쪽 참조.
48 申虎澈, 위의 논문, 2009, 16쪽. 그는 왕순식이 900년을 전후한 시기에 이미 장군을 칭하였을
것으로 보았다.
49 崔彦撝 撰, 앞의 비문, 李智冠, 앞의 책, 1994, 151쪽.

찾아와 축하하였고, 이에 개청선사는 군성에 와서 머물렀다고 한다.[50] 그렇지만 현재까지의 연구 결과를 볼 때 개청선사는 경주에는 가지 않았던 것으로 해석되고 있다.

그런데 보다 중요한 사실은 개청선사가 국사에 임명되자 왕순식이 요좌僚佐들을 거느리고 찾아와 하례를 하였다는 점이다. 그리고 이에 대하여 개청선사는 보현산사에서 나와 왕순식이 머물던 명주 관내의 치소를 방문하여 왕순식을 격려하였다고 한다.[51] 이는 두 사람 사이의 관계를 아주 잘 알려 주는 것으로 서로 간에 호혜적인 관계였음을 알 수 있다.[52] 이로 헤아려 보건대, 아마도 개청선사는 신라 왕실에는 가기를 꺼려한 것이 아닌가 한다. 그것은 앞서 살펴보았던 행적선사와는 다른 행보를 보였던 데서 알 수 있는데, 아무래도 행적선사가 효공왕대에 이미 국사가 되었기 때문에 더 이상 신라 왕실에 대하여는 관심을 두지 않았던 것으로 볼 수 있다. 즉, 굴산문 출신 가운데 서로 경쟁을 하던 상대방이 먼저 국사에 임명되었기 때문에 비록 경애왕이 개청선사를 국사로 임명했다고 하더라도 더 이상 의미를 두지 않았던 것으로 보인다. 그리고 범일선사의 뜻, 즉 신라 왕실과는 거리는 두는 태도를 계속해서 잇고자 하는 의도도 함께 작용한 것이 아닐까 싶다.

한편 왕순식이 928년 고려에 귀부하자 개청선사도 고려 왕실과 관련을 맺었을 가능성을 떠올려 볼 수 있다. 하지만 태조 왕건과 직접 대면을 하였다는 기록을 찾아볼 수 없으므로 그가 왕건과 결연하였을 가능성은 매우 적다.[53] 더구나 태조 왕건은 당나라에 유학하였던 선승들과 주로 결연

---

50 崔彦撝 撰, 같은 비문, 李智冠, 같은 책, 1994, 152쪽.

51 崔彦撝 撰, 같은 비문, 李智冠, 같은 책, 1994, 152쪽.

52 申虎澈, 앞의 논문, 2009, 25쪽 및 앞의 논문, 2011, 137쪽에서 "왕순식은 개청의 든든한 후원자였고, 반면 개청은 왕순식의 권위를 사상적으로 뒷받침하는 역할을 하였을 것이다"라고 하였다.

했기 때문에[54] 그러한 사정을 염두에 둔다면 그가 왕건과 연결되지 못하였을 것이라는 점도 헤아릴 수 있을 것이다. 다만 개청선사 사후 940년 무렵에 그의 비가 왕건의 명령에 의하여 세워졌다. 그러나 그의 비가 쉽게 세워진 것은 아니었다. 그것은 그의 문도들이 여러 차례 대궐에 글을 올렸다고 하는 것을 볼 때 그러하다. 이는 고려 초에 이르러 개청선사의 굴산문 세력이 명주에서 그다지 큰 영향력을 가지고 있지 못했던 것을 반증하는 것으로 보아도 좋을 것이다.

결론적으로 말하면, 개청선사는 범일선사 사후 굴산사 부근인 보현산사에 주석하면서 범일선사의 종지宗志를 대체로 유지한 채 굴산문의 사상적인 특징을 이어 나간 것으로 해석된다. 비록 굴산사에 머물지 못하고 그곳을 떠나 근처에서 활동하였지만 범일선사의 신라 왕실에 대한 태도를 그대로 이어받아 계승하였다고 해도 좋을 것이다. 그리고 그곳의 지배 세력인 왕순식과 매우 밀착된 관계를 유지하였고, 그것을 통하여 굴산문의 반쪽을 지켜 나간 것으로 보인다.[55]

3) 굴산문의 분화 배경과 그 의미

이상에서 살펴온 바를 통하여 굴산문은 범일선사가 열반에 든 이후 분화가 이루어졌음을 충분히 알 수 있다. 그것은 범일선사의 제자인 개청과 행적 두 선사가 각각 다른 사찰에 거주하면서 문도들을 이끌었고, 더 나아가 그들이 추구한 정치적 행보도 서로 달랐기 때문이다. 이제 굴산문의 분

---

53 金杜珍은 「王建의 僧侶結合과 그 意圖」, 『韓國學論叢』 4, 1982, 149쪽에서 왕건과 개청선사의 결연을 설명하고 있지만, 실제 그러한 일은 없었을 것으로 판단된다.

54 徐珍敎, 「高麗 太祖의 禪僧包攝과 住持派遣」, 洪承基 編, 『高麗 太祖의 國家京營』, 서울대학교 출판부, 1996, 370쪽 참조.

55 申虎澈은 명주의 대호족인 왕순식과 그를 이은 왕예, 그리고 명주의 토착 중소 호족들이 대거 개청선사를 후원하였기에 지장선원은 굴산사를 대신해 굴산문의 핵심 도량으로 발전하게 되었다고 하였다(申虎澈, 앞의 논문, 2011, 138쪽).

화가 이루어진 배경과 그것이 가지는 정치적 의미에 대해서 좀 더 살펴보기로 하자.

C-1. 문덕文德 2년 여름에 대사(범일)가 입적하자 화상(개청開淸)이 묵건墨巾을 쓰고, 배움이 끊어지는 비통함을 더욱 느끼고 스승과 이별하는 한을 간절히 하였다. 그렇기 때문에 삼가 보탑寶塔을 세우고 풍비豐碑를 건립하면서, 아울러 송문을 지키고자 하였다(崔彦撝 撰,「江陵 地藏禪院 朗圓大師 悟眞塔碑文」, 李智冠,『校勘譯註 歷代高僧碑文』(高麗篇1), 伽山文庫, 1994, 149쪽).

C-2. 문성왕 2년 4월 중 굴산崛山대사가 병석에 누우니, 다시 고산故山으로 돌아가 정성으로 간호를 했으며, 입적하면서 부촉하여 심인을 전한 자는 오직 대사(행적行寂) 한 사람뿐이다(崔仁渷 撰,「奉化 太子寺 朗空大師 白月栖雲塔碑文」, 李智冠, 앞의 책, 1994, 386쪽).

위 C-1과 C-2의 두 기록을 보면, 개청선사와 행적선사는 범일선사의 제자임을 확인할 수 있다. 그리고 스승인 범일선사 사후에는 각각 스승의 법맥을 이은 정통 계승자임을 자처하였다. 물론 행적선사의 비문에는 개청선사의 비문에서 보이는 것과 같이 범일선사를 위하여 보탑을 세우고 풍비를 건립하면서 아울러 송문을 지키고자 했다는 것은 보이지 않지만, 범일선사 사후 개청선사와 행적선사가 서로 범일선사의 적통임을 드러낸 것으로 볼 때 두 사람은 서로 화합하지 못한 채 산문 분화의 마중물을 담당하게 된 것으로 보인다.

그런데 기록을 살펴보면, 개청선사의 경우 범일선사가 입적한 이후 굴산사에 계속해서 머문 것이 아니라 민규 알찬의 권유로 보현산사에 주석하면서 굴산문의 종지를 선양한 것으로 드러나 있다.[56] 그리고 행적선사도 범일선사 입적 이후에 춘천의 건자암에 주석하였고, 명성이 널리 알려져

---

56 崔彦撝 撰, 앞의 비문, 李智冠 앞의 책, 1994, 149쪽.

신라 왕실의 부름을 받아 국사가 되었다고 한다.[57] 이렇게 보면 범일선사의 법맥을 이은 두 사람이 계속해서 굴산사에 머물지 않고 그곳을 떠나 다른 곳에서 활동하였음을 알 수 있다. 그렇다면 그들이 굴산문의 핵심 사찰인 굴산사를 떠난 이유가 어디에 있었을까 하는 것이 궁금해진다.

이러한 의문을 해결하기 위하여 먼저 개청선사에 대한 기록부터 살펴보자. C-1의 기록에 따르면 범일선사의 적통은 행적선사가 아니라 개청선사인 것으로 보인다. 그 근거로는 첫째로 개청선사는 범일선사의 제자가 된 이후 굴산문을 떠나지 않았으나 행적선사는 870년에 입당하여 885년에 귀국하였기 때문에 그 이전에 개청선사를 후사로 정하여 행적선사가 밀려난 것이 아닌가 싶다.[58] 둘째로 개청선사가 행적선사보다 먼저 범일선사의 입실제자가 된 점에 기인한 것이 아닐까 하는 생각도 있다.[59]

그렇지만 보다 중요한 사실은 개청선사도 결국 굴산사에서 머물지 못하고 민규 알찬의 도움으로 다른 곳으로 옮겨 갔다는 점이다. 이에 대하여 단월 세력에 의한 분화가 조장되었다고 하는 견해를 살펴볼 수 있다.[60] 하지만 아래의 기록을 통하여 좀 더 새로운 사실을 알아낼 수 있을 것 같다.

D. 이때 명주의 모법제자慕法弟子인 민규 알찬이 스님을 흠모하는 마음이 간절하고 도를 사모하는 뜻이 더욱 돈독하였다. 그는 일찍부터 선비禪扉를 후원하면서 자주 찾아가 친견하고 법문을 들었으므로 이에 보현산사를 희사하여 주지토록 청하였더니, 스님께서는 단야에 대한 감사함을 느끼고 "인연이 있어 이루어진 곳으로 가서 주석하리라" 하고 받아들여 종래로 주지를 하지 않겠다고 한 마음을 바꾸어 곧 그곳으로 나아갔다(崔彦撝 撰, 「江

57 崔仁渷 撰, 앞의 비문, 李智冠, 같은 책, 1994, 386쪽.
58 최규성, 「弓裔政權下의 知識人의 動向」, 『國史館論叢』 31, 1992, 117쪽.
59 金興三, 앞의 논문, 2002, 34쪽의 주 79번 참조.
60 金杜珍, 앞의 책, 2007, 276쪽에서 굴산문은 범일선사 사후 그의 제자들에 의하여 나누어지게 되었고, 그것은 결국 단월 세력이 그러한 분화를 조장하였다고 할 수 있다고 하였다.

陵 地藏禪院 朗圓大師 悟眞塔碑文」, 李智冠, 앞의 책, 1994, 149~150쪽).

위 D의 기록을 자세하게 살펴보면, 개청선사는 민규 알찬과 일찍부터 서로 알고 있었음을 알 수 있다. 민규 알찬이 일찍부터 사원을 후원한 것으로 되어 있는 것으로 볼 때 적어도 범일선사가 생존해 있을 때부터 개청선사는 민규 알찬과 가까운 사이였다고 해야 할 것이다. 그런데 개청선사가 민규 알찬의 호의를 받아들여 보현산사로 자리를 옮긴 것으로 보아 범일선사 사후 굴산문 내부에 어떤 문제가 있었던 것이 아닌가 하는 생각이 든다. 또 C-2의 기록에서도 볼 수 있듯이 행적선사가 스승인 범일선사에게서 유일하게 법을 받았다고 하는데, 이는 굴산문 내부에서 결국 범일선사의 뒤를 잇는 것을 두고 주도권 다툼이 벌어진 것이 아닌가 하는 생각이 든다. 주도권 다툼에는 여러 가지 이유가 있을 수 있겠지만, 제일 중요한 것은 굴산문의 정체성을 어떻게 유지할 것인가 하는 것에 있었을 것이다.

그런데 개청선사와 행적선사 모두 굴산사를 떠나게 된 것은 결국 두 사람이 굴산문의 정체성에서 벗어난 생각을 가지고 있었기 때문일 것이다. 개청선사와 행적선사의 경우에 아주 다른 행보를 보이고 있기에 그렇게 헤아려 볼 수 있는 것이다. 결국 굴산사에는 범일선사의 또 다른 제자가 있었고, 그를 중심으로 하는 세력에 의하여 굴산문이 유지되면서 개청선사와 행적선사가 밀려나게 된 것으로 보인다. 다시 말하면 개청선사와 행적선사 이외에 범일선사의 또 다른 제자가 있어 굴산사를 이끌었음을 생각해 볼 수 있는 것이다. 다만 아쉬운 것은 범일선사 사후 굴산사에 남아 그곳을 지키면서 이끌었던 인물이 누구인지는 알 수가 없다고 하는 점이다. 결국 굴산사를 떠나 활동하였던 개청선사와 행적선사를 통하여 굴산문이 분화되었다고 하는 사실만을 알 수 있을 뿐이다.[61]

61 崔仁䄷는 사원 내에 거주하는 승려들이라 할지라도 단월의 성격에 따라 그 성향을 달리 파악할

이렇게 보면 굴산문의 분화가 이루어지게 된 것은 개청선사와 행적선사 두 사람이 추구하는 방향이 달랐기 때문일 것이다. 기왕의 연구처럼 단월 세력이 그러한 분화를 조장하였다고 할 수도 있지만, 두 사람은 각각 다른 단월 세력을 만나 자신들의 이상을 실현하고자 했을 것이다. 그러한 이상의 표면에는 굴산문 조사祖師인 범일선사의 뜻을 잇고자 하는 것이 드러나 있지만, 실제로는 각각 새로운 영향력을 가진 새로운 조사로서 출발하고자 했던 것일 수도 있다. 그 결과 굴산문의 분화는 어쩌면 당연한 것이었다고 해도 과언이 아닐 것이다.

4. 맺음말

범일선사는 당나라에서 귀국한 이후 명주 지역 토착 세력의 후원보다는 오히려 그곳에 외관으로 파견된 명주 도독의 도움으로 굴산사를 개창하였다. 또한 그는 명주 도독의 힘을 빌려 강원도 지역의 여러 화엄종 사찰들을 선종 사찰인 굴산사의 영향력 아래 두게 하였는데, 특히 낙산사도 굴산사의 영향력 아래 들게 하였다. 당시 낙산사는 강원도 지역에서 중요한 화엄종 사찰로서 경제적 기반이 매우 튼튼하였는데, 굴산사가 그것을 접수했기 때문에 굴산사의 재정적인 기반이 더욱 강화될 수 있었다.

낙산사를 찾아간 범일선사는 그곳에 정취보살을 모셔 두었고, 그것을 통하여 자연스럽게 선종 사찰의 영향력을 행사하게 되었다. 이러한 노력은 결국 굴산문이 성장하는 데 있어 하나의 상징적인 의미를 가진다고 할 수 있을 것이다.

수 있다고 하면서 굴산문 내에서의 분화도 결국 단월 세력에 의한 분화였음을 주장하였다(崔仁杓, 앞의 책, 2007, 151쪽의 주 34번 참조). 이는 金杜珍과 거의 같은 견해라고 할 수 있다.

굴산사는 여러 선승에게 잘 알려져 있었는데, 동리산문 출신의 경보선사가 굴산사를 방문한 사실에서 그것이 입증되고 있다. 또한 경보선사는 굴산사를 방문하기 이전에 성주사에 들러 무염선사를 만났는데, 이러한 사실에서 볼 때 당시 선종 사찰들은 서로 유기적인 연결 관계를 유지하고 있었음을 알 수 있다.

굴산문의 범일선사가 열반에 든 이후 중심 도량인 굴산사에는 많은 변화가 발생하였다. 범일선사의 두 제자 가운데 행적과 개청 두 선사는 굴산사를 벗어나 서로 다른 길을 걸었다. 두 명의 이름난 제자가 각각 다른 사찰에서 머물게 된 것은 여러 가지 이유가 있었을 것으로 생각되는데, 우선 굴산사를 중심으로 한 세력과 대립 관계에 있었기 때문에 그곳에서 떠나게 되었을 것이다. 다시 말해서 행적선사와 개청선사를 제외한 다른 인물에 의하여 굴산사가 주도되었다고 볼 수 있겠다.

이에 개청선사는 굴산사에 주석하고 있었을 때 인연을 맺은 민규 알찬의 후원으로 지장선원으로 옮겨 가게 되었고, 이후 명주의 유력한 호족인 왕순식과 결연하여 지장선원을 발전시켜 나갔다. 한편 행적선사는 굴산사를 떠나 춘천에 잠시 머물다가 경주에 이르러 효공왕에 의하여 국사가 되었다. 또한 그는 국왕의 의도를 헤아려 김해에서도 잠시 머물게 되었다. 이러한 사실에서 알 수 있는 것은 두 사람이 지향하는 바가 서로 달랐다는 점이다.

굴산문 출신의 개청과 행적 두 선사는 서로 다른 단월 세력을 만나 범일선사의 뜻을 유지하면서도 또 한편으로는 새로운 이상을 실현하고자 하는 의도를 드러내었다. 서로가 굴산문의 정수를 이었다고 하였지만 어쩌면 그러한 주장은 그들이 새로운 산문의 주도자로서의 위상을 확보하고자 하는 노력의 결과에서 비롯된 것이라고 할 수 있을 것이다. 그렇지만 두 승려의 이와 같은 노력은 결국 굴산문의 분화를 이끌어내게 되었고, 더 나아가서는 굴산문이 오히려 오래 존속하지 못하고 쇠퇴하는 결과까지 불러온 것이라고 할 수 있다.

제3편
선승과 정치권력

✖ 제1장 ✖
왕실과 선승

1. 머리말

신라 하대 선승과 왕실王室의 관계에 대해서는 이미 많은 연구가 이루어졌다. 연구 결과를 검토해 보면 대체로 크게 두 견해로 나뉘어 있다. 먼저 왕실과 선승들이 서로 밀접한 관계였다고 보는 견해와 반대로 선승들이 왕실에 비협조적이거나 소극적이었다고 하는 견해가 그것이다. 예컨대, 성주산문聖住山門을 개창한 무염無染(800~888)선사와 왕실의 관계를 주목할 수 있는데, 무염화상의 비문에 따르면 그는 왕실을 세 번이나 방문하였으며 국사로 임명되었다고 한다. 이를 두고 그와 왕실이 매우 밀접하게 연관되어 있었다고 보는 견해와[1] 마지못해 그렇게 한 것이라고 보는 견해가 바로 그것이다.[2]

---

[1] 高翊晋, 「新羅 下代의 禪傳來」, 『韓國禪思想硏究』, 東國大學校 佛教文化硏究院, 1985; 『韓國古代佛教思想史』, 동국대학교 출판부, 1989, 525~530쪽 참조.

[2] 金杜珍, 「朗慧와 그의 禪思想」, 『歷史學報』 57, 1973; 『신라하대 선종사상사 연구』, 일조각, 2007, 224쪽.

이렇게 보면 같은 사실을 두고서도 서로 다른 해석이 이루어졌음을 알수 있다. 서로 다른 해석이 나오게 된 것은 결국 연구의 출발점이 다르기때문이다. 즉, 선승들의 비문을 토대로 선승과 왕실이 밀접하였다는 것을그대로 인정하는 경우가 전자에 해당한다. 후자는 선승들과 지방 세력(호족豪族)이 서로 밀접한 관계ー예컨대 경제적인 지원 등ー에 있었기 때문에신라 왕실에 대하여 소극적이거나 비협조적인 태도를 취하였다는 것이다.이러한 해석은 선승들의 출신 신분을 염두에 두고 이루어진 것으로, 그들이 대개 육두품六頭品이나 그 이하의 신분이었기 때문에 왕실과는 거리가있었다고 파악하는 것이다.[3]

이상의 두 견해는 폭을 좁히지 못한 채 계속해서 대립하고 있는 형편이다. 이에 여기에서는 먼저 선승들과 왕실의 관계에 대하여 언급한 대표적인 논문들을 자세하게 살펴볼 것이다. 이러한 검토를 통하여 기왕의 연구가 가지는 문제점[4]이 무엇인지 좀 더 명확하게 파악할 수 있을 것이다. 그리고 그것을 기반으로 하여 비문에 나타난 기록들을 다시 검토하고, 그것을 통하여 왕실과 선승들의 관계를 새롭게 정립해 볼 예정이다. 이를 위하여 선사들과 왕실의 관계를 알려 주는 기록에서 다섯 가지 정도의 공통적인 사실을 추출하여 검토하려고 한다.[5] 다만 여기에서는 흥덕왕대興德王代

---

3 신라 하대 선승과 신라 왕실의 관계를 부정적으로 보는 입장을 밝힌 崔柄憲의 논문도 주목된다. 그는 선승들과 신라 왕실의 관계를 구체적으로 밝히지는 않았지만, 신라 왕실에서 선종에적극적인 구애를 한 반면 선승들은 신라 왕실에 비협조적이어서 왕실의 초청을 거절하였으며,응하는 경우에도 소극적이었다고 하였다(崔柄憲, 「新羅下代 禪宗九山派의 成立」, 『韓國史研究』 7, 1972 및 「羅末麗初 禪宗의 社會的 性格」, 『史學研究』 25, 1975). 崔柄憲은 신라 하대에선종을 받아들인 사람들이 거의 모두 진골이 중앙 지배층에서 도태된 몰락 귀족이거나 하급귀족 내지 지방 호족 출신이라는 것을 염두에 둔 것이다. 결국 이러한 시각을 토대로 이들이 신라 왕실과는 거리를 둘 수밖에 없었다고 하는 견해를 이끌어내었다.
4 신라 하대 선종이 호족 세력에 편향적이라는 일방적 잣대로만 규정되어 있는 실정이다.
5 그 이외에도 왕실에서 선종 사원에 금살당을 설치하거나 선승들이 거처하는 사원을 중앙의 화엄종 사찰이나 왕실 직속의 관부에 예속시킨 경우도 있다. 그러나 이러한 조치들은 왕실의 입장을 보여 줄 뿐 선승들의 입장에서 설명하기에는 쉽지 않아 여기서는 생략하였다.

부터 시작하여 정강왕대定康王代까지만 다루었다. 진성왕대眞聖王代 이후
부터는 새로운 검토가 필요하므로 여기서는 자세하게 언급하지 않았다.[6]

2. 기왕의 연구 성과 검토와 문제점 고찰

신라 하대 선승과 왕실의 관계를 밝힌 연구자가 여럿 있지만, 그 가운데
에서 주목되는 연구자는 김두진과 고익진이다. 김두진은 성주산문의 개창
조인 무염선사와 그의 선사상을 연구하는 과정에서 무염선사와 신라 왕실
의 관계를 소극적이고 비협조적으로 보았다.[7]

이에 대하여 고익진은 무염선사가 왕실을 무려 세 번이나 방문한 것과
헌강왕憲康王이 '흥리제해책興利除害策'을 물었을 때 그에 대하여 답변한
것을 들어 "무염을 어찌 왕실에 비협조적인 선승으로 지목할 수 있겠는
가" 하고 반문하였다.[8] 그리고 그는 같은 책에서 신라 하대 선승들과 왕실
의 관계를 검토하여 둘 사이가 밀접하다는 것을 밝혔다. 고익진은 신라 하
대 선종은 중앙 왕실의 적극적인 지원을 통하여 정착할 수 있었으며, 중앙
왕실이 이렇게 지원한 까닭은 하대의 중앙 왕실이 정계正系가 아니라 방계
傍系였기에 정계의 권위에 도전·부정하는 선사상에 공감하였기 때문이라
고 하였다.

이후 고익진의 연구는 더 이상 구체화되지 않았으나, 김두진은 선승들

---

6 진성왕眞聖王 3년에 일어난 농민반란은 신라 사회를 새로운 국면으로 몰고 갔다. 이러한 사실
  로 보아 진성왕대 이후의 정치·사회적인 변화는 불교계에도 큰 영향을 미쳤음이 자명하다. 따
  라서 신라 하대라고는 하지만 진성왕대 이후는 좀 더 새롭게 검토해 보아야 할 부분이 있어 여
  기서는 제외하였다.
7 金杜珍, 앞의 책, 2007, 226쪽에서 "무염은 왕실과의 관련보다는 낙향 호족과의 결합에 더 유
  의하였다"라고 하였다.
8 高翊晋, 앞의 책, 1989, 526~527쪽.

과 관련된 논문을 계속 발표하여 선승들과 왕실의 관계는 무염화상의 경우와 비슷하다는 주장을 전개하였다. 그러다가 그는 1997년에 선승과 왕실의 관계를 직접적으로 다룬 논문을 발표하였다.[9] 이 논문에서 밝힌 것은 그가 기왕의 연구에서 주장한 내용과 거의 다르지 않다. 이렇게 보면 김두진은 이 논문에서 앞서 해왔던 자신의 주장을 확고하게 드러내고자 한 것으로 보인다. 그런데 한기문은 김두진의 주장과는 달리 고익진과 비슷한 주장을 하여 신라 왕실과 선승들의 관계를 다시금 살펴보는 계기를 마련해 주었다.[10]

이상에서 신라 하대 선승들과 왕실의 관계를 연구한 대표적인 연구자와 그들의 견해를 간략하게 살펴보았다. 이제 기왕의 견해가 가지는 문제점을 지적하지 않을 수 없다. 먼저 신라 왕실과 선승들의 관계가 밀접하였음을 지적한 고익진의 견해부터 살펴보자. 그는 신라 하대 왕실이 정계가 아닌 방계였기에 선종에 관심을 보였다고 하였는데, 이는 납득하기 어렵다. 구체적인 논증 없이 이루어졌기 때문이다. 그리고 그는 주로 왕실의 입장에서 연구를 진행하였으므로 선승들의 태도를 구체적으로 살피지 못한 한계를 가지고 있다.

다음으로 김두진의 견해, 즉 선승들이 왕실에 비협조적인 태도를 취하였다는 주장에 대하여 살펴보자. 그는 선승들이 왕실과 결연한 것은 형식적인 것이며, 결국은 지방 호족과의 관계를 더 중요시하였다고 했다. 예컨대, 혜철慧徹선사는 동리산문桐裏山門을 개창한 이후 문성왕文聖王이 나라

---

9 金杜珍, 「新羅下代 禪師들의 中央王室 및 地方豪族과의 관계」, 『韓國學論叢』 20, 1997; 앞의
   책, 2007, 157~168쪽.
10 韓基汶은 선승들과 신라 왕실의 관계를 검토하였는데, 고익진의 견해에 근접해 있다(韓基汶,
   「新羅末 禪宗 寺院의 形成과 構造」, 『韓國禪學』 2, 2001, 297~304쪽). 그는 당대의 정치과정
   과 왕권에 도전하는 세력을 제어하기 위한 정치적 기반으로, 또 근친의 왕족과 유대 관계를
   맺는 매개로써 왕실에서 선사와 선종 사원을 지원하였다고 보았다. 그리고 선종 사원과 왕실
   은 호혜적인 관계였다고 하였다.

를 다스릴 방책을 구하자 '봉사약간조封事若干條'를 올렸는데, 그것이 신라 조정에 받아들여져 정책에 반영되었는지는 불분명하다고 하였다. 그리고 혜철선사가 왕실의 부름을 받아 조정에 나간 적이 한 번도 없었음을 그 예로 들고 있다.[11] 또한 김두진은 왕명에 의하여 체징體澄선사가 이거한 가지산사(후일 보림사)와, 마찬가지로 왕명에 의하여 원랑圓朗(815~883)선사가 주석한 월광사月光寺는 실제로 그 사원들이 신라 하대에 왕실과 연결되어 있었던 것은 아니라고 단정하였다.[12] 과연 그러한지 그의 주장을 좀 더 살펴보기로 하자.

김두진은 신라 하대에 활동한 선승들 중 약 3분의 1에 해당하는 선사들이 중앙 왕실과 연고되어 있는데, 주로 문성왕 때에서부터 정강왕定康王 때까지 약 45년간에 걸쳐 집중적으로 나타나고 있음이 흥미롭다고 하였다.[13] 그러면서 그는 도의道義선사를 예로 들어, 대체로 선사들은 왕실이나 중앙 귀족에게서 크게 환영받지 못하는 존재였다가 문성왕 때에 가서야 비로소 달라졌다고 보았다.[14] 그리고 그는 문성왕 이전에 왕실과 연고가 있었을 것으로 추측되는 선승으로 혜소慧昭선사를 보았다.[15] 그런데 문성왕 이전에 이미 홍척洪陟선사가 귀국하여 지리산 실상사를 중심으로 활동하였으며, 그는 흥덕왕과 선강태자宣康太子 충공忠恭의 귀의를 받았다. 이와 관련하여 김두진은 일체의 언급을 하지 않고 있다.

다음으로 김두진은 혜소선사에 대하여 검토하면서 혜소선사가 흥덕왕의 귀의를 받았지만 왕의 청을 거절하였다고 하였다. 즉, 노악산露嶽山 장백사長柏寺에 주석하라는 왕의 청을 거절하고 오히려 걸어서 진주의 지리산으

---

11 金杜珍, 앞의 책, 2007, 151쪽.
12 金杜珍, 위의 책, 2007, 152쪽.
13 金杜珍, 같은 책, 2007, 147쪽.
14 金杜珍, 같은 책, 2007, 147쪽.
15 金杜珍, 같은 책, 2007, 147쪽.

로 들어갔다고 하였다.[16] 그렇다면 김두진의 파악이 과연 옳은 것일까.

A. (진감혜소眞鑑慧昭는) 태화太和 4년(830년) 귀국하여 대각大覺의 상승上
乘 도리로 우리나라 어진 강토를 비추었다. 흥덕대왕興德大王이 편지를 보
내 환영하고 위로하며, "도의道義선사가 전날에 이미 돌아왔고, 스님께서
이어 돌아오시니 두 보살이 되었도다. (중략) 내가 장차 동쪽 계림 땅에 상
서로운 곳을 만들겠다"라고 하였다. 비로소 상주尙州의 노악산露岳山 장
백사長栢寺에 석장을 멈추었다. 의원의 문에 병자가 많듯이 오는 자가 구
름과 같아, 방장은 비록 넓었으나 형편이 어려워 드디어 보행으로 진주의
지리산智異山에 이르니, 몇 마리의 호랑이가 포효하며 앞에서 인도하여 위
험한 곳을 피해 평탄한 길로 가게 하니, 산을 오르는 신과 다르지 않았고 따
라가는 사람도 두려워하는 바가 없이 마치 집에서 기르는 개처럼 여겼다.
곧 선무외善無畏 삼장이 영산에서 여름 결제를 할 때 맹수가 길을 인도하
여 깊은 산속의 굴에 들어가 모니牟尼의 입상을 본 것과 완연히 같은 사적
이며, 저 축담유竺曇猷가 조는 범의 머리를 두드려 경經을 듣게 한 것 또한
그것만이 승사僧史에 미담이 될 수 없다. 이리하여 화개곡의 고故 삼법화
상三法和尙이 세운 절의 남은 터에 당우堂宇를 꾸며내니 엄연히 절의 모습
을 갖추었다(崔致遠 撰, 「河東 雙谿寺 眞鑑禪師 大空靈塔碑文」, 李智冠, 『校勘譯註 歷
代高僧碑文』(新羅篇), 伽山文庫, 1994, 143~144쪽).

위 A의 기록에 따르면, 혜소선사는 상주 노악산 장백사에서 석장을 멈
추었다고 한다. 석장을 멈추었다는 것은 장백사에 주석하였다는 것으로
보아도 좋을 것이다. 위의 원문을 보아도 대개 그러한 뜻이다. 이렇게 보
면 혜소선사는 홍덕왕의 청을 받아들여 노악산 장백사에 일정 기간 동안
주석하였음을 알 수 있다.[17] 그럼에도 불구하고 김두진은 자신의 논문에서

---

16 金杜珍, 같은 책, 2007, 148쪽.
17 金楨權, 「眞鑒慧昭의 南宗禪 受容과 雙谿寺 創建」, 『湖西史學』 27, 1999, 19쪽에서도 흥덕왕
이 혜소선사를 장백사에 주석시킨 것으로 파악하였다. 그리고 金福順, 「眞鑑禪師의 생애와

이러한 사실은 인용하지 않고 마치 혜소선사가 곧바로 지리산으로 들어간 것처럼 설명하고 있다.

다음으로 혜소선사가 문성왕대에 입적하자 왕실에서는 시호諡號를 내리려다 그의 유훈[18]을 듣고 그만두었다고 한다. 그리고 헌강왕대에 와서야 비로소 진감이라는 시호와 대공영탑大空靈塔이라는 탑호塔號를 내리고 있음을 들어 김두진은, "혜소의 비가 입적할 당시에 세워지지 못했음은 아무래도 그와 왕실과의 사이가 돈독하게 결연되어 있지 않았을 것으로 추측하게 한다. 어쩌면 구실에 불과하였을지 몰라도, 그의 유훈에 따라 왕실은 그에게 시호를 내리려 하지 않았다. 바로 이러한 태도가 왕실이 혜소를 대한 진면목이었을 법하다"라고 하였다.[19] 김두진의 이러한 분석은 당시의 정치적인 상황을 고려하지 않고 비문 그대로의 사실을 전하고 있을 따름이다.

문성왕대에 혜소선사의 비가 세워지지 않은 것은 당시의 정치적인 사정과 매우 밀접한 관계가 있었다. 앞서 보았듯이 혜소선사가 왕실의 주목을 받은 것은 흥덕왕대였다. 흥덕왕대에는 흥덕왕과 그의 동생인 충공이 정치를 주도하였다. 그런데 흥덕왕 사후 김균정金均貞과 김명金明 일파가 왕위 쟁탈전을 벌였다. 김명은 김제륭金悌隆을 추대하여 희강왕僖康王으로 삼았다가 3년 뒤에는 그를 시해하고 왕위를 찬탈하여 민애왕閔哀王이 되었다. 그러다가 1년 뒤에는 김우징金祐徵이 장보고張保皐의 도움으로 왕위

불교사상에 관한 연구」,『韓國民族文化』15, 2000;『한국고대불교사 연구』, 民族社, 2002, 239~240쪽 참조. 그는 이 논문에서 "장백사는 오늘날의 상주 남장사南長寺로 왕도와 가까이 있던 왕실의 원찰로 보인다"라고 하였다.

18 대중 4년(850) 정월 9일 새벽 문인에게 고하기를 "만법이 다 공空이니 나도 장차 갈 것이다. 일심一心을 근본으로 삼아 너희들은 힘써 노력하라. 탑을 세워 형해를 갈무리하지 말고 명銘으로 자취를 기록하지도 말라"하였다. 말을 마치고는 앉아서 입적하니 금생의 나이 77세요, 법랍이 41년이었다(崔致遠 撰,「河東 雙谿寺 眞鑑禪師 大空靈塔碑文」, 李智冠,『校勘譯註 歷代高僧碑文』(新羅篇), 伽山文庫, 1994, 146쪽).

19 金杜珍, 앞의 책, 2007, 149쪽.

에 올랐고, 이어 문성왕이 즉위하였다. 그런 만큼 문성왕은 홍덕왕대에 충공의 여러 가지 지원을 받은 혜소선사를 좋게 보았을 리가 없다. 따라서 혜소선사가 열반에 들었지만 문성왕과 그를 지지하는 세력들은 혜소선사를 호의적으로 생각하지 않았을 것이다. 그렇다면 이후 헌강왕대에 와서는 어떻게 그의 시호와 탑호가 허락될 수 있었을까 하는 점이 궁금하다.

헌강왕은 경문왕景文王의 아들로서 왕위를 계승하였다. 경문왕의 아버지는 김계명金啓明이고 그의 아버지는 바로 희강왕이다. 따라서 헌강왕대에 혜소선사의 시호와 탑호가 내려진 것은 당연한 처사였다고 할 수 있을 것이다.[20] 이렇게 볼 때, 비문에 나타난 단편적인 사실을 가지고 왕실과의 관계가 소원했다고 한다면 그것은 잘못 판단한 것이라 할 수 있겠다.[21]

이제 혜철선사와 왕실의 관계에 대한 김두진의 언급을 살펴보자. "문성왕 이후에도 혜철이 조정을 도왔다는 기록은 어쩌면 형식적인 서술이었을지도 모른다. 왜냐하면 그가 구체적으로 어떻게 왕실이나 조정을 이롭게 하였는지가 구체적으로 기록되지 않았기 때문이다. 곡성의 태안사가 비록 왕실의 허락 아래 절의 사방 밖에 금살당禁殺幢을 세웠다 하더라도, 왕실

---

20 金杜珍은 "혜소는 비록 남종선풍을 도입하였지만, 엄격히 말해 능가선적인 요인을 가져서 북종선풍을 완전히 무시하지 않았다. 아마 이 점은 왕실이나 중앙 귀족의 정서에 크게 벗어나는 것이 아니다. 그의 비가 헌강왕憲康王 때에 세워지는 이유도 이런 면에서 찾아진다"라고 하였다(金杜珍, 같은 책, 2007, 149쪽의 주 78번 참조). 이는 사상적인 측면에서 설명하고 있는 것인데, 좀 더 연구해 보아야 할 것이다.

21 金杜珍은 「眞鑑禪師塔碑와 慧昭의 선종사상」, 金杜珍 외, 『금석문을 통한 신라사 연구』, 한국학중앙연구원, 2005; 「진감선사 혜소의 선종사상과 탑비의 건립」, 『신라하대 선종사상사 연구』, 일조각, 2007라는 새로운 연구 결과를 발표하였다. 여기에서 그는 기존의 견해를 좀 더 보강하였다. 먼저 혜소선사가 홍덕왕과 연결을 가졌으나 친밀한 관계를 유지하였는지는 분명하지 않다고 했다(金杜珍, 같은 책, 2007, 86쪽). 그러면서 그는 "현재 혜소의 쌍계산문을 후원한 세력이 지방 호족이었는지는 잘 알 수 없다. 혜소는 민애왕, 특히 충공계 세력의 후원을 받았음을 생각할 수 있다. 그러나 그들도 지방 호족과 크게 구별되는 정치·사회적 기반을 가진 것은 아니다"라고 하였다(金杜珍, 같은 책, 2007, 90쪽). 이렇게 보면 金杜珍은 쌍계사의 혜소선사는 끝까지 왕실과 거리가 있었음을 밝히고자 한 것이라고 하겠다. 그리고 충공계 후손들을 마치 지방 호족과 같은 성격으로 설정하고 있는데, 과연 그럴까 하는 의심도 든다.

과 연결된 것은 아닌 듯하다. 오히려 태안사는 지리적으로 조정과는 너무 멀리 떨어진 외진 곳에 위치하였다. 이런 점으로 미루어 볼 때 혜소(혜철: 필자 주)가 문성왕 이후부터 경문왕 때까지 왕실과 밀접하지 않았을 것이다. 실제 혜소(혜철: 필자 주)가 왕실의 부름을 받아 조정에 들어간 적이 한 번도 없음은 이런 추측을 보다 가능하게 한다" 라고 하였다.[22]

여기서 김두진의 논리 가운데 우선 문제가 되는 것을 들면, 바로 태안사가 신라 조정과 너무 멀리 떨어진 곳에 있다는 지적이다. 이러한 지적은 타당하지 않다. 예를 들어 성주사는 태안사보다 왕실과 더 멀리 떨어져 있었다. 변방 중의 변방인 곳에 성주사가 위치하고 있는 것이다. 따라서 이러한 설명은 혜철선사가 왕실과 밀접하지 않다는 것을 억지로 끌어내기 위한 주장에 불과하다고 하겠다. 그리고 왕실의 부름을 받아 조정에 나간 적이 한 번도 없다는 것을 예로 들고 있는데, 당시 많은 선승이 왕실에 나아가지 않고 있음을 염두에 둘 때 이것만으로는 납득하기 힘들다.

결국 이렇게 보면 김두진의 논문 가운데 수긍할 수 없는 부분이 적지 않음을 발견할 수 있다. 그리고 그는 선승들이 지방 호족들과 밀접한 관계에 있었다는 것을 강조하기 위하여 선사들의 비문에 나타난 내용을 평가 절하하는 태도를 취하고 있다. 따라서 선승들과 왕실의 관계는 좀 더 새로운 각도에서 파악해야 할 것이다.

한편 신라 왕실이 선사들과 선종 사원을 우대하였던 것이 곧 선종 불교를 새로운 사상계로 받아들이기 위한 것이 아니라, 오히려 중망 받는 선사들과 선종 사원을 이용하여 지방 세력을 회유, 포섭하고 지방에 대한 통치를 쉽게 하기 위한 하나의 사상 정책이었다고 이해한 연구도 있다.[23] 이러한 연구는 기왕의 연구에 새로운 시각을 제공해 준 것은 틀림이 없다. 그

---

22 金杜珍, 앞의 책, 2007, 150~151쪽.
23 崔仁杓, 『羅末麗初 禪宗政策 研究』, 한국학술정보, 2007, 133쪽.

렇지만 이러한 연구에서는 선승들의 태도에 대해서는 거의 언급하지 않고 있다.

이렇게 볼 때, 신라 하대 선승들과 왕실의 관계는 한 측면에서만 볼 것이 아니라 다양한 각도에서 볼 필요가 있다. 단순히 선승과 왕실이 밀접하였는가 아닌가의 여부를 따질 것이 아니라, 왕실의 입장과 선승들의 태도를 함께 살펴보아야 한다.[24] 왕실이 선승을 특정한 사찰에 주석시키거나 혹은 왕실로 불렀다면 그 의도가 무엇이고, 또 그것에 응한 선승들은 어떤 의도에서 그렇게 하였는가 하는 것을 검토해야 한다. 그리고 신라 하대라고는 하지만 흥덕왕대부터 정강왕대까지는 정치적인 변화가 매우 심한 시기였다. 따라서 그 정치적인 변동 과정에서 선승들이 어떠한 태도를 보였는가 하는 것도 비문을 통하여 구체적으로 사례 검토를 하면 더 많은 사실을 알아낼 수 있을 것이다.

3. 선승들과 왕실의 결연 의도

앞서 보았듯이, 선승들이 왕실과 결연하는 과정에 대해서 언급한 기왕의 연구들은 주로 왕실의 입장에서 검토하고 있다. 즉, 왕실에서 행한 선승과 선종산문에 대한 조치에 많은 비중을 두어 설명하고 있다. 반면 선승들의 입장에서 왕실의 요청에 응한 이유 등에 대한 검토는 그리 많지 않은 실정이다. 그리고 비문에 나타난 사실들을 다양한 각도에서 검토한 것이 아니라 각자 논지를 전개하는 데 필요한 방향에서 이용하고 있다. 따라서

---

24 曹凡煥은 무염선사와 성주산문에 대한 검토를 하는 과정에서 경문왕이 무염선사를 초치招致한 이유와 무염선사가 왕실로 간 이유에 대하여 각각 살펴보았다(曹凡煥, 『新羅禪宗研究』, 一潮閣, 2001, 115~125쪽).

기왕의 연구들은 어느 정도 한계를 가지고 있다고 할 수 있다. 이에 여기에서는 비문에 보이는 왕실과 선승들의 관계를 다섯 가지로 구분한 다음 그것을 검토하면서 좀 더 다른 시각으로 해석해 보고자 한다.

1) 선승 초빙과 왕실 방문

신라 하대 선승들 가운데 왕의 부름을 받아 왕실을 방문한 선사는 여러 명이었다.[25] 실상산문實相山門을 개창한 홍척洪陟선사와 그의 제자인 수철秀澈화상, 억성사의 이관利觀(811?~880)선사, 성주산문의 무염화상, 희양산문曦陽山門의 도헌道憲선사, 옥룡사玉龍寺의 도선道詵국사 등이다. 홍척선사는 홍덕왕과 대면하였으며 수철선사와 무염선사는 경문왕대와 헌강왕대에 각각 왕실을 방문했고, 도헌선사와 도선국사 그리고 이관선사는 헌강왕대에 왕실을 방문했다. 이렇게 보면 홍척선사를 제외하고 경문왕대와 헌강왕대에 선사들의 왕실 방문이 집중되어 있음을 알 수 있다.

그렇지만 지금까지 이러한 사실에 대하여 대체로 언급은 하였지만, 정작 선사들이 경문왕과 헌강왕대에 주로 왕실을 방문한 이유에 대해서는 연구된 것이 그리 많지 않다.[26] 이에 여기에서는 선사들이 왕의 청을 받아들여 왕실로 간 의도가 무엇인지 각각 살펴보고, 전체적인 공통점이 있으면 추출해 보도록 하겠다.

홍척선사는 830년 무렵에 신라 왕실과 연결되어 홍덕왕과 선강태자의

---

25 추만호, 『나말려초 선종사상사 연구』, 이론과 실천, 1992, 154쪽의 〈표 5〉 '9산선문 성립기 선사들의 사회관계'에 왕들과 선승들의 대면 관계를 정리해 두었다. 그 가운데에서 봉림산문의 개산조인 현욱선사는 민애왕부터 경문왕까지 대면한 것으로 표시되어 있다. 추만호는 『祖堂集』 권17 東國慧目山和尙에 "매번 왕궁에 들어오면 반드시 자리를 펴게 하여 설법을 들었다"라고 되어 있는 기록을 근거로 그렇게 파악한 것 같다. 그렇지만 이는 왕실과의 결연을 과장되게 서술한 것으로 보인다.

26 이와 관련하여 曺凡煥, 「新羅 下代 景文王의 佛敎政策」, 『新羅文化』 16, 1999, 29~44쪽을 참조할 수 있다.

부름을 받아 왕실을 방문하였다.[27] 이와 관련하여 지금까지의 연구는 홍척 선사가 왕실을 방문한 의도보다는 홍덕왕과 선강태자의 입장에서 홍척선 사를 초빙한 것에 관심을 두었다. 그래서 홍척선사에게 홍덕왕과 선강태 자가 귀의를 한 것은 선종의 혁명적인 성격에 공감을 느낀 때문이 아닌가 하는 추측을 하기도 하였다.[28] 다음으로 홍덕왕과 선강태자는 자신들이 추 진하고 있던 정치 개혁에 선종을 새로운 정치 이념으로 채택하려 했다는 것이다. 그래서 834년 내린 국왕의 교서敎書에 의복의 사치에 대한 규제 조항이 있는데, 이러한 조항도 허식을 부정하는 것으로 바로 선사상과 서 로 통하는 바가 있다고 하였다.[29] 또 다른 견해로는 홍덕왕이 화엄사상과 선사상의 융화를 꾀하는 노력을 기울였다는 것이다.[30]

이상과 같이 보면, 왕실에서 홍척선사를 초빙한 이유에 대한 해석은 여 러 각도에서 이루어졌지만, 홍척선사의 입장에서 왕의 부름에 응한 이유 에 대해서는 그럴듯한 설명이 없다. 이는 홍척선사와 관련된 기록이 거의 없기 때문일 것이다. 비록 그렇다고 하더라도 간단하게나마 살펴볼 필요 가 있지 않을까 싶다.

홍척선사는 홍덕왕이 만나자는 청을 수용하였다. 그는 왕을 만나 선종 의 큰 이치를 강조하였는데, 그것은 바로 교학의 문제점을 극복할 수 있는 방법으로 정치적인 실리가 내포된 것이라고 한다.[31] 즉, 홍척선사가 왕의 초청에 응한 것은 당시 불교계가 직면한 교학의 문제점을 선禪으로 극복 할 수 있음을 보여 주고자 한 것으로 해석된다. 왕실에서도 교학 불교의

27 崔致遠 撰, 「聞慶 鳳巖寺 智證大師 寂照塔碑文」, 李智冠, 앞의 책, 1994, 304쪽.
28 崔柄憲, 앞의 논문, 1972, 95쪽과 「禪宗 九山의 成立과 下代 佛敎」, 『한국사』 3, 탐구당, 1974, 554쪽 참조.
29 高翊晉, 앞의 책, 1989, 528쪽.
30 李基東, 「新羅 興德王代의 政治와 社會」, 『國史館論叢』 21, 1989; 『新羅社會史硏究』, 一潮閣, 1997, 179쪽.
31 高翊晉, 앞의 책, 1989, 526쪽.

문제점을 인식하고 있었던 만큼 홍척선사는 그러한 문제들을 해결할 수 있는 방법을 알리고, 더 나아가 선을 홍포하기 위하여 왕실로 발걸음을 옮긴 것으로 이해된다.

이후 홍척선사의 제자인 수철화상이 왕실에 들어가 경문왕에게 '선교동이禪敎同異'에 대하여 말하였다고 한다. 이는 실상산문의 특징을 보여 주는 것으로도 해석할 수 있다. 즉, 개창조와 그의 제자가 계속해서 왕의 부름에 응한 것이다. 이러한 사실을 두고 실상산문과 왕실이 매우 밀접하였다고 할 수 있겠지만, 그보다 중요한 것은 수철화상의 의도일 것이다. 홍척선사는 선을 홍포하기 위하여 왕실에 갔는데, 수철화상의 경우도 그와 같은 연장 선상에서 이해해도 좋을까 하는 점이다. 수철화상이 왕실에 들어가 왕에게 선과 교의 같고 다름에 대하여 설명하였다고 하는데, 결국은 선과 교의 차별성보다는 불교라는 전체적인 측면을 강조한 것으로 보면 어떨까 싶다. 이렇게 하고 돌아간 그는 헌강왕이 부르자 다시 왕실로 갔다. 두 번이나 왕실을 방문한 것인데, 아마도 경문왕대와 헌강왕대의 개혁적인 면에 공감한 바가 있었기 때문일 것이다.

다음으로 경문왕의 대면 요청을 받은 무염화상이 왕실로 간 것에 대하여 알아보자. 이러한 사실과 관련하여 무염선사가 경문왕의 부름에 응한 것은 이미 연구가 이루어져 있다.[32] 이를 간단하게 요약하면 다음과 같다. 무염화상은 경문왕의 개혁 정책에 관심을 두었다. 무염선사는 경문왕의 국정 수행 방식이 전대의 왕과는 다르다는 것을 느꼈고 그것을 통해서 선종의 전파를 꾀한 것으로 보인다. 그가 왕실로 가면서 제자들에게 불법의 홍포에 때를 놓쳐서는 안 된다고 한 것도 이와 맥을 같이하는 것으로 볼 수 있다. 그리고 무염선사는 헌강왕대에 다시 왕실을 방문하였으며, 왕이 시

---

32 曺凡煥, 앞의 책, 2001, 115~125쪽.

정에 도움이 될 만한 것을 요청하자 하상지何尚之(382~460)가 송宋 문제文帝에게 올린 상서문을 제시하기도 하였다. 결국 무염선사가 경문왕과 헌강왕의 부름에 응한 것은 두 왕의 개혁 정치에 관심을 드러낸 것이라 할 수 있을 것이다. 그리고 그것을 통한 선종의 홍포를 염두에 두었을 것이다.

한편 이관선사는 헌강왕대에 왕실을 방문하였다. 헌강왕의 초빙을 받아들인 것인데, 그가 어떤 의도를 가지고 왕실로 갔는지는 구체적으로 알 수 없다. 몇 개 남지 않은 비편으로 그의 의도를 헤아리기는 힘들다. 다만 헌강왕이 이관선사를 부른 이유를 살펴보면 그의 태도를 엿볼 수 있지 않을까 싶다. 이관선사가 왕실을 방문한 해는 헌강왕대로만 알려져 있을 뿐이어서 자세한 시기는 알 수 없다. 다만 왕실을 방문하여 강설한 후에 왕궁를 떠났으며 왕의 사자가 선사를 호위하여 바래다주었다고 한다.[33]

그런데 당시 이관선사는 선림원禪林院에 주석하고 있었다. 이는 그가 염거화상의 제자로 도의선사의 법맥을 이었음을 알려 준다.[34] 그리고 강원도 지역에서 상당한 영향력을 가지고 있던 선승이었음을 헤아릴 수 있다. 헌강왕이 그를 초빙한 이유가 바로 그것에 있었다고 할 수 있다. 즉, 그를 통하여 명주 지역의 불교 세력을 왕실로 포섭하려는 정책을 취한 것으로 파악된다. 이관선사가 왕실을 방문하기 이전에 경문왕과 헌강왕은 당시 굴산문崛山門의 개창자인 범일梵日(810~889)선사를 왕실로 초빙하였으나 범일선사가 거부하여 만나 보지 못했다. 경문왕과 헌강왕이 범일선사를 초빙한 것도 당시 명주 지역을 염두에 두었기 때문일 것이다. 그럼에도 불구하고 범일선사는 왕실의 청을 완강히 거부하였다. 사정이 이렇게 되자 헌강왕은 당시 염거화상의 제자로 도의선사의 법맥을 이은 이관선사를 초

---

33 權惠永, 「新羅 弘覺禪師碑文의 復元 試圖」, 『伽山 李智冠 스님 華甲 紀念 韓國佛敎文化思想史』(上), 가산불교문화연구원, 1992, 641쪽.
34 權惠永, 위의 논문, 1992, 641쪽.

빙하였다고 볼 수 있다. 결국 헌강왕이 그를 초빙한 것은 강원도 지역의 불교 세력을 포섭하기 위한 것으로 헤아려진다.

왕실의 의도를 헤아렸는지 어떤지는 알 수 없지만, 이관선사가 헌강왕의 요청을 받아들인 것은 도의선사의 선사상을 알릴 필요가 있었기 때문으로 생각된다. 당시 명주 지역에서 굴산문의 영향력은 매우 컸다. 그런 만큼 도의선사의 영향력은 상대적으로 작았을 것이다. 이러한 사정을 헤아리고 있던 이관선사는 왕실의 부름에 응하여 도의선사의 선사상을 세상에 알리고자 하였을 것이다. 더구나 도의선사는 신라에 남종선을 처음으로 들여온 인물이지만, 왕실의 관심과 주목을 크게 받지는 못하였다. 이에 이관선사는 도의선사의 선사상과 그의 선종계 내에서의 위치를 알리고자 하였을 것으로 보인다. 비록 장흥 보림사에서 체징선사가 도의선사의 법맥을 잇고 있으면서 가지산문의 선사상을 펴고 있기는 하였지만, 이관선사의 입장에서는 설악산문의 위치를 좀 더 확실하게 드러내고자 하는 의지의 발로였다고 해야 할 것이다.

한편 도헌선사도 헌강왕대에 왕실을 방문하였다. 그런데 그는 경문왕대의 왕실 초빙에는 거부 의사를 보였다. 그러한 태도를 가졌던 도헌선사가 왕실에 가서 헌강왕과 대면한 것인데, 이는 결국 왕실에 대한 그의 태도가 바뀌었음을 시사한다. 그러면 그가 태도를 바꾼 이유는 어디에 있었을까 궁금하다.

B. 태부대왕太傅大王은 중국의 풍속으로써 폐풍弊風을 일소하고, 넓은 지혜로써 마른 세상을 적시게 하셨다. 평소에 영육靈育의 이름을 흠앙하시고, 법심法深의 강론을 간절히 듣고자 했던 터라, 이에 계족산鷄足山에 마음을 기울이시어 학두서鶴頭書를 보내 부르시며 말씀하시기를, "밖으로 소연小緣을 보호하다가 잠깐 사이에 한 해를 넘겨 버렸으니, 안으로 대혜大慧를 닦을 수 있도록 한번 와주시기를 바랍니다" 라고 하였다. 대사는 임금의 낭

함랑函에서 "좋은 인연이 세상에 두루 미침은 (불보살이) 인간계에 섞여 모든 백성과 함께 하기 때문이다"라고 언급한 것에 감동하여, 옥을 품고 산에서 나왔다. 거마車馬가 베 날듯이 길에서 맞이하였다. 선원사禪院寺에서 휴식하게 되자, 편안히 이틀 동안을 묵게 하고는 인도하여 월지궁月池宮에서 '심心'을 질문하였다. 그때는 섬세한 조라蔦蘿에 바람이 불지 않고 온실수溫室樹에 바야흐로 밤이 될 무렵이었는데, 마침 달의 그림자가 맑은 못 가운데 똑바로 비친 것을 보고는, 대사가 고개를 숙여 유심히 살피다가 다시 하늘을 우러러보고 말하기를, "이것(월月)이 곧 이것(심心)이니 더 이상 할 말이 없습니다"라고 하였다. 임금께서 상쾌한 듯 흔연히 계합契合하고 말씀하시기를, "부처가 연꽃을 들어 뜻을 나타냈거니와, 전하는 유풍여류遺風餘流가 진실로 이에 합치되는구려!"라고 하였다. 드디어 제배除拜하여 망언사忘言師로 삼았다(崔致遠 撰, 「聞慶 鳳巖寺 智證大師 寂照塔碑文」, 李智冠, 앞의 책, 1994, 324~325쪽).

위 B의 기록을 보면, 도헌선사는 헌강왕의 부름에 기꺼이 응하고 있음을 알 수 있다. 그가 왕의 요청에 응한 것은 헌강왕의 적극적인 요청이 있었기 때문이라고 생각할 수 있지만, 왕실에 들어가 헌강왕과 나눈 이야기를 통하여 좀 더 잘 알 수 있을 것이다. 즉, 도헌선사는 달을 보고서 그것이 곧 마음이라 하였으며 헌강왕도 그가 말한 뜻을 이해하였다고 한다. 두 사람의 대화가 매우 추상적이어서 한마디로 무엇이라고 할 수는 없지만, 도헌선사는 있는 그대로의 것을 중시하라고 말한 것 같다. 즉, 당시 헌강왕대의 정치적인 문제뿐만 아니라 여러 가지 문제를 순리대로 해결하라는 의미였을 것이다. 도헌선사는 경문왕대의 정치적인 문제나 선종 불교계에 대한 왕실의 태도를 지켜보았을 것이다. 그러한 과정에서 헌강왕이 부르자 대면을 한 것인데, 아마도 경문왕대부터 시작된 일련의 정책이 헌강왕대까지 이어지자 자신의 위상과 불법의 홍포를 위하여 태도를 바꾼 것이 아닌가 생각된다.

이상에서 보면, 홍척선사를 제외하고는 경문왕과 헌강왕대에 선사들이 집중적으로 왕실을 방문하고 있다. 이는 당시 선승들이 경문왕계의 왕실에 어떤 기대를 가지고 있었던 것은 아니었을까 하는 생각을 하게 한다. 그것을 공통적으로 추출해 보면, 물론 불법의 홍포가 주된 목적이었음을 알 수 있다. 그리고 이들은 계속해서 왕실에 머문 것이 아니라 곧바로 왕실을 떠나 주석처에 이르고 있다. 이러한 사실은 선승들이 왕실에 대하여 탄력적인 대응을 하였음을 보여 준다. 따라서 기왕의 연구에서 밝힌 것처럼 선승들이 왕실과 밀접한 관계를 가졌다고 하거나 왕실과 마지못해 결연을 했다고 하는 것은 지양되어야 하지 않을까 싶다.

2) 봉사 요청과 제출

신라 하대 선승들 가운데 혜철선사는 왕의 요청에 응하여 약간의 봉사封事를 올렸다.[35] 이러한 사실과 관련하여 연구자들은 혜철선사와 왕실의 친소親疎 관계를 설명하고 있다. 그렇지만 이에 대한 구체적인 분석은 이루어지지 않고 있다. 물론 봉사의 내용이 무엇인지를 알지 못하는 상황에서 자세한 분석을 이끌어낼 수는 없을 것이다. 그렇더라도 이러한 일이 이루어지게 되는 상황에 대해서는 어느 정도 검토가 가능하지 않을까 싶다. 이를 알기 위하여 먼저 혜철선사의 귀국 이후의 활동을 살펴보기로 하자.

혜철선사는 839년에 귀국한 이후 무주 쌍봉사에 머물렀다. 그는 그곳에서 이적을 보여 많은 사람의 관심을 받았다.[36] 그러다가 장보고가 염장閻長

---

35 崔賀 撰,「谷城 太安寺 寂忍禪師 照輪淸淨塔碑文」, 李智冠, 앞의 책, 1994, 90쪽.

36 쌍봉사에 머무는 중 여름 동안 비가 오지 않자 주사州司가 찾아와 비를 내리게 해달라고 요청하였다. 이에 그가 향을 사르고 기도하자 비가 내려 가뭄을 해소하였다고 한다(崔賀 撰, 같은 비문, 李智冠, 같은 책, 1994, 87쪽). 『三國史記』 권11, 문성왕文聖王 2년 여름 4월부터 6월까지 비가 내리지 않았다고 한 것을 보면 혜철선사가 기도한 것은 이 시기에 해당한다고 할 수 있다.

에 의하여 피살된 이후 태안사로 자리를 옮겼다. 혜철선사는 쌍봉사에서 활동할 때 장보고의 지원을 받았을 것으로 헤아려진다.[37] 그러던 가운데 장보고가 죽고 청해진이 염장의 휘하에 들어가자 그는 여러 가지 사정을 고려하여 태안사로 이거한 것으로 판단된다. 태안사에 머무는 동안 문성왕이 국가의 요체가 될 만한 것을 말하라고 하자 혜철선사는 약간의 봉사를 올렸으며, 그 내용은 당시 정치에 급하게 적용해야 할 일이었다고 한다.

혜철선사가 왕에게 봉사를 올린 것을 들어 시대감각이 뛰어난 인물로 생각할 수도 있지만,[38] 그보다는 당시 직면한 문제에 대한 해결책을 제시한 것으로 파악된다. 아마도 그 내용은 장보고의 죽음 이후 무진주 지역의 동향과 불만 세력들을 어떻게 회유할 것인가 하는 것이 전체적인 요지가 아니었을까 싶다.[39] 이렇게 보면, 문성왕이 혜철선사에게 봉사를 요청한 것은 비록 혜철선사가 쌍봉사를 떠나 태안사로 이거하였지만 무진주 지역에서 가지고 있던 그의 영향력을 염두에 둔 것이라고 할 수 있다. 그리고 혜철선사가 올린 봉사의 내용은 왕실의 무진주 지역 통치에 대한 대안책이었을 것이다. 따라서 문성왕과 혜철선사는 서로의 문제를 해결하기 위하여 의견을 교환한 것으로 보인다.

다음으로 헌강왕은 당대 지식인들에게 정치의 득실이 될 만한 것을 자문하였는데, 앞에서 보았듯이 무염선사도 그에 답하여 하상지가 송 문제에게 바친 말로써 대답하였다고 한다. 이는 '오계십선五戒十善'을 통한 통

---

37 曺凡煥,「新羅下代 武珍州地域 佛敎界의 動向과 雙峰寺」,『新羅史學報』 2, 2004, 195쪽 및 본서 제2편 제1장 참조.

38 秋萬鎬,「羅末麗初의 桐裏山門」, 김지견,『道詵硏究』, 민족사, 1999, 257쪽.

39 李敬馥은 혜철선사가 문성왕에게 올린 封事若干條의 내용을 장보고張保皐와 관련된 것으로 보았다. 그는 혜철선사가 장보고를 제거하는 데 일정한 역할을 하였을 것으로 판단하였으며 문성왕에게 올린 봉사의 내용도 이와 관련된 것으로 파악하였다. 그가 그렇게 파악한 이유는 봉사를 올린 얼마 후 태안사에 금살당이 정해지는 것을 염두에 두었기 때문이다(李敬馥,「新羅末·高麗初 大安寺의 田莊과 그 經營」,『梨花史學硏究』 30, 2003, 125쪽).

치로 태평성대에 이를 수 있었듯이 헌강왕대에 이러한 통치가 필요함을 역설한 것으로 보인다.[40]

결국 신라 왕실에서 선승들에게 정치의 요체가 될 수 있거나 혹은 시무와 관련된 방책을 요구한 것은 이들이 당대 지식인들이었으며, 이들을 통하여 당시의 정치적인 난제를 해결할 수 있는 방안을 찾고자 하였기 때문으로 볼 수 있다. 그리고 승려들이 이러한 왕실의 요구에 응한 것은 적어도 당시 왕실의 개혁 의지가 살아 있다는 것을 알고 있었기 때문일 것이다. 그리고 그들은 왕실의 개혁 노력에 적극 참여함으로써 당시의 변화 움직임에 박차를 가하는 데 일조하고자 했던 것으로 파악된다.

3) 왕실의 주석처 선정과 선사의 주석

신라 하대 왕실에서는 몇몇 선승에게 머물 수 있는 거처를 정해 주었다. 앞서 살펴본 혜소선사가 바로 이에 해당한다. 또한 헌안왕대의 체징선사와 경문왕대의 무염선사, 도윤道允선사, 현욱玄昱선사 그리고 헌강왕대의 절중折中선사도 떠올릴 수 있다. 여기서는 우선 체징선사부터 살펴보기로 하자.

헌안왕은 체징선사에게 가지산사로 이거하여 머물러 주도록 요청하였다. 보림사 보조선사 비문에 따르면, 헌안왕은 동왕 3년(859) 10월에 도속사道俗使인 영암군의 승정 연훈連訓법사와 왕의 교지를 받든 풍선馮瑄 등을 체징선사에게 보내어 가지산사로 이거토록 청하였다.[41] 체징선사는 헌

---

40 曺凡煥, 앞의 책, 2001, 73쪽.
41 보조선사 비문에는 '又遣道俗使 靈巖郡僧正連訓法師 奉宸馮瑄等 宣諭 綸旨 請移居迦智山寺'라고 되어 있는데, 이 가운데서 '奉宸馮瑄'에 대한 해석이 문제가 된다. 김남윤은 봉신과 풍선을 각각의 인명으로 보고 있다(韓國古代社會研究所, 『譯註 韓國古代金石文』 제3권, 駕洛國史蹟開發研究院, 1992, 58쪽). 그러나 李智冠은 앞의 책, 1994, 109쪽에서 '교지를 받은 풍선'으로 해석하고 있다. 필자는 후자의 해석이 보다 타당하다고 생각하여 그것을 따른다.

안왕의 이러한 청을 받아들여 가지산사로 옮겨 주석하였다. 그러면 헌안왕이 만나자는 요청에 처음에는 거부의 뜻을 보이던 체징선사가 가지산사, 즉 보림사로 이거하여 주석한 이유는 무엇인지 궁금해진다.

이상의 문제를 해결하기 위해서는 먼저 보림사에 대하여 검토해 볼 필요가 있다. 체징선사가 왕의 요청으로 주석하게 된 보림사는 원표대덕元表大德이 창건하고 머물렀던 화엄종 사찰이다. 원표대덕은 경덕왕대景德王代 화엄종 승려로 법력으로써 왕정에 협력하였다고 한다.[42] 그리고 가지산사에는 경덕왕景德王 18년(759)에 동왕의 명으로 세워진 장생표長生標가 있었다. 이것은 가지산사에 대한 면세免稅 및 면역免役의 특권을 인정해 주는 징표로 해석되고 있다.[43] 이러한 면세 및 면역의 특권은 헌강왕 10년(884)까지 지속되었다고 한다.

이상에서 보면, 체징선사가 왕의 명령으로 이거한 보림사는 당시 화엄종 사찰이었다. 그럼에도 불구하고 체징선사가 왕의 뜻에 따라 보림사로 이거한 것이 관심을 끈다. 체징선사가 보림사가 화엄종 사찰이라는 것을 알고서도 그곳으로 간 이유를 파악하기 위해서는 원표 이후 보림사와 신라 왕실의 관계에 대해서 좀 더 살펴볼 필요가 있다.

경덕왕의 한화정책漢化政策에 원표의 역할이 컸다는 것은 이미 위에서 언급하였는데, 법력으로써 왕정에 협력하였다고 한 것이 바로 그것을 알려 준다. 경덕왕 사후 신라 왕실은 정치적인 혼란에 빠져들기는 하였지만 보림사는 그 위상을 계속해서 이어 가고 있었다. 그러한 가운데 당나라에서 공부한 선승들이 귀국하면서 무진주 지역은 남종선을 익히고 돌아온 선승들이 주도하게 되었다.

---

42 원표元表에 대해서는 呂聖九, 「元表의 生涯와 天冠菩薩信仰硏究」, 『國史館論叢』 48, 1993을 참조.
43 李啓杓, 「新羅下代의 迦智山門」, 『全南史學』 7, 1993, 283쪽.

사정이 이렇게 되자 신라 왕실에서는 보림사를 화엄종 사찰로 계속해서 둘 이유가 없었을 것이다. 그보다는 영향력 있는 선승을 보림사에 보내는 것이 왕실로서도 유리하다는 판단을 하였을 수 있다. 왜냐하면 왕실의 입장에서는 지방 사회에서 영향력 있는 선승을 특정 사찰에 보내어 선사와 사원에 대한 통제를 확고히 하는 것이 보다 나았을 것이기 때문이다.[44]

이상과 같은 해석을 통하여 보면 체징선사가 보림사에 간 이유에 대해서도 쉽게 알 수 있을 것이다. 우선 그는 황학난야에 머물면서 보림사에 대한 사정, 즉 보림사의 위상과 화엄승들의 활동 등 여러 가지 사항에 대하여 비교적 상세하게 알고 있었으리라 짐작된다. 이미 언급하였듯이, 보림사는 화엄종 사찰로서 영향력을 발휘하고 있었기 때문에 체징선사는 그러한 사실을 누구보다도 잘 간파하고 있었을 것이다.

다음으로, 체징선사는 선승이 화엄종 사찰에 주석할 경우 화엄 승려들과의 관계도 예상하였을 것이다. 이와 관련하여 생각해 볼 점은, 화엄종과 선종의 사상적 유사성은 화엄종에서 선종으로의 전향을 더욱 촉진시키고 있었다는 점이다. 언설言說과 초언설超言說에 차이는 있지만, 화엄종과 선종은 일체개진의 입장에서 모든 존재의 본래성불을 이야기하는 공통의 입장을 가지고 있었으므로, 화엄교학을 공부한 승려들이 선종의 사상을 어렵지 않게 받아들일 수 있었던 것이다.[45] 당연히 체징선사는 화엄종 사찰에 가더라도 화엄을 배운 승려들을 선종으로 이끄는 것이 그렇게 어렵지만은 않다는 것을 헤아리고 있었을 것이다.

또한 체징선사가 머물고 있던 황학난야는 선종 사찰이기는 해도 그가 주도하거나 종신토록 지낼 수 있는 곳은 아니었을 것이다. 왜냐하면 이미 황학난야를 책임진 승려가 있었을 것이고, 체징선사는 단지 그곳에 머물

44 崔仁杓,「新羅末 高麗初 禪宗佛敎 統制」,『加羅文化』13, 1996, 151쪽.
45 高翊晋, 앞의 책, 1989, 511쪽.

면서 그의 사상을 펴는 것에 주력하였을 것이기 때문이다. 이런 사정을 감안한다면 체징선사는 자신의 선사상을 제대로 펼칠 수 있는 곳과 종신토록 지낼 수 있는 곳이 필요하였을 것이다. 더 나아가 체징선사가 보림사에 이거하기로 결정한 데에는 아마도 보림사의 경제적인 측면과도 밀접한 관계가 있었을 것이다. 황학난야의 경우 단월이 누구이며 경제적인 기반이 어떻게 되었는지는 전혀 알려져 있지 않다. 그러나 보림사의 경우 앞서도 보았듯이 면세와 면역의 혜택을 받고 있었다. 결국 체징선사는 마지막으로 주석할 수 있는 주석처를 정함과 아울러 가지산문의 발전을 위해서 가지산사로 이거하였다고 할 수 있다.

다음으로 경문왕은 왕실에 도착한 무염선사에게 상주의 심묘사深妙寺를 정해 주고 그곳에 머무르게 하였다. 경문왕은 무염선사가 성주사로 돌아가고자 하는 것을 만류하고 경주와 가까운 곳인 상주 심묘사를 정하여 그곳에 주석하도록 한 것이다. 이는 상주 지역의 반정부적인 기운을 무염선사를 통하여 완화시키고자 하는 의도였던 것으로 보인다.[46] 그렇게 생각하는 이유는 후일 헌강왕이 심묘사에 무염선사를 위한 비를 세웠는데, 그 내용 가운데 "세속을 진정시키고 마구니를 항복시킨 위력"에 대하여 서술하고 있기 때문이다. 물론 헌강왕이 무염선사의 활동을 과장되게 표현하였을 수도 있지만, 상주 지역에서 무염선사의 활동이 적지 않았음을 추측할 수 있다. 그렇다면 무염선사가 왕의 요청에 응하여 심묘사에 갔던 이유도 함께 살펴보아야 할 것이다.

무염화상이 심묘사로 간 이유를 알려 줄 만한 기록이 없어 구체적인 것을 헤아리기는 어렵지만, 이것을 경문왕의 억류 조치로는[47] 볼 수 없을 것

---

46 曺凡煥, 앞의 책, 2001, 123쪽.
47 추만호는 무염화상이 경문왕의 일방적인 정치적 압력을 받아 서울로 왔으며, 심묘사에 머무르게 된 것도 경문왕의 억류 조치로 보았다(추만호, 「羅末 禪師들과 社會諸勢力과의 관계」, 『史叢』 30, 1986, 6쪽).

같다. 무염화상은 왕의 요청을 받아들인 것인데, 그가 그렇게 한 데에는 여러 가지 이유가 있었을 것이다. 우선은 그가 경문왕에 의하여 국사에 임명되었다는 사실을 떠올려 볼 수 있다. 국사의 역할이 무엇이고 어떤 권한을 가지고 있었는지는 자세하게 알 수 없지만, 상주로 내려간 것은 그에게 주어진 역할을 수행하기 위한 것이 아니었을까 하는 생각에 이른다. 둘째로는 상주 지역이 교통상의 요지였다는 점이다. 교통상의 요지는 많은 소식이 전해지는 곳이고 새로운 사상이 전파되기 쉬운 이점이 있는 곳이라 할 수 있다. 따라서 무염선사는 심묘사에 머물면서 자신의 선사상을 전하고자 했던 것일 수도 있다. 이렇게 보면, 무염선사가 왕의 요청을 받아들인 것은 왕의 강제력이 아니었다. 또한 왕실과 밀접한 관계에 있었기 때문도 아니었다. 국사에 임명되어 그 직책을 수행하기 위한, 그리고 선종을 널리 전파하기 위한 의도에서 그렇게 한 것으로 파악해 볼 수 있다.

한편 경문왕은 철감선사 도윤을 쌍봉사에 주석케 하였다. 도윤선사는 825년 입당하여 남전南泉선사 보원普願(748~834)에게서 법을 받았으며, 선사가 열반에 든 이후에도 약 13년 동안 당나라에 머물러 있다가 847년 귀국하였다. 당나라의 폐불 사태로 인하여 외국 승려들이 추방당하던 상황에서도 한동안 그곳에 더 머물러 있었다는 사실은 그가 대단한 의지를 가진 인물이었다는 것을 말해 준다. 도윤선사는 귀국하여 금강산 장담사長潭寺에 주석하다가 경문왕이 귀의하여 받들 무렵에는 쌍봉사로 이거하였던 것 같다.[48] 그렇다면 이제 도윤선사가 경문왕의 요청을 받아들여 쌍봉사로 이거한 이유를 살펴보자.

아마 도윤선사에게도 마지막으로 주석할 수 있는 곳이 필요하였을 것이다. 그리고 그가 당나라에서 귀국할 때 나주의 회진항으로 귀국하였다면

---

48 李炳熙,「雙峯寺의 연혁」,『雙峰寺』, 木浦大學校 博物館 學術叢書 第三十八册, 1996, 14쪽 및 曹凡煥,『羅末麗初 禪宗山門 開創 硏究』, 景仁文化社, 2008, 168쪽.

그때 쌍봉사나 실상사에 들렀을 수도 있다.[49] 즉, 도윤선사는 쌍봉사나 실상산문과는 이미 인연이 있었을 것이다. 게다가 쌍봉사가 승주 지역의 박씨 세력을 단월로 하여 성장하였다고 볼 때, 속성이 박씨인 도윤선사가 쌍봉사와 연결되어 있었을 가능성도 있다.[50]

이제 헌강왕이 절중선사를 곡산사谷山寺에 주석케 한 이유와 절중선사가 그것을 수용한 이유에 대하여 살펴보자. 헌강왕은 절중선사가 주석처 없이 떠돌아다닌다는 소식을 듣고 곡산사에 주석케 하였다. 절중선사가 헌강왕의 뜻을 받아들인 이유는 헌강왕의 개혁 정치에 기대를 걸었기 때문이라고 한다.[51] 그런데 절중선사는 얼마 후 곡산사를 떠났다. 그 구체적인 이유를 헤아리기는 쉽지 않으나, 적어도 신라 왕실과 일정한 거리를 유지하고자 하였기 때문일 것이다.

이렇게 보면, 신라 하대 선승들 가운데 적잖은 수가 왕실이 정해 준 곳에 머물거나 혹은 머문 이후 그곳을 떠난 것은 왕실과 탄력적인 관계를 유지하였기 때문으로 볼 수 있다. 왕실과 아주 밀접한 것도 아니고 그렇다고 왕실과 소원한 관계를 유지한 것도 아니었다. 결국 당시의 정치적인 사정과 불교계의 동향 등 여러 측면이 작용한 결과로 보아야 하지 않을까 싶다.

4) 국사 임명과 활동

신라 하대 선승들 가운데 왕실에서 국사로 삼은 선승이 여럿 보인다.[52]

---

49 崔完秀도 도윤선사가 회진항이나 영암 나루터로 귀국하였다면 쌍봉사에 머물렀을 가능성이 크다고 했다(崔完秀,「雙峯寺」,『名刹巡禮』 3, 대원사, 1994, 38쪽).

50 이와 관련해서는 본서 제2편 제1장 참조.

51 朴貞柱,「新羅末·高麗初 師子山門과 政治勢力」,『震檀學報』 77, 1994, 14쪽.

52 무염선사 이전에는 화엄종 승려가 국사가 되었다. 그러나 무염선사가 국사에 임명된 이후 수철秀徹·행적行寂·심희審希·개청開清 등 선종 승려들이 국사에 임명되었다. 따라서 무염선사가 선승으로 국사에 임명되었다는 것은 당시 불교계의 상황에서 보았을 때 매우 상징성 있는 일이었다고 할 수 있다.

이와 관련하여 기왕의 연구 가운데 『조당집祖堂集』의 기록을 들어 현욱선사나 범일선사도 국사에 보임되었을 가능성을 시사한 것도 있다.[53] 그렇지만 이들이 국사로 임명되었는지는 잘 알 수 없다. 기록에 따르면 현욱선사는 사자의 예를 받았다고 되어 있는데,[54] 이것을 가지고 그를 국사로 삼았다고 해석하는 것은 납득하기 어렵다. 그리고 범일선사는 왕실에서 국사로 삼고자 하였지만 본인이 거절하였다. 따라서 현욱선사나 범일선사는 실제 국사직을 수행하지는 않았던 것으로 보인다. 이렇게 보면 선승들 가운데 최초로 국사에 임명된 것은 무염선사라고 할 수 있다.

그런데 중요한 사실은 무염화상 이전에 국사에 임명된 승려들은 모두 화엄종 승려였다는 점이다. 그런 상황에서 갑자기 선승이 국사에 임명되었다는 것은 매우 주목할 만한 일이라 할 수 있다. 이는 왕실의 의도가 극명하게 드러난 것으로, 국왕이 선승에게 국사 자리를 제수한 것은 선종 세력을 포섭하려 한 때문으로 설명되고 있다.[55] 이제 무염화상이 국사직을 받아들인 이유에 대하여 살펴보기로 하자.

우선 무염선사는 경문왕대의 정치 상황을 자세하게 파악하고 있었던 것으로 헤아려진다. 문성왕대나 헌안왕대와는 달리 경문왕대는 왕실의 권위가 높아진 시기였다. 왕권에 대한 반발도 만만치 않아 여러 차례 반란이 있었지만 경문왕은 거의 해결하였다. 따라서 무염선사가 경문왕의 부름에 응한 것은 왕의 권위를 인정한 것이나 다름이 없다. 비록 범일선사와 같이 끝까지 왕의 부름에 응하지 않은 선승도 있기는 하였지만, 무염선사는 범일선사와는 다른 선택을 했다. 경문왕이 앞의 두 왕과는 다른 정치를 한다는 것을 알고 있었던 것이다. 특히 경문왕은 당나라의 제도를 적극적으로

---

53 許興植, 「國師·王師制度와 그 機能」, 『高麗佛教史研究』, 一潮閣, 1986, 395쪽.
54 『祖堂集』 권17 東國慧目山和尙 참조.
55 韓基汶, 『高麗 寺院의 構造와 機能』, 民族社, 1998, 105쪽.

받아들이고 개혁 정치를 하기 위하여 노력하였다.[56] 경문왕의 이러한 개혁 정치를 주도한 인물들은 육두품의 지식층이었다. 따라서 무염선사에게는 경문왕의 국정 운영이 새롭게 보였을 것이다. 이에 무염선사는 비록 국사 직이 실권이 없는 것이라고 하더라도 그것을 받아들인 것으로 생각된다.

그리고 여기에는 남종선을 적극적으로 전파하기 위한 무염선사의 노력 도 내재되어 있었을 것이다. 무염선사가 왕실로 가면서 제자들에게 한 말 은 이를 뒷받침한다. 즉, "도道가 장차 행해지려 하는데 때를 잃을 수 없으 니 (부처님의) 부촉을 생각하기 때문에 내 가리"라고 하였던 것이다. 이는 당시 선종 불교를 널리 펴고자 하는 의도에서 비롯된 것이라 할 수 있다. 무염선사가 왕실을 방문하여 왕을 만나고 국사직을 수락한 것도 이와 다 르지 않을 것이다.

5) 시호와 탑명 요청과 허락

이제 앞에서 언급한 경우와는 달리 선승들이 왕실에 시호와 탑비를 요 청하는 경우에 대하여 살펴보기로 하자. 이는 왕실의 입장에서 선승들을 대하는 태도와는 다른 경우를 보여 주는 것이다. 이와 관련하여 다음의 기 록들이 주목된다.

C-1. 이로부터 2년이 지나서 돌을 다듬어 여러 층 되는 (스님의) 부도浮圖를 만들었는데 이 말이 서울에까지 들리게 되었다. 보살계菩薩戒를 받은, (스 님의) 제자이면서 무주 도독武州都督으로 소판蘇判인 (김金)일鎰과 집사 시랑執事侍郎인 (김金)관유寬柔, 패강진 도호浿江鎭都護인 (김金)함웅咸 雄, 전주 별가全州別駕인 (김金)영웅英雄 등은 모두 왕족으로 임금님의 덕 을 훌륭히 보필하면서 어려운 일이 있을 때에는 스님의 은혜를 입곤 하여 서 비록 출가出家는 하지 않았지만 가까운 제자가 되기에 부족함이 없었

---

56 李基東, 『新羅骨品制社會와 花郎徒』, 一潮閣, 1984, 174쪽.

다. 그러므로 마침내 (스님의) 문인門人인 소현대덕昭玄大德 석통현釋通 賢, 사천왕사四天王寺 상좌上座 석신부釋愼符 등과 함께 의논하기를 "스 님이 돌아가셔서 임금께서도 슬퍼하셨는데 어찌 우리는 풀이 죽은 채 아무 말 없이 스승에 대한 의리를 빠뜨릴 수 있겠는가?"라고 하였다. 그리하여 승僧·속俗이 함께 (대사에게) 시호를 내려 줄 것과 탑의 명銘을 지어 줄 것 을 (왕에게) 청하였다. 이에 왕께서는 옳다고 여기시고, 곧 왕족인 병부시 랑兵部侍郎인 (김金)우규禹珪를 시켜 중국에서 사신으로 온 시어사侍御使 최치원崔致遠을 부르셨다. (중략) "생각컨대 큰일을 한 사람에게는 큰 이 름을 주어야 하므로 시호를 '대낭혜大朗慧', 탑의 이름을 '백월보광白月葆 光'이라고 하노라. (중략) 그대는 힘써 행하라"라고 말씀하면서 크기가 방 망이만 한 두루마리를 하나 꺼내어 내시로 하여금 전해 주었는데, 곧 (대사 의) 문하 제자들이 올린 (대사의) 행장行狀이었다(崔致遠 撰,「藍浦 聖住寺 朗 慧和尙 白月葆光塔碑文」, 李智冠, 앞의 책, 1994, 169~171쪽).

C-2. 태부왕太傅王께서 의원을 보내 문병하시고 파발마를 내려 재齋를 지내 도록 하셨다. 중정中正·공평公平하게 정무를 보시느라 여가가 없으시면 서도 능히 시종 한결같으셨으니, 보살계를 받은 불자요 건공향建功鄕의 수 령인 김입언金立言에게 특별히 명하여, 외로운 여러 제자를 위로하게 하고 '지증선사智證禪師'라는 시호와 '적조寂照'라는 탑호를 내리셨다. 이어 비석 세우는 것을 허락하시고, 대사의 행장을 적어 아뢰라 하시니, 문인인 성견性蠲·민휴敏休·양부楊孚·계휘繼徽 등은 모두 글재주가 있는 사람들 인지라, 묵은 행적을 거두어 바쳤다(崔致遠 撰,「聞慶 鳳巖寺 智證大師 寂照塔碑 文」, 李智冠, 같은 책, 1994, 333쪽).

C-3. 중화 3년(883) 봄 3월 15일 문인 의차義車 등이 행장을 모아 엮어서 멀 리 왕궁에 나아가 비명을 세워 불도佛道를 빛낼 것을 청하였다. 성상께서 는 진종의 이치를 흠모하고 스승을 높이는 마음을 가긍히 여겨, 담당 관사 에 교를 내려 시호를 보조普照, 탑호를 창성彰聖, 절 이름을 보림寶林이라 고 정하여 그 선종을 포상하기를 예禮로써 하였다. 다음 날 또 미천한 신에 게 조를 내려 비찬碑讚을 지어 후세 사람들에게 전하여 알리게 하시니, 신 은 황공하옵게도 명을 받들어 사실대로 기록하여 사詞를 지었다(金穎 撰, 「長興 寶林寺 普照禪師 彰聖塔碑文」, 李智冠, 같은 책, 1994, 111쪽).

C-4. 제자들은 언덕이 바뀌고 골짜기가 변하며 하늘이 없어지고 바다가 땅으로 변할 때가 되면 스승이 불법을 전하여 준 은혜를 잊게 될까 염려하여, 우러러 추모하는 뜻을 나타내고자 행장行狀을 모으고 △△△ 큰 비碑를 세워 성대聖代를 빛낼 것을 청했다(金穎 撰,「忠州 月光寺 圓朗禪師 大寶禪光塔碑文」, 李智冠, 같은 책, 1994, 226쪽).

위 C의 기록들을 보면, 선승들의 탑비와 부도를 세우는 과정에 대하여 설명되어 있다. 우선 C-1의 기록은 무염선사와 관련한 것이다. 무염선사가 열반에 들자 그의 제자들은 당시 정치적 유력자들을 동원하여 부도뿐만 아니라 무염화상비까지도 세울 수 있도록 하였다. C-2의 기록은 도헌선사가 열반에 든 이후 제자들이 왕실에 비를 세울 것을 청하여 허락받은 것이다. C-3에서는 체징선사의 제자들이 그를 위하여 비문 세우기를 원하자 왕실에서 허락한 것으로 되어 있다. C-4는 원랑선사와 관련된 것으로 비를 세우게 된 과정이 간단하게 언급되어 있다.

이렇게 보면, 한 산문의 개창조나 혹은 그곳을 이끌어 나가던 중요한 인물이 열반에 들면 그의 제자들이 스승과 관련된 행장을 모아 왕실에 바치고 비를 세워 줄 것을 청하였다. 탑비의 건립 과정에서 왕의 허락을 필요로 하는 것은 시호와 탑명을 받기 위해서이다. 그리고 시호와 탑명을 받는 것은 어디까지나 국가 권력과 친밀한 관계를 유지하였던 승려에게만 한정된 특혜였다고 한다.[57]

그런데 탑비의 건립에는 막대한 예산이 소요되어 사원 자체의 노동력과 경제력만으로 부담하기에는 어려움이 따랐다. 그러므로 선사의 비를 건립하면서 국가의 허락을 받도록 한 것은 막대한 비용과 노동력이 소요되는 탑비의 건립을 규제하기 위함이었다고 한다.[58] 이러한 해석도 일리는 있지

---

57 이현숙,「나말려초 선사비문의 성격」, 한국역사연구회 2004년 12월 18일 발표 요지문 참조.

만, 보다 중요한 것은 왕실에서 탑비를 세우게 허락함으로써 특정한 선승이 열반에 들었다고 하더라도 그 선승의 제자 등과 계속되는 유대 관계를 가지기 위함이었다고도 볼 수 있다. 그렇다면 선승들이 왕실에 이렇게 탑비의 건립을 요청한 것은 어떤 이유 때문이었을까 궁금하다.

왕이 내려 주는 시호와 탑명을 받는다는 것은 그 사원이 왕실에서 정통성을 인정받았다는 것으로 해석해도 좋을 것이다. 또한 돌아간 승려의 영예를 높여 줌과 동시에 사격寺格을 높이고 경제적인 지원과 노동력을 제공받기 위한 것이었다고도 할 수 있다. 결국 왕실과 선승들은 서로의 의도한 바를 달성하기 위하여 노력하였다고 볼 수 있는 것이다. 또한 당시 선사들은 왕실로부터 부처와 동격의 대우를 받기도 하였다.[59] 이러한 선종 승려의 위상으로 인하여 부처의 사리를 수호하던 신장상神將像이 선사의 묘탑인 승탑에 등장할 수 있었다고 추측된다. 또한 여기에는 선사의 위치를 부처의 격으로 높이고자 하는 의미도 들어 있었다고 생각된다.[60] 결국 선승들의 위상을 높이고 더 나아가 그가 주석하던 사찰의 위상도 높이려는 의도에서 승탑이 제작되었다고 할 수 있을 것이다. 이것은 왕실과 긴밀한 관계 없이는 이루어질 수 없는 것이었다고 해도 좋을 것이다.

더 나아가 중요한 사실은 탑비와 시호를 받는 것 등을 선승들이 왕실에 요청하고 있다는 점이다. 대개는 왕실에서 선승들을 포섭하기 위한 방책으로 주석처를 정해 주거나 혹은 국사로 삼았지만, 이것은 앞의 예와는 매

---

58 崔仁杓, 앞의 논문, 1996, 139쪽.

59 예컨대, 무염선사가 왕실에 도착하자 경문왕은 면복 차림으로 절하고 스승으로 삼았으며, 왕비 및 세자, 위홍 등 여러 사람이 둘러싸고 어우르는 것이 하나같이 옛 사찰의 벽에 西方의 여러 國長들이 부처님을 모신 모습을 그려 수놓은 것같이 하였다고 한다(崔致遠 撰, 「藍浦 聖住寺 朗慧和尙 白月葆光塔碑文」, 李智冠, 앞의 책, 1994, 192쪽).

60 강삼혜, 「나말려초 승탑 탑신 神將像 연구」, 제48회 전국역사학대회 발표 요지문, 399쪽. 그는 이 논문에서 9세기 선종 미술을 왕실 계통의 작품으로 보았으며, 중앙의 미술이 지방으로 확산되었음을 여러 승탑에 나타난 신장상을 통하여 알아보고 있다.

우 다른 것이다. 따라서 이러한 사실로 미루어 보면, 선승과 왕실은 서로 호혜적인 관계에 있었다고 하는 것이 보다 옳을 것이다.

4. 맺음말

신라 하대 선승들과 왕실은 불가분의 관계에 있었다고 할 수 있다. 여기서 불가분의 관계에 있었다고 하는 것은 둘의 관계가 밀접하였다고 하는 것이 아니라 서로가 서로에게 필요하였다는 것을 의미한다. 당시 왕실은 여러 가지 의도를 가지고 선승들을 대하였다. 선종 불교가 들어온 직후에는 선승들을 지원하여 교학 불교 세력을 견제하려고 하였으며, 선종이 점차 세력을 확대하자 포섭하고 통제하려는 의도에서 선승들을 왕실로 부르기도 하였다. 그리고 선승을 국사에 임명하여 선종 불교계를 회유하기 위한 노력도 하였다. 또한 선승들에게 자문을 구하기도 했으며, 특정한 선승들에게는 거처까지 마련해 주었다. 신라 하대 왕실에서 선승들에게 이러한 조치를 취한 것은 사상계에서 선종이 차지하는 비중이 높아졌기 때문일 것이다. 그리고 큰 틀에서 보자면, 왕실의 선승들에 대한 이 같은 태도는 그들을 지배 체제의 회복에 이용하려 한 것이라고 볼 수 있겠다.[61]

그러면 선승들은 왕실을 어떻게 생각하였으며 어떠한 태도를 가지고 대응했을까이다. 그것을 한마디로 대답하기는 매우 어렵다. 선승들 각자의 태도와 생각이 어떠하였는가에 따라 다르기 때문이다. 또한 각자가 처한

---

61 李基東이 "당시 쇠퇴일로에 있던 왕실의 입장에서 볼 때는 각기 종주적宗主的인 조사祖師를 중심으로 하여 서로 유기적인 관계를 이루어 마치 봉건적 주종主從관계를 연상케 할 정도의 큰 세력을 지니고 있던 전국 각지의 선문禪門들은 지배 체제의 회복을 위한 절호絶好의 포섭 대상이었을 것이다"라고 한 것도 이와 같은 틀에서 이해할 수 있다(李基東, 「新羅社會와 佛敎」, 『新羅社會史硏究』, 一潮閣, 1997, 108쪽).

위치에 따라 다를 수밖에 없었다. 예컨대, 왕실에서 특정한 몇몇 선승들에게 국사직을 수여하고자 하였을 때 그것을 받아들인 선승과 그렇지 않은 선승이 있었다. 그리고 왕실의 접근에 호의적으로 대한 선승이 있었는가 하면 그렇지 않은 선승도 있었다. 한편 선승들도 선종을 널리 홍포하기 위한 의도를 가지고 있었으며, 경문왕대와 헌강왕대에 적극적으로 왕실과 긴밀한 관계를 가진 것은 그만큼 그 시기가 그들에게 있어 중요하였기 때문일 것이다. 이것은 결국 당시의 선승들이 여러 측면을 고려하여 행동한 것으로 볼 수 있다. 그렇더라도 왕실과 관계를 가진 선승들은 왕실과 서로 호혜적이었다고 할 수 있다. 따라서 지금까지 신라 왕실과 선승들의 관계를 서로 밀접하게 본 것도 문제가 있지만, 소극적이고 비협력적으로 본 것도 문제가 있다고 하겠다. 선승들은 왕실과의 관계에 있어서 탄력적인 대응을 하였기 때문이다.

✖ 제2장 ✖
장보고와 선종

1. 머리말

신라 하대 선종산문은 지금의 전라도 지역에서 비롯되었다고 할 수 있다. 비록 도의道義선사가 그보다 일찍 강원도 설악산 진전사陳田寺를 중심으로 활동하였지만, 그 사세는 그다지 크지 못하였다. 반면 무진주 지역에서는 홍척洪陟선사가 실상산문實相山門을 개창한 다음 혜철慧徹선사가 동리산문桐裏山門을, 도의선사의 법손인 보조普照선사 체징體澄이 가지산문迦智山門을 개창하였으며, 철감澈鑒선사 도윤道允이 사자산문獅子山門을 개창하였다.[1] 이렇게 보면, 신라 하대 무진주 지역은 선종의 흥기興起와 밀접한 관련이 있는 곳이라고 해도 좋을 것이다.

---

[1] 필자는 「新羅 下代 道允禪師와 獅子山門의 개창」, 『新羅史學報』 10, 2007; 『羅末麗初 禪宗山門 開創 硏究』, 景仁文化社, 2008, 163~170쪽에서 사자산문의 개창과 관련하여 현재 화순의 쌍봉사가 그 중심지였을 것으로 파악하였다. 현재 학계에서는 도윤선사의 제자인 절중선사가 스승의 선풍을 이어 받아 영월 법흥사에서 사자산문을 일으킨 것으로 보고 있으나, 필자는 이에 동의하지 않고 도윤선사가 쌍봉사에서 사자산문을 개창하였고 도윤화상이 열반에 든 이후 사자산문의 중심지가 법흥사로 바뀌었음을 강조했다.

무진주를 중심으로 한 지역에서 선종산문이 등장하게 된 이유에 대해서는 여러 측면에서 설명이 가능하겠지만, 그 가운데에서도 주목할 만한 것으로 당시 당나라와 신라를 오갔던 무역 선단의 역할을 꼽을 수 있다. 당시 무역선은 물건뿐만 아니라 인적 자원의 수송에도 큰 역할을 하였는데, 신라와 당나라를 오갔던 무역선이 선승들을 신라, 특히 무진주 지역으로 실어 날랐던 것이다. 선승들은 신라 조정에서 파견하는 관리들을 따라 당나라에 들어가거나 신라로 귀국하는 경우도 있었지만, 그들이 보다 많이 이용한 교통편은 해상 무역업자들의 무역선이었다. 그리고 그 무역선 가운데에서도 장보고張保皐가 청해진淸海鎭을 중심으로 활동하던 시기에는 장보고 휘하에 있던 무역선을 가장 많이 이용하였을 것으로 보인다.[2]

이와 관련하여 기왕의 연구에서는 당나라에 유학한 선승들이 장보고의 무역선을 이용하였을 가능성과, 장보고의 시주로 선종산문이 크게 발전할 수 있었음을 시사했다.[3] 그리고 청해진을 중심으로 한 장보고의 활동이 신라 하대 남종선이 발전하는 데 큰 역할을 한 것으로 보았다. 그렇지만 신라로 돌아온 많은 선승이 그 후 장보고와 어떤 관계를 맺었는지에 대해서

---

2 장보고는 당나라와 신라를 오가는 과정에서 구법승과 유학생들을 태워 주었는데, 이는 신라와 일본의 학문과 사상의 계발에도 간접적인 기여를 하였다(권덕영, 『재당 신라인사회 연구』, 일조각, 2005, 268쪽).

3 金文經은 "우리나라 구산선문의 조사들은 대개 820년대 초에 입당하여 늦어도 840년대 중반까지는 모두 귀국하고 있다. 그리고 거의 전라도 항포를 통하여 돌아왔다. 영산강의 나주 회진포를 비롯하여 화순, 장흥, 곡성, 강진, 남원 등지이다. 이와 같이 구산선문의 개산조사들이 장보고의 전성기에 그것도 그가 자리 잡고 있는 전라도 일원에서 초창기 터전을 잡고 있다. 필시 우연한 일은 아닌 것 같다. 그들은 장보고 선단을 이용하여 무사히 귀국할 수 있었을 것이고 그의 신앙심信仰心과 부富의 덕분으로 선승들은 홍법활동에 큰 도움을 받았을 것만 같다. 장보고는 우리나라 선종 발달과 깊은 인연을 맺은 인물임에 틀림이 없을 것이다"라고 하였다(金文經, 『張保皐硏究』, 淵鏡文化社, 1997, 64쪽). 그렇지만 이러한 주장은 구체적인 논증 없이 이루어지고 있다. 한편 강봉룡도 장보고가 신라 선승들의 도당 유학을 적극 지원함으로써 역시 그들과 좋은 관계를 맺었을 것으로 보았다(강봉룡, 「해상왕 장보고의 동북아 국제 해상무역체제」, 김형근 외, 『해상왕 장보고의 국제무역활동과 물류』, (재)해상왕장보고기념사업회, 2001, 229~230쪽의 주 127번 참조). 그의 주장도 金文經과 크게 다를 바가 없다.

는 구체적인 언급이 없는 관계로 이를 알아내기란 쉽지 않다.[4]

이에 여기에서는 당나라에서 선종을 체득하고 귀국한 선승들과 장보고 무역선의 관계에 대하여 알아볼 것이다. 다음으로 선종 사찰 가운데 실상 사와 쌍봉사雙峯寺가 장보고와 어떤 관계를 가지게 되는지에 대하여 살펴 볼 것이다. 마지막으로 장보고의 무역 선단이 선종 발달에 미친 영향에 대 하여도 검토할 예정이다. 이러한 검토가 신라 하대 장보고와 선종, 좀 더 구체적으로는 장보고와 선종 사찰 그리고 장보고와 선승의 관계를 이해하 는 데 조그마한 도움이라도 되었으면 한다.

2. 장보고 무역 선단과 선승들

신라 하대에 적잖은 승려들이 당나라에 유학하였다. 신라에서 대체로 화엄학華嚴學을 공부하였던 그들은 당나라에 유학하여 선종으로 돌아섰 다. 그리고 유명한 선승에게서 법을 받은 다음 신라로 돌아와 각 지역에서 선사상을 널리 폈다. 그런데 이들이 당나라에 들어가거나 그곳에서 법을 받아 귀국하는 길은 거의 해상을 통해서였다. 선박을 이용할 경우 이틀이 나 삼 일이면 목적지에 도착할 수 있었기 때문이다.[5]

선박을 이용하는 경우에는 보통 두 가지 방법이 있었는데, 첫째로는 신 라에서 당나라에 사절로 가거나 혹은 사절로 갔다가 돌아오는 견당사遣唐 使의 배에 편승하는 것이었다. 둘째로는 신라에서 출발하거나 당나라에서 돌아오는 상선商船을 이용하는 방법이었다. 그런데 견당사의 배는 자주 있

---

4 이렇게 된 것은 장보고가 반란으로 죽음을 맞이하였기 때문일 것이다. 즉, 장보고와 관련하여 선승들의 비문에 기록이 남겨지지 않은 것은 이러한 이유와 무관하지 않을 것이라는 점이다. 특 히 비문의 찬자들이 유학자들이었기 때문에 그들은 왕실의 의도를 충분히 반영하였을 것이다.
5 權悳永, 『古代韓中外交史』, 一潮閣, 1997, 204쪽.

지 않았기 때문에 이용이 어려울 수밖에 없었다.[6] 따라서 당나라를 자주 드나드는 상선을 이용하는 경우가 훨씬 더 많았을 것으로 짐작된다.

그러면 선승들 가운데 장보고가 활동하던 시기, 즉 장보고가 청해진을 설치한 828년부터 그가 죽은 해인 841년까지[7] 당나라에 유학하거나 신라로 돌아온 선승들에 대하여 잠시 살펴보기로 하자.

A. 흥덕대왕興德大王이 즉위함에 선강태자宣康太子 충공忠恭이 감무監撫가 되어 사邪를 제거하고 나라를 평안하게 하였으며 선善을 좋아하여 나라가 살쪘다. 이즈음 홍척洪陟대사가 당나라에 가서 서당지장西堂智藏에게서 법을 받고 돌아와서는 남악南嶽에서 머물렀다. 왕이 국태민안國泰民安을 위하여 법문法門을 청하였고 대궐에서는 그가 온 것을 경하하였으니, 선법 禪法을 보여서 아침에 범부凡夫가 저녁에 성인聖人이 되게 함이니, 변함에 차제次第가 있지 않으며 흥흥興함이 갑작스러웠다(崔致遠 撰,「聞慶 鳳巖寺 智證 大師 寂照塔碑文」, 李智冠,『校勘譯註 歷代高僧碑文』(新羅篇), 伽山文庫, 1994, 903~ 904쪽).

위 A의 기록은 실상산문의 개산조인 홍척선사가 흥덕왕興德王이 즉위한 무렵에 돌아왔다고 전해 준다. 흥덕왕이 즉위한 해가 826년이므로 그 무렵에 귀국한 것으로 보인다. 그런데 귀국하는 과정에서 어떤 배편을 이용

6 신라 정부에서 특정한 시기에 동일한 목적을 가지고 항례적恒例的으로 파견하던 사절단과, 사 안事案이 있을 때마다 시기에 구애받지 않고 파견하던 사절단이 있었다. 일정 시기에 정례적 定例的으로 파견하던 견당사로는 하정사賀正使가 있었는데, 이들은 연말年末 혹은 연초年初 에 입당하여 당제唐帝의 안부를 묻고 당국唐國의 번영을 기원하던 신년 축하 사절이었다. 이 런 사절단의 배를 이용하기 위해서는 선승들이 배를 기다리고 있다가 동승하여야 했다. 한편 신라 정부에서 비정기적으로 파견하던 사절은 출발 시점이 언제인지 알 수 없으므로 선승들 이 이용하기가 어려웠을 것이다.
7 장보고의 사망과 관련하여『삼국사기三國史記』와『속일본후기續日本後紀』의 기록이 서로 다 르다(『三國史記』권11에는 846으로 기록되어 있다). 그런데 필자는『續日本後紀』권11, 仁 明天皇 承和 9年 正月의 기록을 따르기로 한다. 그리고 학계에서도 대체로 841년 11월에 장보 고가 죽었다는 일본 측의 기록을 인정하는 추세이다.

하였는지는 알 수 없다. 그러나 적어도 견당사의 배를 타지 않았다는 것은 짐작이 가능하다. 왜냐하면 선사들이 귀국할 때 사신의 배를 이용하였다면 그것과 관련한 기록이 남아 있기 때문이다. 예컨대, 현욱玄昱선사의 경우 837년 9월에 홍덕왕이 당에 보낸 견당사인 김의종金義琮과 함께 무주 회진에 도착하였다.[8] 가지산문의 실질적인 개창자인 체징선사도 840년에 사신(평로사平盧使)의 배를 타고 귀국하였다.[9] 이처럼 선사들이 신라에 귀국하는 과정에서 사신의 배를 이용하였다면 적어도 기록이 남아 있다. 이렇게 볼 때, 홍척선사의 경우는 사신과 같이 귀국하였다는 기록이 없으므로 상선이나 무역선을 이용했을 가능성이 높다.

그러면 홍척선사는 귀국하는 길에 누구의 상선이나 무역선을 이용하였을까 하는 의문이 든다. 홍척선사가 귀국한 826년은 장보고가 청해진을 설치하기 이전이다. 그러므로 장보고 선단을 이용하지 않았다고 말할 수 있을 것이다. 그러나 장보고는 이미 824년경에 당나라를 출발하여 일본에 다녀왔다는 기록이 있다.[10] 이러한 사실에서 미루어 볼 때 장보고가 신라에도 왕래하였을 가능성은 얼마든지 있다. 따라서 홍척선사의 경우 장보고 무역 선단을 이용하였을 가능성이 아주 없다고는 할 수 없을 것이다. 그렇지만 홍척선사의 경우를 가지고 다른 선승들도 장보고 선단을 이용하였을 것이라는 결론을 이끌어내기에는 무리가 따르므로 좀 더 구체적인 사실을 검토하기로 하자.

장보고가 청해진을 설치한 이후 죽음을 당하기 전까지 당나라로 들어가

---

8 權悳永, 앞의 책, 1997, 82쪽.

9 金穎 撰, 「長興 寶林寺 普照禪師 彰聖塔碑文」, 李智冠, 『校勘譯註 歷代高僧碑文』(新羅篇), 伽 山文庫, 1994, 108쪽.

10 李成市, 「9世紀東アジアと新羅人－新羅商人躍動の歷史的背景に關する基礎的考察－」, 『2001 해상왕 장보고 국제학술회의－장보고와 21세기 세계무역－』, 재단법인 해상왕장보고 기념사업회, 2001, 88쪽.

거나 신라로 귀국한 선사들 가운데에는 진감眞鑑선사 혜소慧昭가 있다. 그는 804년에 입당하였다가 830년에 돌아왔다.[11] 그는 입당할 때에 견당사의 배를 타고 간 것으로 보인다. 그것은 "정원貞元 20년(804) 세공사歲貢使에게 나아가 뱃사공이 되기를 청하여 배를 얻어 타고 서쪽으로 건너가게 되었다"라는 기록을 통하여 알 수 있다.[12] 그러나 귀국할 때에는 사신의 배를 타고 왔다는 기록이 없는 것으로 보아 상선을 타고 귀국하였을 것으로 추측된다. 동리산문의 개창자인 적인寂忍선사 혜철慧徹은 814년에 당나라에 들어가 839년에 귀국하였다.[13] 그리고 귀국할 때 "신기루와 같은 파도를 가로질러 개성 4년 봄 2월에 고국에 도착하였다"라고 하였다. 그런데 사신의 배를 이용하였다는 기록이 없는 것으로 보아 당시 무역선을 이용하였음을 알 수 있다. 봉림산문鳳林山門의 개산조인 원감선사 현욱은 824년에 당나라에 들어갔다.[14] 그는 당나라에 들어가는 과정에서 사신의 배를 이용하지 않았던 것 같다. 그러나 귀국할 때에는 앞에서 언급하였듯이 사신의 배를 이용했다고 한다.[15] 성주산문聖住山門의 개산조인 낭혜朗慧선사 무염無染과 사자산문의 개창자인 철감선사 도윤은 당나라에 들어갈 때 사신의 배를 이용하였다.[16] 한편 이들이 귀국한 때는 각각 845년과 847년 무렵이므로 장보고 선단의 배를 이용하지는 않았을 것이다. 아마도

---

11 崔致遠 撰,「河東 雙谿寺 眞鑑禪師 大空塔碑文」, 李智冠, 앞의 책, 1994, 143쪽.

12 崔致遠 撰, 같은 비문, 李智冠, 같은 책, 1994, 141쪽.

13 崔賀 撰,「谷城 太安寺 寂忍禪師 照輪淸淨塔碑文」, 李智冠, 같은 책, 1994, 86쪽.

14 『祖堂集』 권17 東國慧目山和尙.

15 장경 4년 대당의 태원부에 이르러 두 절을 번갈아 살면서 뜻하던 바를 모두 이룬 뒤에 본국의 왕자인 김의종이 전하는 왕명에 따라 본국으로 돌아왔다고 한다(『祖堂集』 권17 東國慧目山和尙).

16 도윤선사가 장경 5년에 이르러 조사朝使들 일행을 찾아가 묵은 포부를 이야기하니 끝내 동행하는 것을 허락하였다(『祖堂集』 권17 雙峰和尙). 그리고 무염선사는 822년에 당나라에 사신으로 가는 김흔金昕의 배를 타고 갔다(崔致遠 撰,「藍浦 聖住寺 朗慧和尙 白月葆光塔碑文」, 李智冠, 앞의 책, 1994, 183쪽).

상선을 이용하였을 것은 틀림이 없지만 어떤 상선을 이용했는지는 알 수 없다. 가지산문의 제3조인 보조선사 체징은 837년에 당나라에 유학하였다. 그가 당나라에 들어가기 위하여 이용한 선편은 알려져 있지 않지만 상선을 이용한 것으로 보인다. 한편 귀국할 때에는 앞에서 언급한 바와 같이 사신의 배를 이용하였다. 사굴산문의 통효通曉선사 범일梵日은 836년 무렵에 당나라에 들어갔는데 사신의 배를 이용하였다.[17] 그리고 847년 무렵에 돌아왔는데, 이때 이용한 선편이 어떤 것이었는지는 알려져 있지 않으나 상선을 이용한 것으로 짐작된다.

이상에서 설명한 바를 〈표 1〉 '선승들이 입당 유학과 귀국 시 이용한 선편'을 통하여 정리해 보기로 하자.

〈표 1〉 선승들이 입당 유학과 귀국 시 이용한 선편[18]

입당		귀국	
사신 편	상선 편	사신 편	상선 편
혜소(804년)	혜철(814년)	현욱(837년)	홍척(826년)
무염(822년)	현욱(824년)	체징(840년)	혜소(830년)
도윤(825년)	체징(837년)		혜철(839년)
범일(836년)			무염(845년)
			도윤(847년)
			범일(847년)

* 홍척선사가 입당한 시기와 이용한 선편에 대한 기록은 찾을 수 없다.

위 〈표 1〉을 보면, 신라 출신의 선승들은 당나라에 유학을 가거나 귀국하는 과정에서 거의 선편을 이용하였는데, 신라 정부에서 보내는 사신의

---

17 『祖堂集』 권17 溟州崛山故通曉大師.
18 이 글을 처음 썼을 때는 선승들의 입당 연도 가운데 범일선사를 831년에 입당한 것으로 보았으나 본서에서는 836년으로 수정하였다. 그것은 필자가 「新羅 下代 梵日禪師와 崛山門의 개창」, 앞의 책, 2008, 135~136쪽에서 자세하게 설명하여 밝혔다. 그리고 도윤선사의 귀국 연대를 845년에서 847년으로 수정하였다. 그것은 『祖堂集』 권17 雙峰和尙의 기록을 근거로 한 것이다.

배나 상선을 이용하고 있다. 그런데 장보고가 청해진을 중심으로 활동할 무렵 견당선을 이용하여 입당하거나 귀국한 선승이 세 명이고, 상선을 이용하여 입당하거나 귀국한 선승도 세 명임을 알 수 있다. 사신의 배를 이용한 선승들과 그것을 이용하지 않은 선승들이 거의 비슷하였음을 알 수 있다.

　비록 그렇기는 하지만, 실제로는 기록에 나타난 것보다 더 많은 수의 선승이 견당사의 배보다는 상선을 이용하였을 것으로 보인다. 물론 선승들이 특정 상선이나 장보고 선단의 배를 이용하였다는 기록을 남기지는 않았지만, 적어도 장보고가 청해진을 중심으로 활동하던 시기, 그것도 그의 세력이 한창 번성하던 시기에 당나라에 유학하거나 귀국한 선승들이라면 장보고 선단을 이용했을 가능성이 크다고 하겠다. 그것은 〈표 1〉에서 볼 수 있듯이 장보고 사후에 이루어진 선승들의 귀국을 보아도 충분히 알 수 있다. 결국 장보고는 신라의 승려들이 구법을 위하여 당나라에 가거나 혹은 법을 받고 신라로 돌아올 때에 이들을 많이 실어 날랐다고 할 수 있다. 그렇기에 장보고가 신라 하대 남종선이 왕성하게 꽃필 수 있었던 여건을 마련해 준 것이라고 해도 무리한 지적만은 아닐 것이다.[19]

　사실 이 무렵에는 선승들이 장보고 선단 이외의 배는 이용할 수 없었다고 해도 과언이 아닐 것이다. 당시 청해진을 중심으로 활동하던 장보고가 당나라와 일본 등을 상대로 활발한 무역 활동을 벌이고 있었기에 선승들은 선택의 여지가 없었을 것이다. 장보고는 교관선交關船과 매물사賣物使 혹은 회역사廻易使를 당나라와 일본에 수시로 파견하였다. 교관선이란 일종의 무역선을 지칭하는 것이고, 매물사 또는 회역사는 교관선을 대표하는 사신이었다고 볼 수 있다.[20] 결국 장보고는 신라와 당나라 그리고 일본

19　신라 하대에 선종이 번영하게 된 데에는 두 가지 이유가 있다고 생각된다. 첫째는 무역 선단의 역할이고, 둘째는 회창 폐불로 말미암아 신라의 서학 구법승들이 대거 귀국하게 된 사실이다.

을 연결하는 국제적인 해상 활동을 하였으며, 그것은 그의 무역 선단의 역할을 돌려놓고는 얘기할 수 없을 것이다. 그러므로 신라 하대에 선종이 널리 퍼지게 된 데에는 이러한 장보고 선단의 역할이 있었음을 역사적 사실로 떠올려야 할 것이다.

3. 장보고와 무진주 지역의 선종산문

장보고가 청해진을 중심으로 활동하던 시기에 무진주 지역에서 개창된 산문은 실상산문이다. 그리고 장보고 사후에 그 지역에서 개창된 것으로는 가지산문과 동리산문 그리고 사자산문 등이 있다.[21] 이 산문들의 특징은, 머리말에서도 밝혔듯이 현재 전라도 지역을 중심으로 개창되었다는 점이다. 그리고 이 산문들은 중앙과 밀접한 관계를 가지기도 하였지만, 중앙과는 멀리 떨어져 있었기에 지방 세력과도 무관하지는 않았을 것이다. 특히 이들 산문이 특정한 지역에 편중되어 개창될 수 있었던 것은 그 지방의 후원 세력과 긴밀하였음을 단적으로 보여 준다. 그러면 청해진의 장보고 세력과 실상산문의 관계를 중심으로 지방 세력과 선종산문의 관계에 대하여 살펴보기로 하자.

장보고가 청해진을 중심으로 활동하기 시작하던 828년 무렵에 실상산문은 서서히 성장해 가고 있었다. 826년에 귀국한 홍척선사가 지금의 실

---

20 강봉룡은 "매물사나 회역사의 주요 임무는 무역 활동의 수행에 있었겠지만, 한편으로는 상대 국가의 조정에 조공을 바친다거나, 관계 당국자에게 선물을 바친다거나 설득을 통해서, 무역 활동에 대한 상대국의 원활한 정치·행정적 협조를 이끌어내는 일도 수행하였을 것이다"라고 하였다(강봉룡, 앞의 논문, 2001, 227쪽의 주 120번 참조).

21 철감선사 도윤이 쌍봉사를 중심으로 개창한 사자산문도 이 지역에서 이루어졌다(주 1번 참조). 그러나 사자산문의 개창은 여기서는 다루지 않고 다만 쌍봉사와 장보고의 관계에 대해서만 간단하게 언급하고자 한다.

상사를 개창하고 그곳을 중심으로 활동하고 있었던 것이다. 게다가 홍척 선사는 830년 무렵에 신라 왕실과 연결되어 홍덕왕과 선강태자宣康太子의 부름을 받아 왕실을 방문하기도 했다.[22] 또한 실상사는 신라 최초의 선종 산문이었던 만큼 당나라에서 귀국하는 선승들이 거쳐 가는 곳이기도 하였 다. 예컨대, 원감선사 현욱이 당나라에서 귀국한 이후 얼마 동안 실상사에 머물렀던 사실이 이를 입증한다.[23]

사정이 이러하였던 만큼 장보고가 실상사와 홍척선사에게 관심을 보였 음은 당연하다고 할 것이다. 홍척선사가 왕실과 밀접한 관계를 가지게 되 었다는 것은 실상사가 왕실에 영향력을 미칠 수 있음을 알려 주기 때문이 다. 특히 홍척선사가 왕과 만났던 것을 염두에 둘 때 그의 영향력은 컸다 고 할 수 있다. 실상사의 이러한 사정을 파악하고 있던 장보고는 홍척선사 와 연결되는 방안을 모색하였을 것이다. 그 연결 방법 가운데 가장 손쉬운 방법이 실상사에 시주하는 것이었을 텐데, 그것은 이론의 여지가 없을 것 이다.

장보고는 중국 산동반도에 적산赤山 법화원法華院을 건립하였고[24] 청해 진에는 법화사를 세웠다고 한다. 만약 장보고에게 안전한 해상 활동을 기 원하기 위한 기도처가 필요하였다면 두 사찰로도 충분했을 것이다. 그럼 에도 불구하고 그가 무진주 지역에서 제일 먼저 개창된 실상산문을 지원 한 이유가 무엇이었는지 궁금증을 불러일으킨다. 특히 장보고가 무엇 때 문에 실상사에 시주를 하고 홍척선사와의 연결을 의도하였을까 하는 점이 궁금하다. 그러나 이와 관련된 직접적인 사료가 없는 관계로 당시 장보고 가 처한 상황에 대하여 살펴보아야 할 것이다.

---

22 崔致遠 撰, 앞의 비문, 李智冠, 앞의 책, 1994, 304쪽.

23 『祖堂集』권17 東國慧目山和尙.

24 장보고와 적산 법화원에 대해서는 조범환, 「張保皐와 赤山 法花院—赤山 法花院과 9세기 동 아시아 세계—」, 『대외문물교류연구』 창간호, 2002 참조.

B. 흥덕왕 즉위 9년, 태화太和 8년(834)에 하교하기를, "사람은 위와 아래가
있고 지위는 존귀하고 비천함이 있어 명칭과 법식이 같지 않고 의복도 다
르다. 그런데 풍속이 점점 각박하고 백성들이 다투어 사치와 호화를 일삼
고 다만 외래품의 진기한 것만을 숭상하고, 도리어 토산품의 야비한 것을
싫어하니, 예절이 참람하려는 데 빠지고, 풍속이 파괴되는 데까지 이르렀
다. 이에 감히 옛 법에 따라 밝은 명령을 펴는 바이니, 그래도 만일 일부러
범하는 자가 있으면 국법을 시행할 것이다"라고 하였다(『三國史記』 권33 雜志
2 色服).

흥덕왕 9년에 내린 이 교서는 국민의 사치 풍조를 배격, 단속함으로써
해이解弛해진 사회 기강을 바로잡는 데 그 일차적인 목적이 있었다고 해야
할 것이다.[25] 그런데 흥덕왕의 이러한 조치는 장보고에게 큰 타격을 주는
것이나 다름이 없었다. 경주에 거주하는 집권층의 광범위한 외국산 물품
에 대한 수요[26]는 장보고에게 커다란 이익을 가져다주고 있었는데, 그 물
품에 대한 사용 금지가 국내 시장의 소비를 큰 폭으로 줄여 그의 해상 무역
에 큰 타격을 줄 수 있었기 때문이다.

사정이 이렇게 되자 장보고는 외국에서 들어온 사치품의 판매처를 바꾸
지 않으면 안 되었을 것이고 새로운 활로를 개척하여야 했을 것이다. 당연
히 무역품의 판매처를 경주에서 지방으로 확대할 필요성을 절감하였을 것
이다. 내륙 토호 세력 가운데에는 장보고의 무역품, 특히 사치품을 구매할
수 있는 여건을 가진 세력이 적지 않았을 것이기 때문이다.

---

25 李基東, 「新羅 興德王代의 政治와 社會」, 『國史館論叢』 21, 1989; 『新羅社會史研究』, 一潮閣,
   1997, 174쪽.
26 몇 가지 예를 들면, 타슈켄트에서 생산되는 에메랄드로 상감한 빗과 모자, 바다거북 껍데기로
   만든 빗, 보르네오나 수마트라에서 생산되는 향기 나는 자단과 침향, 페르시아산 카펫과 같은
   직물류, 당나라 제품으로 보이는 각종 고급 비단 등이 그것이다(李龍範, 「三國史記에 보이는
   이슬람商人의 貿易品」, 『李弘稙博士回甲紀念 韓國史學論叢』, 신구문화사, 1969, 95~104쪽
   참조).

C. 왕이 임해전에서 여러 신하를 모아 잔치를 베풀었는데, 왕족 응렴膺廉이 15세의 나이로 그 자리에 참석하였다. 왕이 그의 마음을 알아보려고 갑자기 물었다. "너는 한동안 돌아다니면서 공부를 했는데, 착한 사람을 본 일이 없는가?" (응렴이) 대답하였다. "저는 일찍이 세 사람을 보았는데, 착한 행실이 있다고 생각됩니다." 왕이 "어떤 것인가?" 하니, 다음과 같이 말하였다. "한 사람은 귀한 집 자제이면서 남과 사귐에 있어서는 자기를 먼저 하지 않고 남의 아래에 처하였으며, 또 한 사람은 집에 재물이 넉넉하여 사치스러운 옷을 입을 수 있는데도 항상 삼베와 모시 옷으로 즐거워하였습니다. 그리고 한 사람은 권세와 영화를 누리고 있었으나 일찍이 한 번도 다른 사람에게 위세를 부리지 않았습니다. 제가 본 것은 이와 같습니다." (『三國史記』권11, 憲安王 4년 가을 9월)

위 C의 기록은 헌안왕憲安王을 이어 경문왕景文王이 되는 응렴膺廉이 헌안왕이 베푸는 잔치에서 당시 지방민들의 동향에 대하여 이야기한 것이다. 응렴의 이야기 가운데 집에 재물이 넉넉하여 사치스러운 옷을 입을 수 있는데도 불구하고 항상 삼베와 모시 옷으로 즐거워하였다는 기록이 주목된다. 여기서 "집에 재물이 넉넉하여 사치스러운 옷을 입을 수 있다"라는 것은 지방민들 가운데 재산을 축적하여 부자로 성장한 세력이 있다는 것을 암시하는 것으로 받아들여진다.[27] 그리고 이들이 당나라에서 들여온 사치스러운 물건도 사용하고 있다는 의미가 밑바탕에 깔려 있음을 떠올려야 할 것이다. 비록 장보고가 활동하던 시대와는 시기적으로 거리가 있기는 하지만, 신라 하대의 상황을 전하고 있는 것으로 보아 내륙의 토호들이 재산을 축적하고 사치스러운 물품을 사용하였음을 말해 주는 것이라고 보아도 무리가 없을 것이다. 더구나 실상산문은 남원과 가까운 거리에 있었음

---

27 李基白은 김응렴金膺廉의 대담에 대하여 "그가 사방으로 우유優遊할 때의 견문見聞이었으므로 이것은 대체로 지방 호족地方豪族의 실정을 말하여 주는 것이라고 해야 옳다"라고 하였다 (李基白,「上大等考」,『歷史學報』19, 1962;『新羅政治社會史研究』, 一潮閣, 1974, 126쪽).

을 염두에 둘 필요가 있다. 남원은 신라 5소경 가운데 하나로, 왕경인이 소경으로 이주하여 거주하는 경우도 적지 않았다.[28]

이러한 사실을 염두에 두면, 장보고가 내륙 소경의 유력자들과 토호 세력에 관심을 두었음은 당연하다고 할 것이다. 이들은 장보고의 무역품을 구매할 수 있는 구매자이자 실수요자였을 것이다. 그런데 장보고가 이들 내륙 지역의 유력자 및 토호 세력과 연결되기 위해서는 여러 가지 방법이 있었겠지만, 산문을 통하는 방법이 가장 좋았을 것이다. 내륙의 지방 세력들이 실상산문을 지원하는 경우가 적지 않았을 것이기 때문이다. 왜냐하면 이 세력들 가운데에는 중앙에서 유락하였지만 다시 중앙으로 올라가고자 하는 생각을 가진 자들이 있었을 것이기 때문이다. 당연히 중앙과 연결되기를 바랐을 것인데, 홍척선사가 중앙과 밀접한 관계를 가지게 됨에 따라 실상산문으로 눈을 돌렸을 것이다. 그리고 실상산문에 시주나 토지를 기증하였을 가능성을 생각해 볼 수 있다.

이처럼 실상산문은 소경의 유력자들 및 토호 세력과도 유기적인 관계를 가지고 있었으므로 장보고와 이들 세력을 연결하는 고리 역할도 할 수 있었다. 장보고는 그러한 것을 염두에 두고 내륙의 유력자 및 토호 세력과 연결하기 위한 방법으로 산문을 이용하고자 했던 것이라 여겨진다. 그리고 장보고는 외국에서 들여온 물건을 판매하기 위한 매개체로써 산문을 적절하게 이용하고자 한 것 같다.[29] 나아가 내륙의 유력자 및 토호 세력과 유기적인 관계를 맺어 청해진뿐만 아니라 내륙 지방에까지 그의 세력을 확대하고자 했을 것이다. 특히 남원 소경에까지 영향력을 미치고자 한 것

---

28 신라의 소경 설치 목적에 대한 여러 견해가 있는데, 그 가운데에서 '왕경의 인구분산책'이라는 李鍾旭의 설명이 주목된다(李鍾旭,「新羅時代의 頭品身分」,『東亞研究』10, 1986, 81쪽 주 71번 참조).

29 선종산문과 해상 무역상들의 관계에 대해서는 曺凡煥,『新羅禪宗研究』, 一潮閣, 2001, 100~101쪽 참조.

으로 볼 수 있다.

한편 장보고가 내륙의 유력자 및 토호 세력을 염두에 둔 것은 무역품을 판매하기 위한 이유도 있었겠지만 또 다른 이유도 있었을 것이다. 즉, 장보고가 청해진을 중심으로 활동하게 되자 내륙의 유력자 및 토호 세력 가운데 일부는 장보고에 대한 불만이 있었을 것이다. 그들은 직접 해상 무역을 하거나 해상 무역의 이익 일부를 차지하고 있었는데, 장보고의 등장으로 그러한 이익을 빼앗겼기 때문이다. 장보고가 이들의 불만에 대하여 여러 가지 대책을 강구하였을 것임은 당연하다 하겠다. 그러면 장보고는 어떠한 방법을 이용하였을지 생각해 보기로 하자.

당시 선종산문은 조사祖師를 중심으로 서로 유기적인 관계를 이루어 마치 봉건적 주종 관계를 연상케 할 정도의 큰 세력을 지니고 있었다.[30] 따라서 산문의 개창조나 조사의 경우 불교계에서 차지하는 위치뿐만 아니라 사회적으로도 그 위상이 작지 않았다. 장보고도 산문을 개창한 선승들의 이러한 위상을 잘 알고 있었을 것이다. 이에 그는 산문의 조사가 차지하는 위치와 같은 위치를 해상뿐만 아니라 내륙에서도 차지하고 그 아래에 유력자 및 토호 세력을 두고자 하였을 것이다. 다시 말해 장보고는 선종산문의 조사를 중심으로 한 형식과 절차를 유력자 및 토호 세력에게 주입시켜 그들이 장보고 아래에서 활동하는 것에 대하여 불만을 가지지 않도록 하고자 했던 것은 아닌가 한다. 그렇게 해서 장보고는 군소 해상 세력과 연결된 내륙 유력자들의 불만을 해소시키고 자신의 영향력 아래 머무는 것을 당연하게 받아들이도록 하였을 것이라는 점이다. 그렇다면 장보고가 실상산문을 염두에 둔 또 다른 이유는 없었을지 궁금하다.

장보고가 활동할 당시 실상산문의 영향력은 작지 않았다. 앞서 언급한

---

30 李基東,「新羅社會와 佛敎」,『佛敎와 諸科學』, 東國大 開校八十周年紀念論叢, 1987; 앞의 책, 1997, 108쪽.

것처럼 실상산문은 중앙뿐만 아니라 지방에 대한 영향력도 컸다. 선종 사찰이 지방에 영향력을 행사할 수 있었던 것은 선종 사찰에 많은 사람이 모여든 것과 그 맥을 같이한다. 선종 사찰에 많은 사람이 모여든 데에는 거듭되는 흉년과 기근으로 도적들이 곳곳에서 일어나고 있었던 상황이 크게 작용하였을 것이다. 특히 헌덕왕憲德王 6년(814)부터 13년 동안 극심한 재해와 기근이 빈발하여 사회적 불안이 가중되었다.

게다가 822년에는 김헌창金憲昌의 난이 발생하였다. 이는 사회적인 불안을 가중시키는 역할을 하였으며 많은 유민이 발생하는 계기가 되기도 했다. 이렇게 되자 유민들은 선종 사찰로 들어가 그들의 삶을 영위하게 되었다. 특히 이들은 선종 사찰이 많은 토지를 보유하게 되자 그것을 경작하기 위하여 그곳으로 몰려들기도 하였다.[31]

사정이 이러하였으므로 선종 사찰에는 많은 사람이 모여들었고, 선종산문의 개창자들은 이들을 중심으로 큰 영향력을 행사하였던 것이다. 왕실에서 선사를 초빙하거나 국사로 책봉한 것[32]은 이들의 영향력에 대하여 이미 알고 있었기 때문일 것이다. 청해진을 중심으로 활동하던 장보고도 이러한 사정을 익히 알고 있었을 것이다. 더구나 선종산문의 세력이 커질수록 그 영향력이 크다는 것을 안 장보고가 이러한 사정을 이용하고자 했을 것은 당연하다고 할 수 있다. 다시 말하면 장보고는 선종산문에 많은 사람이 모여드는 것을 활용하고자 했을 것이다.

장보고는 후에 신무왕神武王이 되는 김우징金祐徵을 도와 군대를 이끌고

---

31 가혹한 수취와 전란으로 농토를 버리고 사원에 기탁한 유망민들이나 토지를 사원에 흡수당한 백성들이 사원에 노동력을 제공하였다고 한다면, 선종 사원에서는 이들 유망민들에게 안전한 생활 근거지를 마련해 주거나 난세를 극복하는 삶의 지혜를 가르쳐 주었을 것이다(金在應,「新羅末·高麗初 禪宗寺院의 三綱典」,『震檀學報』77, 1994, 56쪽).

32 홍척선사가 신라 왕실을 방문하자 흥덕왕과 선강태자가 귀의를 하였다. 이때 그는 국사로 임명되었을 가능성이 있다(남동신,「나말려초 국왕과 불교의 관계」,『역사와 현실』 56, 2005, 94쪽).

출전하여 민애왕閔哀王을 지지하던 세력을 물리쳤다. 이때 민애왕 측에서는 김흔金昕이 대장군이 되어 10만의 군대를 이끌고 나왔고, 이들은 대구에서 마주쳤다. 그러나 10만의 군대는 청해진의 군대에게 참패를 당하였다고 한다. 『삼국사기三國史記』 권44 김양전金陽傳에는 장보고가 '경졸오천인勁卒五千人'으로 승리를 거두었다고 하였는데, 이는 장보고의 군대가 강력했음을 보여 주는 것으로 해석할 수도 있지만, 그렇더라도 5천 인으로 10만 대병을 맞아 싸웠다는 것은 이해하기 힘들다.[33] 아마도 장보고 군대 가운데 가장 정예병이 5천 인이었을 것으로 생각되고, 그 외 더 많은 수의 군인이 있었을 것이다. 5천 인을 제외한 군인들이라면 청해진 지역의 주민들을 떠올릴 수 있는데, 이들의 숫자가 그렇게 많았을 리는 없다. 그보다는 타 지역에서 많은 사람을 동원한 것으로 보는 것이 옳은데, 아마도 선종산문의 사람들을 동원한 것이 아닌가 하는 생각마저 든다.[34]

더구나 선종 사원은 지리적 요지에 자리 잡고 있었다. 그리고 경제력과 무력으로 지방인들을 사원 내에 흡수하여 동요를 막으면서 자체의 세력 안정을 꾀하고 있었다. 따라서 청해진의 장보고로서는 선종 사원의 세력을 적절하게 이용하는 것이 무엇보다 중요하였을 것이다. 그래서 선종 사원과 유기적인 관계를 가지면서 필요에 따라 산문으로 들어온 세력을 이

---

33 김주성, 「張保皐세력의 흥망과 그 배경」, 『韓國上古史學報』 24, 1997, 169쪽에서 장보고 군대 5천여 명이 10만 명의 군대를 대적하기는 힘들었을 것으로 파악하였다.

34 청해진의 군대가 남원까지 진출하였다가 왕경까지 바로 나아가지 못한 사실을 들어 李仁哲은 청해진의 반란군이 남원까지 진입하였다가 지방군에 의하여 저지를 당했다고 한다(李仁哲, 「新羅 支配體制의 붕괴와 군사조직」, 『新羅政治制度史硏究』, 일지사, 1993, 397쪽). 또한 權英五는 선강태자 김충공과 민애왕 김명이 지리산 일대의 선종 사찰을 선택하여 지원한 것은 이 지역을 자신들의 세력권으로 포섭하려는 정치적인 의도를 가진 것이라고 하였다(權英五, 「新羅下代 왕위계승분쟁과 閔哀王」, 『韓國古代史硏究』 19, 2000, 286쪽). 그러나 이러한 지적은 타당하지 않다고 본다. 왜냐하면 무진주 지역의 불교 세력, 특히 선종을 중심으로 하는 세력은 장보고의 지원을 받았고 후일 장보고를 지원하였던 것으로 파악된다. 그것은 838년 12월 청해진을 출발한 장보고의 병력이 대구에서 왕군의 최후 방어선을 뚫을 수 있었던 것을 통해서 알 수 있다.

용한 것으로 보인다.

한편 장보고는 실상산문뿐만 아니라 당시 혜철선사가 잠시 주석하였던 쌍봉사와도 밀접한 관계를 가졌던 것 같다. 이와 관련된 직접적인 기록은 없지만, 혜철선사의 활동을 통해서 추측이 가능하다. 혜철선사는 839년 2월 귀국한 이후 쌍봉사에 머물면서 활동하였다. 그런데 그의 활동은 당시 많은 사람의 주목을 받았다.

> D. 드디어 무주武州 관내의 쌍봉난야雙峰蘭若에서 여름 결제 때 날이 가물어 산이 마르고 내가 말랐으며 비가 오지 않을 뿐 아니라 조각구름조차 없었다. 주사州司가 선사에게 간절히 청하니 선사가 고요한 방에 들어가 좋은 향을 사르며 하늘과 땅에 빌었다. 잠시 후 단비가 조금씩 내려 무주 관내의 들을 적시더니, 얼마 후 큰 비가 내렸다. 또한 이악에 머물면서 참선을 할 때 갑자기 들불이 있어 사방에서 타 들어와 암자를 태우려 하였는데, 사람의 힘으로는 구할 바가 아니었다. 또한 도망할 길도 없었다. 스님이 단정히 앉아서 묵념하는 중에 소나기가 내려 불이 꺼지니 온 산이 불탔으나 한 방이 홀로 있었다. 일찍이 천태산 국청사에 갔었는데 화가 있을 것을 미리 알고 옷깃을 떨쳐 갔다. 사람들이 그 이유를 알지 못하였다. 오래지 않아 절 내에 전염병이 일어 죽는 자가 10여 인이었다(崔賀 撰, 「谷城 太安寺 寂忍禪師 照輪清淨塔碑文」, 李智冠, 앞의 책, 1994, 87쪽).

위 D의 기록은 적인선사 혜철이 보여 준 이적에 관한 것이다. 그가 귀국한 이후 보여 준 이적은 많은 사람의 주목을 받았던 것 같다. 비가 오지 않자 무주 관내의 관리가 그에게 비가 오게 해달라고 부탁한 일은 매우 이례적인 것이라 할 수 있다. 적어도 그의 이적에 관하여 이미 그 지역에서는 많은 사람이 알고 있었다는 것을 시사하는 것이기 때문이다. 혜철선사의 이러한 신이한 능력은 당시 그곳 사람들에게는 큰 믿음으로 다가왔을 것이다. 그리고 그 사람들을 선종 사원으로 끌어들이는 데 큰 역할을 하였을 것으로 생각된다.

장보고도 쌍봉사에 머물고 있던 혜철선사의 이러한 행적을 들어서 알고 있었을 것이다. 쌍봉사가 청해진과 가까운 거리에 있었고 또한 승주 지역에서 영향력을 행사하던 선종 사찰이었기 때문에 장보고가 관심을 두었음은 당연하다고 할 것이다. 쌍봉사는 승주 지역의 유력자들에게는 정신적인 지주 역할을 하였을 것이고, 장보고는 쌍봉사를 통하여 그 지역의 유력자들을 움직이고자 하였을 것이다. 다시 말하면, 장보고는 쌍봉사에 대한 지원을 통하여 승주 지역의 유력자들과 유기적인 관계를 유지하였던 것으로 볼 수 있다. 이렇게 볼 때 쌍봉사는 장보고의 지원 아래 있었고 그의 지원으로 경제적인 기반이 유지되었으리라고 짐작할 수 있다.[35]

그러나 장보고 사후 쌍봉사의 혜철선사는 새로운 곳을 향해 떠났다. 그리고 쌍봉사의 경제적 기반은 위축되었을 것으로 보인다. 그러한 사정으로 말미암아 무진주 지역의 불교계는 새롭게 편성되기에 이르렀다. 그 결과 장보고 사후 동리산문과 가지산문의 탄생을 보게 되었고, 쌍봉사는 도윤선사가 주석한 이후 새롭게 그 위상을 드러내게 되었던 것이다.

4. 맺음말: 장보고가 신라 하대 선종 발달에 미친 영향

신라 하대 무진주 지역에는 다른 어느 지역보다 앞서 선종산문이 개창되었다. 이는 선승들 대다수가 회진항을 비롯한 무주 지역 항구에서 배를 타고 당나라로 갔으며, 법을 얻어 신라로 돌아올 때도 대체로 그곳에 기착하였기 때문이다. 따라서 다른 지역보다 앞서서 선종산문이 개창될 수 있

---

35 쌍봉사와 장보고에 대해서는 본서 제2편 제1장을 참조할 것.

었고 또한 선승들이 활발하게 활동할 수 있었다.

그런데 무진주 지역을 중심으로 선종산문이 개창될 수 있었던 것은 이시기 지방의 해상 세력과 밀접한 관련이 있지 않고서는 불가능한 일이었을 것이다. 그 가운데에서도 특히 장보고의 해상 세력은 선종산문의 개창과 발전에 큰 역할을 한 것으로 파악된다. 많은 선승이 장보고 선단을 이용하였으며, 이들은 장보고를 단월로 삼아 선종산문의 사세를 확장할 수 있었다. 결국 장보고의 무역 선단이 신라의 선종을 일으키는 불씨와 같은 역할을 하였다고 할 수 있다.

장보고는 무진주 지역을 중심으로 개창된 실상산문과 아직 선종산문으로 발전하지는 못하였지만 선종 사찰이었던 쌍봉사에 대한 지원을 아끼지 않았다. 우선 홍척선사가 실상산문을 개창하자 장보고는 남다른 관심을 가지고 지원을 하였다. 왜냐하면 실상산문은 당시 최초의 선종산문이었고 홍척선사는 왕실에 초빙되어 왕의 각별한 총애를 받았기 때문이다. 이에 장보고는 홍척선사를 통하여 중앙에 자신의 위상 알리기에 주력하였다. 비록 장보고가 청해진의 대사가 되어 신라와 당나라 그리고 일본과의 해상 무역권을 장악하였다고는 하지만, 그의 정치적인 지위는 보잘것없었다. 특히 중앙의 진골 귀족들과 비교해 볼 때 그의 위상은 그리 높지 않았다. 이에 장보고는 홍척선사를 통하여 자신의 활동을 중앙에 전달하고 나아가 위상을 높이기 위하여 노력하였다고 볼 수 있다.

장보고는 쌍봉사에 대한 지원도 아끼지 않았는데, 그것은 혜철선사의 능력을 이용하고자 한 것이었다. 혜철선사의 신이한 행적은 많은 사람을 쌍봉사로 모이게 하였다. 이에 장보고는 혜철선사를 통하여 자신의 위상을 드러내고자 한 것으로 보인다.

다음으로 장보고는 내륙의 토호 세력과 연결되기 위한 노력을 기울였다. 토호 세력이 가졌던 기득권을 장악하였기 때문에 토호 세력의 불만을 잠재울 필요가 있었기 때문이다. 그래서 토호 세력에게 선종산문의 질서를 주입시켜 자신을 따르도록 하였다.

장보고의 선종과 선종산문에 대한 관심은 무진주 지역뿐만 아니라 당나라에서도 드러났다. 성주산문을 개창한 무염선사가 845년 신라로 귀국하기 이전 당나라에서 활동할 때 장보고가 지원하였다고 전한다.[36] 그리고 무진주 지역을 중심으로 찬란한 선종 문화가 꽃필 수 있었던 것은 선종과 선종산문이 장보고의 정치적인 목적과 결부되어 있었기 때문이다. 장보고의 죽음 이후에도 선종산문이 크게 성장, 발전할 수 있었던 것은 그가 닦아 놓은 터전이 있었기 때문에 가능한 것이었다.

---

36 김문경은 장보고가 당나라에서 활동하던 지역에서 '중수무염사원기重修無染社院記'라는 석비를 발견하였다. 그런데 이 비석은 마멸이 너무 심해 거의 판독이 불가능하였다. 그런 가운데 그는 『등주부지登州府志』에 「대당모평현곤륜사무염원비大唐牟平縣崑崙山無染院碑」의 명문이 실린 것을 찾아냈다. 이것을 토대로 하여 김문경은 901년에 무염원이 중수된 사실을 알아냈다. 이에 그는 무염원이 성주산문의 개창자인 낭혜화상 무염과 동명인 데서 무염원을 무염선사의 이름을 딴 사찰로 추측하였다(김문경, 「張保皐 해상왕국의 사람들」, 김성훈 외 편, 『張保皐 해양경영사연구』, 이진출판사, 1993, 106~107쪽). 이러한 추측이 가능하다면 장보고는 청해진을 설치하기 이전부터 선승들을 지원한 것으로 보아도 무리가 없을 것이다. 더구나 장보고가 개창한 적산 법화원에 선승들이 상주하고 있던 사실로 미루어 보아도 짐작이 가능할 것이다.

1. 머리말

　견훤甄萱의 사상적 기반은 당시 다른 호족들과 마찬가지로 불교였다. 견훤의 사상적인 기반을 불교로 보는 것은, 그가 태어나 성장한 곳이 후에 후백제를 세우고 활동한 지역의 불교 세력과 매우 밀접한 관계에 있었기 때문이다. 그는 김제의 금산사金山寺를 중심으로 한 진표眞表의 미륵신앙彌勒信仰과 밀접하게 연결되어 있었으며, 전주全州로 천도한 이후에는 익산의 미륵사탑을 복구하여 미륵신앙을 통한 왕권 강화를 추구하였다. 또한 견훤은 선종 불교와도 친밀한 관계를 유지하였는데, 동리산문桐裏山門의 승려인 통진洞眞대사 경보慶甫를 국사國師로 삼았던 데서도 알 수 있다.

　이러한 사실에 주목한 여러 학자는 견훤과 불교의 관계에 대하여 많은 관심을 드러내었다. 그 결과 견훤과 진표의 미륵신앙에 대하여 많은 연구가 이루어졌다.[1] 또한 궁예弓裔의 불교 정책과 비교하여 언급된 것도 찾을

---

1 견훤과 불교의 관계에 대한 연구 성과는 金壽泰,「全州 遷都期 甄萱政權의 變化」,『韓國古代史

수 있다.[2] 그리고 견훤의 전주 천도기 이후의 불교에 대한 연구도 있어 주목된다.[3] 이러한 연구 성과는 견훤과 불교의 관계를 이해하는 데 큰 도움이 되고 있다.

그렇지만 이상과 같은 연구 성과에도 불구하고 여전히 미진한 부분도 찾아볼 수 있다. 예컨대, 선승인 경보선사를 국사로 삼은 사실과 실상사實相寺의 편운片雲(?~910)화상을 지원한 것 등 견훤과 선승의 관계가 매우 밀접하였음에도 불구하고 그러한 관계에 대해서는 자세한 검토가 아직까지 이루어지지 않고 있다는 사실이다. 또한 견훤이 후백제를 건국한 이후 실상산문實相山門과 동리산문 등은 그의 영향력 아래에 있었던 것으로 파악된다.[4] 사정이 이러한 만큼 견훤 정권과 선종산문의 관계를 밝히는 작업도 매우 중요하다고 할 수 있다.

이에 이 장에서는 견훤 정권과 선종 불교는 어떠한 관계에 있었는지 알아볼 것이다. 견훤 정권과 선종 불교의 관계에 관심을 두는 까닭은 견훤이 어릴 때부터 선종과 불가분의 관계에 있었기 때문이다. 그리고 그가 서남해 지역에서 방수군防戍軍 비장裨將으로 활동할 때에도 선종산문과 일정한 관계를 유지하였으며, 국가를 세운 이후에는 선종 승려를 국사로 임명

研究』15, 1999, 279쪽을 참조할 것.

2 許興植,「葛陽寺 惠居國師碑」,『高麗佛教史研究』, 일조각, 1986, 592쪽 및 韓基汶,「高麗太祖의 寺院建築」,『高麗寺院의 構造와 機能』, 민족사, 1998, 23쪽의 연구를 참조할 수 있다.

3 金壽泰, 앞의 논문, 1999, 279~288쪽과「甄萱政權과 佛敎」, 百濟研究所,『후백제와 견훤』, 서경문화사, 2000, 59~65쪽.

4 견훤 정권과 선종산문의 관계를 밝힌 연구로는 金杜珍,「羅末麗初 桐裏山門의 成立과 그 思想―風水地理思想에 대한 再檢討―」,『東方學志』57, 1988;『신라하대 선종사상사 연구』, 일조각, 2007, 323~324쪽을 참조할 수 있다. 그리고 金壽泰, 앞의 논문, 2000, 65~68쪽을 보기 바란다. 필자가 이 원고를 작성할 때에는 쌍봉사와 견훤에 대하여 미처 생각하지 못하였는데, 나중에 견훤과 쌍봉사의 관계에 대해서도 언급할 기회가 있었다. 이에 대해서는 본서 제2편 제1장 '무진주 지역 불교계의 동향과 쌍봉사'를 참조할 것. 또한 견훤 정권과 실상산문에 대해서는 2009년에 발표된 裵宰勳의 논문도 참조할 수 있다(裵宰勳,「片雲和尙浮圖를 통해 본 實相山門과 甄萱政權」,『百濟研究』50, 2009).

했기 때문이다. 이러한 사실과 관련하여 여기서는 먼저 견훤이 상주尙州 지역에서 성장하면서 선종 불교와 어떤 관계를 가졌는지 검토할 것이다. 다음으로 그가 서남해 방수군 비장으로 활동할 때와 무진주에서 자립한 이후 선종산문과의 관계에 대해서도 알아보고자 한다. 마지막으로 견훤은 전주로 천도한 이후 선승을 국사로 임명하는데, 이것은 어떤 의미를 가지는지 살펴보려 한다. 이러한 검토를 통하여 견훤 정권과 선종 불교에 대한 이해가 깊어지기를 기대한다.

2. 상주의 선종 불교 동향과 견훤

견훤이 출생한 상주는 교통상의 요지로서 매우 중요한 곳이었다.[5] 통일 신라기 견당사遣唐使들은 이곳을 통하여 당으로 입국하였고 귀국 역시 이 길을 이용했을 것으로 추측된다.[6] 그런 만큼 이곳은 문화적인 교류가 활발하게 이루어지는 곳이었다고 해도 좋을 것이다. 따라서 상주의 이러한 지리·문화적인 배경이 견훤의 성장에도 큰 영향을 미쳤을 것임은 이를 나위가 없을 것이다.

그러면 당시 상주 지역에서 태어나 성장한 견훤이 선종 불교와는 어떠한 관계에 있었는지 알아보기로 하자. 그런데 둘 사이의 관계에 대한 직접적인 자료를 찾을 수 없기 때문에 당시 상주 지역 선종 불교계의 동향을 먼저 검토해 보는 것이 순서일 것 같다. 이와 관련하여 아래의 기록이 우리의 주목을 끈다.

---

5 韓基汶,「人文·歷史的 背景」,『古代沙伐國 關聯 文化遺蹟 地表調査 報告書』, 尙州産業大學校 尙州文化硏究院, 1996, 41~43쪽.
6 權悳永,『古代韓中外交史』, 一潮閣, 1997, 192~193쪽.

A. (진감혜소眞鑑慧昭는) 태화太和 4년(830년) 귀국하여 대각大覺의 상승上
乘 도리로 우리나라 어진 강토를 비추었다. 흥덕대왕興德大王이 편지를 보
내 환영하고 위로하며, "도의道義선사가 전날에 이미 돌아왔고, 스님께서
이어 돌아오시니 두 보살이 되었도다. (중략) 내가 장차 동쪽 계림 땅에 상
서로운 곳을 만들겠다"라고 하였다. 비로소 상주尙州의 노악산露岳山 장
백사長栢寺에 석장을 멈추었다. 의원의 문에 병자가 많듯이 오는 자가 구
름과 같아, 방장은 비록 넓었으나 형편이 어려워 드디어 보행으로 진주의
지리산智異山에 이르렀다(崔致遠 撰, 「河東 雙谿寺 眞鑑禪師 大空靈塔碑文」, 李智
冠, 『校勘譯註 歷代高僧碑文』(新羅篇), 伽山文庫, 1994, 143쪽).

위 A의 기록은 진감眞鑑선사 혜소慧昭(774~850)가 830년에 당나라에서
귀국한 이후 얼마 지나지 않은 시기에 상주에 위치한 장백사長栢寺에 머물
렀음을 알려 준다. 혜소선사가 상주에 가게 된 것은 흥덕왕의 배려 때문이
었으며, 혜소선사가 그곳으로 가고자 결정한 배경에는 그 지역이 선종 사
상을 퍼뜨리기에 용이하다는 생각이 있었기 때문이 아닐까 한다.[7] 어쨌든
혜소선사가 그곳에 가서 선종의 종지를 폈으며 많은 사람이 모여들었던
것으로 보아 그의 영향력이 적지 않았음을 알 수 있다. 적어도 상주 지역
사람들은 혜소선사의 노력으로 선종 불교를 접하게 되지 않았을까 생각된
다. 물론 혜소선사가 그 후에 상주를 떠나 지리산으로 들어가기는 하였지
만 상주에 남긴 그의 영향력은 적지 않았을 것이다. 따라서 남종선이 상주
지역에 알려지게 된 계기는 혜소선사 때문이었다고 해도 과언이 아닐 것
이다.

혜소선사가 상주 장백사를 떠나 지리산으로 들어간 이후 경문왕景文王
11년(871) 무렵에 성주사의 낭혜朗慧선사 무염無染(800~888)이 상주의 심
묘사深妙寺로 갔다.[8] 그는 그곳에서 약 3년 동안 머물면서 주민들의 교화

---

7 金楨權, 「眞鑒禪師 慧昭의 南宗禪 受容과 雙谿寺 創建」, 『湖西史學』 27, 1999, 16쪽.
8 曹凡煥, 「新羅末 聖住山門과 新羅王室—朗慧無染과 新羅王室과의 관계를 중심으로—」, 『國

에 힘썼다고 한다.[9] 무염화상의 교화가 많은 성과를 거두었음은 심묘사에 그를 칭송하는 비가 세워진 것에서 짐작이 가능하다. 즉, 헌강왕憲康王은 심묘사에 무염화상이 상주에서 이룩한 교화를 칭송하는 비문을 직접 찬하고 비를 세웠던 것이다.[10] 이러한 사실에서 볼 때, 경문왕대에 상주에서 활동한 무염화상의 영향력이 매우 컸을 것이라는 점은 의심의 여지가 없을 것이다. 그리고 그가 선종 불교를 확산시키는 데 큰 역할을 하였다고 해도 무리한 해석은 아닐 것이다. 결국 혜소선사와 무염화상의 남종선 전파로 상주 지역은 선종 불교가 다른 곳에 비하여 빨리 알려질 수 있었다고 짐작된다.

상주 지역에서 선종 불교가 널리 확산될 무렵, 선종 승려인 지증智證선사 도헌道憲(824~882)은 이곳의 중요 세력으로 추측되는 심충沈忠의 초청을 받아 이 지역에 머물렀으며 그의 지원을 받아 봉암사鳳巖寺를 개창하였다.[11] 그리고 881년 왕으로부터 절의 경계 표시와 봉암이라는 사액도 받았다. 이처럼 선종산문이 상주에서 생겨났다는 것은 그곳이 이제는 선종 불교와 떼려야 뗄 수 없는 관계가 되었다는 것을 알려 준다.

이러한 사실들을 통하여 볼 때 상주에서 태어나 성장한 견훤을 선종 불교와 분리시켜 생각할 수는 없을 것이다. 다시 말해, 그는 선종 불교의 영향력 아래 성장하였다고 보는 것이 옳을 것이다. 견훤은 성장하면서 근처에 있던 봉암사에도 들렀을 것이다. 그리고 그곳에서 선종 승려들과 교유 관계도 가졌을 것으로 짐작된다. 특히 선종 승려들의 실천적인 생활관이 견훤에게 많은 영향을 주었을 가능성도 있다. 또한 그가 희양산문曦陽山門

史館論叢』82, 1998;『新羅禪宗研究』, 一潮閣, 2001, 120~123쪽.
9 曺凡煥, 앞의 책, 2001, 122쪽.
10 曺凡煥, 위의 책, 2001, 122쪽.
11 崔致遠 撰, 「聞慶 鳳巖寺 智證大師 寂照塔碑文」, 李智冠, 『校勘譯註 歷代高僧碑文』(新羅篇), 伽山文庫, 1994, 321~322쪽.

의 도헌선사를 직접 만났을 가능성도 헤아려 볼 수 있다. 물론 기록이 없어 알 수 없지만, 상주 출신인 그가 선종 사찰로 유명한 봉암사에 한 번도 다녀가지 않았다고는 단정할 수 없기 때문이다. 결국 견훤은 상주를 떠나 중앙군으로 편입되기 이전까지는 화엄종보다 선종 불교와 친연성이 더 강하였다고 믿어진다.

3. 무진주 자립 전후의 견훤과 선종산문

견훤은 15세를 전후하여 상주를 떠났다고 짐작된다.[12] 그리고 중앙군에 소속되었다가 887년 무렵에는 서남해 방수군의 비장이 되어 그곳에서 독립된 부대의 지휘관으로 활동하였다.[13] 그러면 견훤이 서남해 방수군 비장으로 활동하면서는 선종산문에 대하여 어떠한 생각을 가졌는지 검토해 보자.

당시 서남해 지역은 당나라와 통하는 교통로交通路로서 많은 상선商船과 사람이 오가는 중요한 길목이었다.[14] 특히 당나라에서 유학하고 돌아오는 선승들 대부분이 도착하는 곳이기도 하였다. 그런데 당시 서남해 지역에서는 선종산문인 실상산문과 가지산문迦智山門 그리고 동리산문, 사자산문獅子山門 등이 큰 영향력을 발휘하고 있었다. 가지산문의 실질적인 개창자인 보조普照선사 체징體澄(804~880)은 이미 열반에 든 후였으나 그의 제자들이 뒤를 이어 산문을 주도하고 있었다. 그리고 동리산문의 개창자

---

12 李喜寬, 「甄萱의 後百濟 建國過程上의 몇 가지 問題點」, 백제연구소, 『후백제와 견훤』, 서경문화사, 2000, 31~36쪽.

13 申虎澈, 『後百濟 甄萱政權研究』, 일조각, 1993, 16쪽 및 李喜寬, 앞의 논문, 2000, 44쪽.

14 지금의 전남 나주군 영산강 하구에 있던 회진會津항은 견당사들과 선승들의 출항뿐만 아니라 도착 장소로도 매우 중요한 곳이었다(權悳永, 앞의 책, 1997, 190~191쪽).

인 적인寂忍선사 혜철慧徹(785~861)도 열반에 든 지 오래되었지만 제자들이 산문을 계속 운영하고 있었다. 또한 남원에 위치한 실상산문도 마찬가지였다. 이들 네 산문이 그곳에서 차지하는 위치는 결코 적지 않았다. 예컨대, 가지산문의 경우 헌강왕이 사호寺號를 보림사寶林寺라 내린 것은 그곳이 동국 선종의 총본산임을 인정해 준 것이었다. 육조六祖대사 혜능慧能이 주석하던 소주韶州 조계산曹溪山 보림사가 중국 선종의 총본산이기 때문이다.[15] 따라서 가지산문은 선승들 사이에서 그 영향력이 적지 않았을 것이다. 물론 동리산문이나 실상산문도 가지산문과 버금가는 곳이었다고 생각된다.

사정이 이러하였던 만큼 서남해 방수군 비장으로 활동하던 견훤은 이들 산문에 자연스럽게 관심을 가지게 되었을 것이다. 산문을 주도하고 있던 선승들과도 어떤 형태로든 관계를 유지하였을 것이다. 네 산문이 왕실로부터 권위를 인정받고 있었던 만큼 견훤은 이들 산문과 가까이하려는 노력을 기울였을 것으로 보인다. 그렇지만 그가 방수군 비장으로 활동하고 있을 때 산문들과 어떠한 관계에 있었는지 구체적으로 파악하기는 힘들다. 다만 산문들에 대한 정보나 그곳을 주도하는 선승이 누구인지 정도만 헤아리고 있었을 것으로 추정할 뿐이다. 그러면 견훤이 방수군 비장으로 활동하다가 무진주에서 자립한 이후 이들 산문과의 관계는 어떠하였는지에 대하여 검토해 보자.

이와 관련하여 기왕의 연구를 살펴보면, 우선 동리산문의 도선道詵(827~898)국사와 연결되었던 것으로 알려져 있다.[16] 당시 도선국사는 태안사太安寺에 있지 않고 광양의 옥룡사玉龍寺에 머물고 있었다. 도선국사는 풍수지리風水地理에 밝았는데, 견훤이 이러한 사실을 모르지는 않았을 것이

---

15 崔完秀,「寶林寺」,『名刹巡禮』2, 대원사, 1994, 292쪽.
16 金杜珍, 앞의 책, 2007, 311쪽.

다. 아마도 견훤은 도선국사를 지원하면서 그의 사상을 건국의 이념적인 배경으로 삼고자 했던 것은 아니었을까 한다.[17]

견훤은 도선국사뿐만 아니라 동리산문 출신의 광자廣慈대사 윤다允多 (864~945)와도 밀접한 관계에 있었던 것으로 파악된다. 그 이유는 윤다선사가 태안사의 경제적 기반을 확대하는 것과 밀접한 관련이 있기 때문이다. 태안사의 단월이 구체적으로 명기되어 있지는 않은데, 아마도 그것은 신라나 고려 정부의 입장에서 볼 때 이름을 남길 수 없는 인물이었기 때문일 것이다. 다시 말해서 반신라적이거나 반고려적인 인물이라서 그러하였을 것이라고 하는 점이다. 이러한 점을 염두에 두고 기왕의 연구에서는 견훤이 태안사와 밀접한 관계에 있었던 것으로 파악하고 있다.[18]

한편 견훤은 무진주에 도읍한 이후 실상산문에 대해서도 관심을 두게 되었다. 당시 실상산문은 후백제보다는 신라 왕실과 더 밀착된 관계를 유지하고 있었다. 수철秀澈(815~893)화상이 열반에 든 이후 그의 비碑가 왕실의 지원으로 세워진 것에서 실상산문과 왕실의 관계가 밀접하였음을 알 수 있다. 견훤이 실상산문의 이러한 동향을 모르지는 않았을 것이다.[19] 그렇다고 해서 견훤이 실상산문의 이러한 동향을 강제로 바꾸거나 신라 왕실과의 단절을 요구하기는 어려웠을 것이다. 왜냐하면 당시 견훤 스스로가 왕을 칭하지 않고 신라의 지방관임을 자처하였기 때문이다.[20]

이렇게 보면, 견훤이 동리산문과 실상산문에 주목한 이유를 어느 정도

---

17 견훤이 옥룡사의 도선국사와 연결된 것은 적어도 방수군 비장 시절이었을 것이다. 그가 후백제를 건국하는 데에 도선국사의 풍수지리설이 이념적인 뒷받침이 되었던 것으로 짐작해 볼 수 있다.

18 金杜珍, 앞의 책, 2007, 322쪽.

19 수철화상 비문에서 견훤과 직접적으로 연결되는 내용은 찾을 수 없다. 비록 그렇다고 하더라도 견훤이 수철화상과 관련되지 않았다고 단정 지어 얘기할 수는 없을 것이다. 수철화상의 비가 신라 왕실에 의하여 세워진 만큼 견훤과의 관련성을 언급하지 않았을 수도 있기 때문이다.

20 견훤은 自稱 新羅西面都統指揮兵馬制置持節都督全武公等州軍事行全州刺史兼御史中丞上柱國漢南郡開國公食邑二千戶라 하였다(『三國史記』 권50 甄萱傳).

알 수 있다. 즉, 그때까지만 해도 견훤은 백제 부흥의 명분을 내세워 무진주를 점령하고 자신의 세력을 확보하고 있으면서도 신라의 지방관임을 자처하고 있었다. 돌려 말하면, 견훤은 신라 국왕에 대하여 '존왕尊王의 의義'를 내세우며 신라 지방관으로서의 공적인 역할을 자처한 것이라고 할 수 있다. 이는 곧 견훤이 자신의 지배 영역에 대하여 군사적으로는 독립된 힘을 가지고 있었지만, 대외적으로는 신라 국왕에 대항하여 독자적인 존재를 표방하지는 못하였음을 의미한다. 물론 견훤이 내세운 존왕의 의는 지극히 형식적이고 의례적인 것이었다. 당시 신라 왕실의 권위는 다른 어느 시기보다도 낮았다. 그러나 천년의 정통성을 가졌다는 명분은 강하게 남아 있었다. 그러므로 견훤은 신라 왕실의 인정을 받아야 하였다. 그것이 지방에서 자신의 지위나 권력을 확대해 가는 데 유리하게 작용하였기 때문이다.[21] 견훤이 친신라 정책을 추구한 이유가 바로 여기에 있다.

그런데 견훤이 신라 왕실의 인정을 받기 위해서는 왕실과의 접촉이 필요하였다. 그렇지만 견훤이 직접 왕실과 접촉할 수는 없었다. 그러자 견훤은 당시 왕실과 밀접한 관계에 있던 선종산문을 주목한 것으로 볼 수 있다. 이미 알아보았지만, 당시 선종산문은 신라 왕실과 매우 가까운 관계에 있었으며 왕실의 권위를 등에 업고 있었다. 실상산문의 경우 수철화상의 비가 왕실의 지원에 의하여 세워졌다는 것이 바로 이를 입증한다. 따라서 견훤으로서는 선종산문에 더욱더 관심을 두지 않을 수 없었을 것이다. 견훤이 선종산문과 연결하고자 하였던 이유는 바로 여기에 있었다.

또한 견훤은 서남해에 위치한 산문과 관련이 있던 지방 호족들의 동향도 파악하여야 했을 것이다. 견훤이 후백제를 건국하기 이전에 이들 산문과 관련이 있던 호족은 하나만이 아니었을 것이다. 그러나 그 호족 세력이

21　申虎澈,「後三國時代 豪族과 國王」,『震檀學報』89, 2000, 13쪽.

누구인지 구체적으로는 알 수 없다. 다만 이들의 세력이 만만치는 않았을 것이다.[22] 예컨대, 실상산문은 당시 남원南原 소경小京을 중심으로 한 호족 세력과 밀접한 관련이 있었던 것으로 보인다. 남원 소경이 실상사와 멀지 않은 거리에 있었던 것으로 미루어 짐작이 가능하다.[23] 그리고 남원 소경 에는 고구려 유민들의 후예가 살고 있었으며 신라 왕실에 대한 불만이 적 지 않던 곳이기도 하다.[24] 따라서 견훤으로서는 남원 소경의 세력과 연결 되는 것을 바랐을 것이며, 그것은 바로 실상산문을 통하여 가능하다는 것 을 알고 있었을 것이다. 그러나 견훤이 실상산문을 견제하거나 신라 왕실 과의 단절을 요구하지는 않았을 것으로 생각된다. 다만 실상산문의 동향 을 지켜보는 것으로 만족하였을 가능성도 있다. 그리고 실상산문과 관련 이 있는 호족 세력들을 자기편으로 끌어들이기 위해서는 그곳이 중요하다 는 것도 알고 있었을 것이다.[25]

이 밖에 견훤이 그 지역의 여러 선종산문에 주목한 또 다른 이유는 없었 을지 생각해 보자. 당시 당나라에서 유학한 선승들이 귀국하던 장소가 대

---

22 실상사에 모셔져 있는 철조약사여래좌상의 제작연대가 860년대 전후라고 한다(文明大,「新 羅 下代 佛敎彫刻의 硏究(Ⅰ)—防禦山 및 實相寺 藥師如來巨像을 中心으로—」,『歷史學報』 73, 1977, 26쪽). 그런데 이 철불의 조성과 관련하여 단월이 누구였는지는 알려져 있지 않다. 만약 이것의 조성에 신라 왕실이 관여하였다면 그것과 관련하여 명문이 남아 있을 것이다. 예 컨대 보림사 철불의 경우가 그러하다. 그렇다고 철조약사여래좌상에 명문이 없다고 하여 그 것의 조성에 남원 지역 호족 세력의 지원이 있었다고 단정하기에도 무리가 따른다. 이에 대해 서는 좀 더 생각해 볼 필요가 있다.

23 남원은 특히 군사적으로도 중요한 요충지로서 백제가 신라를 공격할 때 군사상 전진기지였 으며, 후백제 견훤 역시 신라의 대야성을 공격할 때 남원을 군사적인 거점으로 삼았다(崔根 泳,『統一新羅時代의 支配勢力硏究』, 신서원, 1990, 123∼125쪽).

24 林炳泰,「新羅小京考」,『歷史學報』35·36, 1967, 92쪽.

25 견훤이 무진주에서 활동하고 있을 때 사자산문의 징효대사 절중이 내려와 순천의 호족과 결 합하였다. 이에 견훤은 순천의 호족을 통하여 절중과 연결되었다고 한다(朴貞柱,「新羅末· 高麗初 獅子山門과 政治勢力」,『震檀學報』77, 1994, 20∼22쪽). 이러한 사실을 통하여 볼 때 견훤이 지방 호족 세력과 연결되는 과정에서 선사들도 포섭의 대상이 되었음을 알 수 있다. 특히 절중선사의 경우 명주 지역에서 내려왔기 때문에 그곳의 사정을 아는 데 큰 도움이 되었 을 것이다.

체로 전라도 지역이었다.[26] 그리고 그곳에 최초의 선종산문인 실상산문뿐만 아니라 여러 선종산문이 위치하고 있었다. 당시 대부분의 선승들은 마조도일馬祖道一의 제자들에게서 선법을 배워 돌아왔다. 그러므로 마조선사의 적자라 할 수 있는 서당지장西堂智藏(735~814)의 법을 받고 돌아온 홍척洪陟선사가 세운 실상산문은 그만큼 선종 승려들에게는 상징적인 의미가 있었을 것이다. 실상산문은 마치 한번은 들러 가야 하는 곳으로 인식되었던 것 같다.[27] 더구나 가지산문과 동리산문의 경우도 산문의 개산조들이 모두 서당선사의 법을 받아 귀국하였다. 그런 만큼 이 세 산문은 당나라에서 귀국하는 선종 승려들에게는 하나의 거점이었다고 해도 좋을 것이다. 이에 견훤은 이러한 곳을 놓치지 않았을 것이다.

> B. (의종) 황제가 대사에게 묻되, "머나먼 바다를 건너오신 것은 무엇을 구하려 합입니까" 하였다. 대사가 황제에게 대답하되, "빈도는 상국의 풍속을 관찰하고 불도를 중화에서 묻고자 하였는데, 오늘 다행히도 홍은鴻恩을 입어 성사를 볼 수 있게 되었으며, 소승이 구하고자 하는 것은 두루 영적을 샅샅이 참배하여 적수의 구슬을 찾고, 귀국하여서는 우리나라를 비추는 청구의 법인을 짓고자 합니다" 라고 하였다(崔彦撝 撰, 「奉化 太子寺 朗空大師 白月栖雲塔碑文」, 李智冠, 『校勘譯註 歷代高僧碑文』(高麗篇1), 伽山文庫, 1994, 382쪽).

위 B의 기록에서 낭공朗空대사 행적行寂(832~916)은 당나라 황제를 배알한 자리에서 자신이 당나라에 유학을 온 목적이 "풍속을 관찰하고 불도

---

26 태안사太安寺 혜철慧徹선사는 귀국하여 무주 관내의 쌍봉난야雙峰蘭若에 머물렀으며, 철감哲鑑선사 도윤道允도 쌍봉난야에서 법을 폈다. 그리고 보림사寶林寺 체징體澄선사도 무주의 황학난야黃壑蘭若에서 거처하였다. 이외에 광조사廣照寺 진철眞澈, 보제사寶提寺 대경大鏡, 흥법사興法寺 진공眞空, 정토사淨土寺 법경法鏡, 옥룡사玉龍寺 통진洞眞 선사 등도 무주 관내의 난야에 머물렀다.

27 봉림산문의 개산조인 원감圓鑑선사 현욱玄昱도 당나라에서 귀국하자 곧바로 실상사에 머물렀다. 이에 대해서는 본서 제1편 제2장을 참조할 것.

를 중화에서 묻고자 하는 것"이라고 밝히고 있다. 이처럼 당나라에 유학한 선승들이 그곳에서 황제를 만났다는 것은 이들이 당나라의 정치 세력과 교유가 있었음을 알려 주는 것이다. 물론 행적선사가 견훤과 관련이 있었는지는 알 수 없지만, 행적선사와 비슷한 선승들이 이들 산문에 적지 않았을 것이다. 그러므로 당나라와의 외교 관계를 염두에 둔 견훤에게 그러한 선승들은 매우 필요한 존재들이었을 것이다. 즉, 당나라와의 외교적인 통로를 확보하기 위해서도 선승들이 필요하였다고 볼 수 있다. 견훤은 선승들이 주로 유학을 간 곳이 남중국이었고, 그러므로 그들이 남중국의 정치적인 사정에 정통해 있다는 것을 알아차린 것이다. 그리고 그곳의 정치 세력과 연결되기도 하였음을 놓쳤을 리가 없다.

견훤은 892년 무렵에 무주에 도읍을 정한 이후 오월吳越에 사신을 파견하였다.[28] 견훤이 이때 오월에 사신을 파견한 것은 후백제의 국제적인 위치를 인증받고 또한 국제적인 배경이 생기는 것을 염두에 두었기 때문이다.[29] 그런데 이 과정에서 선승들의 역할이 크지 않았을까 생각된다. 당시 선승들은 당나라에 유학하여 여러 가지 많은 지식을 가지고 있었다. 견훤에게 있어 이들이 가진 지식은 매우 필요한 것이었으며, 선승들은 국가를 건설하는 데 필요한 협력자들이었다고 해도 과언이 아닐 것이다.[30] 또한 견훤은 선승들을 통하여 외교적인 자문을 받았다고 보아도 좋을 것이다. 따라서 견훤이 이들 산문에 많은 관심을 두었던 것은 어쩌면 당연한 것이

---

28 申虎澈, 앞의 책, 1993, 136쪽.

29 金庠基, 「新羅末에 있어서의 地方群雄의 對中통교」, 『黃義敦古稀紀念論叢』, 1969; 『東方史論叢』, 서울대학교 출판부, 1974, 439쪽.

30 고려 태조 왕건은 건국 직후에 당나라에서 유학하고 돌아온 승려들을 적극적으로 포섭하였다. 이는 그들의 권위와 역량을 이용하여 안으로는 중앙 귀족을 포섭하고 밖으로는 지방 호족들을 회유·견제하기 위한 것이었다(徐珍敎, 「高麗 太祖의 禪僧包攝과 住持派遣」, 洪承基 編, 『高麗 太祖의 國家經營』, 서울대학교 출판부, 1996, 381쪽). 견훤도 결코 이와 다르지 않았을 것이다.

었는지도 모른다.

결국 견훤은 서남해 방수군 비장으로 활동할 때에는 가지산문 및 동리산문 그리고 실상산문과 연결하는 데 많은 관심을 기울였다. 그러다가 무진주 지역에 후백제를 건국한 후에는 이 산문들을 그의 영향력 아래 둘 수 있었다고 생각된다. 이후 그는 실상사를 주목하였는데, 그곳은 새로운 지식을 얻을 수 있는 보고寶庫나 마찬가지였다. 그 이유에 대해서는 다음 절에서 자세하게 살펴보기로 하자.

4. 전주 천도 이후 견훤과 선승

견훤은 현재의 전라도 광주에서 세력을 모은 다음 900년에 전주로 천도하였다. 그러면 그가 전주로 천도한 이후 선승 및 선종산문과는 어떠한 관계를 가졌는지 궁금하다. 그런데 가지산문의 경우에는 견훤과의 관계를 알려 주는 기록이 전혀 없는 관계로 구체적인 실상을 이해하기가 곤란하다. 그러므로 동리산문과 실상산문을 중심으로 살펴보자.

견훤과 동리산문의 관계에 대해서는 광자대사 윤다와 관련이 있었던 것은 알 수 있지만, 구체적인 실상에 대하여는 파악하기 힘들다. 또한 도선국사는 견훤이 전주로 천도하기 약 2년 전에 열반에 들었으므로 옥룡사와의 관계에 대해서도 더 이상 헤아리기 어렵다. 그러나 실상산문과의 관계에 대해서는 다음과 같은 기록이 있어 크게 참고된다.

C. 創祖洪陟弟子 安峰創祖 片雲和尙浮屠 正開十年庚午歲建(韓國古代社會硏究所, 『譯註 韓國古代金石文』 제3권, 駕洛國史蹟開發硏究院, 1992, 172쪽).

위 C는 실상사의 개창자인 홍척대사의 제자이며 안봉사安峰寺의 개창자인 편운화상의 부도에 기록되어 있는 명문이다. 명문에서 부도가 건립된 해가 정개正開 10년 경오년임을 알 수 있다.[31] 그리고 정개 10년은 910년에 해당된다는 사실도 밝혀졌다.[32] 이러한 사실을 통하여 견훤이 연호를 사용하였다는 것과 그것이 전주 천도 이후의 일이라는 것을 알 수 있다.[33]

그런데 여기서 주목할 점은 실상사 조계암 구지舊址에 세워져 있는 편운화상의 부도에 견훤이 제정한 연호가 사용되고 있다는 사실이다. 이러한 사실은 910년대에 이르러서는 실상산문이 완전히 견훤의 정치적인 영향력 아래에 있었다는 것을 의미한다. 그리고 실상산문이 견훤 정권과 매우 밀접하게 관련되어 있었다는 것도 암시한다. 특히 편운화상의 부도를 세우는 데 있어 정개라는 연호를 사용한 것을 통하여 그것이 견훤의 경제적인 지원 내지는 그 영향력에 의하여 세워졌다고 보아도 무리한 추측은 아닐 것이다.[34]

편운화상의 생몰 연대는 정확히 알 수 없지만 910년에 부도가 세워진 것으로 보아 적어도 910년 이전에 열반에 들었음을 알 수 있다. 그리고 편운화상은 견훤과 밀접한 관계에 있었음도 짐작할 수 있다.[35] 그러면 견훤이 안봉사의 편운화상을 적극적으로 지원한 이유는 무엇이었을까 하는 점이 궁금하다. 이를 알려 줄 기록은 없으나 견훤과 편운화상의 관계를 추론해

31 편운화상의 부도와 관련하여 金包光,「片雲塔과 後百濟의 年號」,『佛教』49, 1928, 7월호.
32 申虎澈,「全州遷都와 國家體制의 整備」, 앞의 책, 1993, 53쪽.
33 申虎澈,「甄萱政權의 成立」, 앞의 책, 1993, 53쪽 참조.
34 裵宰勳, 앞의 논문, 2009, 225~229쪽 참조.
35 C의 기록을 자세히 살펴보면 편운화상은 실상사에 거주한 것이 아니라 안봉사를 개창하고 그곳에서 주석하였던 것으로 이해된다. 그러나 이 기록은 다음과 같이 이해하는 것이 보다 더 옳지 않을까 싶다. 즉, 안봉사는 실상사와 전혀 다른 사찰이 아니라 실상사 내에 위치하였던 암자와 같은 존재가 아닐까 하는 것이다. 이렇게 보는 이유 가운데 하나는 안봉이 운봉을 잘못 표기한 것이 아닌가 하는 점에서이다. 운봉에 실상사가 위치하고 있다는 점을 염두에 두면 이러한 추측도 가능하지 않을까 싶다.

봄으로써 문제를 해결할 수 있지 않을까 싶다. 견훤이 안봉사에 적극적인 지원을 하였다는 것은 안봉사의 편운화상 또한 그 반대급부를 제공했다는 의미일 것이다. 이제 편운화상이 견훤에게 제공한 반대급부가 무엇이었는지를 알아낸다면 견훤과 편운화상의 관계, 나아가 견훤과 실상산문의 관계를 좀 더 잘 알 수 있지 않을까 싶다. 그러나 이와 관련된 기록은 전혀 찾을 수가 없다. 따라서 당시 후백제 불교계의 상황을 살피는 과정에서 알아보기로 하자.

견훤은 전주로 천도한 이후 진표계의 미륵신앙과는 서서히 거리를 두었다고 한다.[36] 진표 사후 미륵신앙은 속리산을 중심으로 전개되고 있었는데, 영심永深의 활동이 그것을 말해 준다. 그런데 904년 청주가 궁예의 주요한 세력 기반이 되면서 궁예 정권과 진표의 미륵신앙이 결합되었다.[37] 그러므로 견훤은 진표의 미륵신앙만을 자신의 사상적인 기반으로 유지하기는 어려웠던 것 같다. 진표의 미륵신앙은 이제 견훤만의 사상이 아니었기 때문이다.[38]

더욱 중요한 사실은 진표의 미륵신앙은 왕권과의 관계가 상대적으로 느슨하다는 점이다. 이에 견훤은 진표의 미륵신앙에서 벗어나 새로운 사상으로 눈을 돌리게 되었을 것이다. 그러한 과정에서 견훤이 다시 관심을 둔 것이 바로 선종이었다고 생각된다. 선종에 관심을 둔 견훤은 다시금 실상사를 주목한 것으로 보인다. 당시 실상사는 수철화상이 입적하고 그의 제자들이 이끌어 가고 있었다. 그리고 홍척선사의 제자 가운데 편운화상이 안봉사를 중심으로 선사상을 펴고 있었던 것이다.

당연히 견훤은 편운화상의 선사상에 주목하고 그것에 매력을 느꼈을 것

---

36 金壽泰, 앞의 논문, 2000, 62~63쪽.
37 金壽泰, 「新羅末·高麗前期 淸州金氏와 法相宗」, 『中原文化論叢』 1, 1997, 23~26쪽.
38 金壽泰, 앞의 논문, 1999, 282쪽.

이다. 그렇다면 이제 편운화상의 선사상은 견훤에게 어떤 매력을 주었을까 하는 점을 알아보자. 편운화상의 선사상이 별도로 전해지지는 않지만, 편운화상은 견훤에게 신라 왕실의 눈치를 보지 않고 스스로 독립할 수 있는 사상적인 기반을 마련해 준 것은 아니었을까 한다. 광주에서 전주로 천도하여 국가를 세운 견훤에게 있어 신라는 여전히 부담의 대상이었다. 그것은 그가 신라에 의지하여 성장한 것과 밀접한 관련이 있다. 견훤은 일찍이 신라의 중앙군으로 출발하여 방수군의 지휘관으로 출세한 인물이다. 그리고 그는 신라의 군인 세력을 기반으로 하여 정권을 세웠다. 따라서 견훤은 군인이면서 동시에 신라의 관리였다고 할 수 있다. 그래서 견훤은 자신의 정권을 세운 후에도 신라 체제를 그대로 따르고 있었다고 볼 수 있다.[39] 이는 견훤 정권의 독자성과도 관련이 되는 문제이다. 비록 신라에 반발해서 국가를 세웠다고는 하지만 신라에서 벗어나지 못하고 있었음을 알려 주는 것이다.

사정이 이러하였던 만큼 견훤과 견훤을 지지하던 인물들은 하루빨리 신라의 그늘에서 벗어나고자 하였을 것이다. 그리고 그런 기회 내지 바탕을 만들어 준 인물이 바로 편운화상이 아니었을까 한다. 전주로 천도한 이후 국가 체제가 정비된 이상 진표의 미륵신앙은 견훤에게 부담으로 다가올 뿐이었다. 그것은 왕권을 강화하는 데 있어 도리어 걸림돌로 작용하였기 때문이다. 그렇지만 당시 선종은 중앙과 탄력적인 관계를 유지하면서 호족들과도 유기적인 관계를 가지고 있었다. 또한 중앙의 통제에서 벗어나 독자적인 세력을 강화하려고 한 지방 호족 세력의 행동을 이념적으로 정당화하는 토대를 만들어 주기도 하였다. 이런 과정에서 견훤과 편운화상이 의도하는 바가 서로 부합될 수 있었던 것으로 헤아려진다. 이에 견훤은

---

39 申虎澈, 앞의 책, 1993, 57쪽.

안봉사를 적극적으로 지원한 것으로 볼 수 있다.[40]

다음으로 903년 왕건王建의 나주羅州 점령과 관련하여 생각해 볼 수 있다. 903년부터 시작된 왕건의 나주 정벌로 말미암아 이 지역이 매우 혼란에 휩싸여 있었기 때문이다. 이러한 사실과 관련하여 김두진은 이곳으로 귀국하는 대부분의 승려들이 처음부터 왕건의 도움으로 귀국하고 왕건과 결연한 것으로 파악하고 있다.[41] 이러한 이해는 903년의 나주 정벌로 인하여 왕건의 세력권 안으로 들어온 이 지역이 그 뒤 줄곧 그 상태를 유지하면서 왕건의 강력한 통치력 아래 있었다는 사실을 전제로 한 것이다. 그러나 나주 지역의 상황이 그렇게 단순하게 파악될 성질의 것은 아니라고 생각된다.[42] 왕건의 즉위 전까지 이 지역은 궁예의 세력이 우위를 차지하면서도 견훤과 치열한 전투를 계속해서 치러야 했던, 즉 두 세력 사이의 군사적 긴장 관계가 첨예하게 대립했던 곳으로 이해해야 할 것이다. 특히 909년 목포에서 덕진포에 이르는 바다에서의 전투는 전략적 요충지인 나주를 놓고 양측이 얼마나 치열한 싸움을 벌였는가를 알려 주기에 충분하다.[43]

이렇게 볼 때, 당시 이 지역에 있던 여러 선종산문은 전화戰火에 휩싸였을 것이다. 이들 산문과 견훤의 관계에 대하여 남겨진 기록은 없지만 적어도 903년 이전까지는 여러 선종산문이 견훤의 영향력 아래에 있었으나,

---

40 金壽泰는 920년대 전반을 견훤이 신라와의 관계를 변화시키며 독자적인 움직임을 보이던 시기라고 판단하였다(金壽泰, 앞의 논문, 1999, 286쪽의 주 74번 참조). 그러나 견훤은 이미 910년대를 전후하여 신라와는 별개의 독자적인 움직임을 보이기 시작하였으며, 그것은 바로 선종 불교를 통해서였다고 해도 좋을 것이다.

41 金杜珍, 「王建의 僧侶結合과 그 意圖」, 『韓國學論叢』 4, 1982; 『고려전기 교종과 선종의 교섭사상사 연구』, 일조각, 2006, 109쪽.

42 徐珍教, 앞의 논문, 1996, 371쪽을 보면, 김두진의 견해와 달리 태조 왕건이 선승들과 만나게 된 것을 그가 고려를 건국한 직후의 일로 파악하고 있다. 이는 매우 중요한 지적이라 할 수 있는데, 그것은 당시 왕건과 선승들의 관계를 이해하는 데 있어 매우 중요한 출발점이 된다고 할 수 있기 때문이다.

43 『三國史記』 권50의 甄萱傳에 따르면, 견훤은 910년에도 나주를 보기병步騎兵 3천 명으로 공격하고 있다.

나주 지역을 중심으로 한 전화는 그 산문들이 견훤과 멀어지는 계기로 작용하였을 가능성도 충분하다.

사정이 이렇게 되자 견훤은 무엇보다 실상산문을 주목하였을 것이다. 앞서도 언급하였듯이, 실상산문은 최초의 선종산문이었던 만큼 그 상징성이 매우 컸다. 따라서 이러한 산문을 지원하고 보호하는 것이 무엇보다 중요하였을 것이다. 그래서 실상산문을 중심으로 전라도 지역에 위치한 여러 산문의 선승들을 실상산문 쪽으로 오게 하고 그 지역의 호족 세력들도 이를 따르게 했을 것으로 추측된다. 더구나 실상사에서 멀지 않은 곳에는 쌍계사雙磎寺가 자리하고 있었다. 진감선사 혜소가 개창한 쌍계사는 산문으로 성장하지는 못했지만 그 명맥은 유지하고 있었을 것이다. 이러한 세력도 실상산문을 통하여 유기적인 관계로 만들고자 하였을 것이다.

그러한 과정에서 실상산문은 진표계 미륵신앙을 포섭하는 역할도 맡게 된 것은 아니었을까 한다. 앞서 언급하였지만 진표계의 미륵신앙은 더 이상 견훤만의 것은 아니었다. 그러한 가운데 견훤이 선종에 더욱 관심을 기울이게 되자 법상종法相宗은 이에 반발한 것으로 보인다. 이러한 법상종의 반발을 무마하기 위해서는 법상종 사상을 포용할 수 있는 선종 세력이 필요하였을 것이다. 그리고 실상산문의 편운화상이 그러한 역할을 맡게 된 것이라 생각된다. 물론 그것이 성공적이었는지는 알 수 없지만, 이러한 노력을 실상산문에서 하였다는 것은 눈여겨볼 일이다.[44]

그러나 편운화상이 910년 이전에 열반에 들면서 실상산문 내 안봉사를 중심으로 이루어지던 견훤의 불교 정책도 이때부터 변화가 생기기 시작한 것으로 보인다. 편운화상이 열반에 든 이후 그의 제자들이 견훤의 불교 정책에 관여하였을 것은 어렵지 않게 짐작할 수 있다. 그러나 실상사를 중심

---

44 金杜珍, 앞의 책, 2007, 448쪽.

으로 한 불교계의 재편은 쉽지 않았을 것이다. 왜냐하면 편운화상이 입적한 이후 선종 불교계의 구심적인 인물이 사라졌기 때문이다. 이러한 가운데 견훤의 선종 불교 정책은 고답적인 상태에 머물러 있었다고 보는 것이 옳을 것이다. 더욱이 견훤은 왕권 강화를 추구하면서 익산의 미륵사에 더 많은 관심을 두었다. 그리고 미륵사 개탑을 통하여 자신의 정치적 권위를 강조하고자 노력했다.[45]

견훤이 군주로서 자신의 권위를 강조하던 가운데 920년대에 들어서면서 선종 불교 정책에 획기적인 변화가 일어났다. 선종 승려인 통진대사 경보(869~947)를 국사로 삼은 것이다. 경보선사는 도선국사의 제자로 동리산문에 속하는 선종 승려이다. 921년 견훤은 제자의 예를 갖추면서 그를 포섭하려고 노력하였고,[46] 경보선사는 광양의 옥룡사에 머물다가 전주의 남복선원南福禪院에 자리 잡게 되었다.[47]

견훤이 선종 승려를 국사로 삼은 것은 견훤의 불교 정책에 있어 커다란 변화가 있었음을 알려 주는 것이다. 그러면 그것이 무엇을 의미하는 것인지 알아보자. 이와 관련하여 기왕의 연구에서는 견훤이 그동안의 법상종을 대신하여 선종과 연결되고 있음을 보여 주는 것이라고 하였다.[48] 그러나 앞서도 언급하였지만, 그는 실상산문의 편운화상을 통하여 법상종을 포섭하려는 노력을 기울였으나 편운화상이 열반에 든 이후 그러한 노력이 쉽지 않았던 것 같다. 아마도 법상종 세력의 반발이 적지 않았을 것이기 때문이다. 이런 가운데 경보선사를 국사로 삼아 옛 백제 지역에 널리 퍼져 있던 진표계 법상종을 선종을 통해서 흡수하고자 하였던 것으로 볼 수 있다.

45 金壽泰, 앞의 논문, 1999, 283쪽.
46 金廷彦 撰,「光陽 玉龍寺 洞眞大師 寶雲塔碑文」, 李智冠,『校勘譯註 歷代高僧碑文』(高麗篇1), 伽山文庫, 1994, 424쪽.
47 許興植,「僧科制度와 그 機能」, 앞의 책, 1986, 358쪽.
48 金壽泰, 앞의 논문, 1999, 285~286쪽.

그렇다면 이외에 견훤이 경보선사를 국사로 삼은 또 다른 이유는 없었는지 살펴보기로 하자. 이를 알기 위해서는 당시 동리산문의 움직임을 눈여겨볼 필요가 있다.

　　D. 신성대왕(태조 왕건: 필자 주)은 때를 탄 성스러운 임금이요, 드물게 있는 밝은 임금이었다. 나라를 평안히 하고 속세를 위무하는 큰 기미를 풍성하게 하고, 법을 수호하며 이치에 부합하는 신이한 기술에 통달하였는데, 여러 가지 정무를 하는 여가에 마음을 현문에 두었다. 즉위하기 전부터 대사의 명성을 익히 들었으므로 낭관을 보내 왕의 편지를 가지고 산에 들어가 청하였다. "덕을 우러러 사모한 지 오래되었습니다. 스님의 위의를 뵙기 원합니다. 대사께서는 연세가 많이 드셔서 아마 걷기 어려우실 듯하니, 말을 타시는 것이 무슨 상관이 있겠습니까? 한번 궁궐로 와 주십시오." "노승은 전부터 일찍이 말을 탄 적이 없이 이 나이에 이르렀습니다. 산승 역시 왕의 백성이니 어찌 감히 명령을 거역하겠습니까." 지팡이를 짚고 미투리를 신고 걸어서 궁궐에 이르렀다(孫紹 撰,「谷城 大安寺 廣慈大師碑文」, 李智冠, 앞의 책 (高麗篇1), 1994, 352~353쪽).

　　위 D의 기록은 광자대사 윤다가 왕건의 부름에 응하여 고려 왕실로 갔음을 알려 준다. 그는 곡성의 태안사를 주도하던 선승으로, 왕건이 궁예를 몰아내고 집권하자 왕건과 연결된 듯하다.[49] 윤다선사가 견훤과 결별하고 왕건에게 간 이유는 알 수 없다. 다만 견훤이 전주로 천도한 이후 동리산문에 대한 지원이 실상산문보다 상대적으로 약해진 것은 아니었을까 추측해 볼 수 있다. 더구나 견훤은 왕권 강화를 추구하는 과정에서 익산 미륵사에 더욱 많은 관심을 두었다. 그 과정에서 윤다선사는 견훤의 관심 밖으로 멀어지게 된 것으로 헤아려진다. 이러한 가운데 왕건이 윤다선사를 부

─────────

49　徐珍敎는 윤다선사가 왕건과 연결된 시기를 왕건이 즉위한 직후로 보고 있다(徐珍敎, 앞의 논문, 1996, 371쪽).

르자 윤다선사는 고려로 간 것으로 보인다.

이렇게 보면, 동리산문의 중심 사찰인 태안사가 자신에게서 멀어지자 견훤은 당나라에서 귀국한 경보선사를 적극적으로 포섭한 것으로 생각된다. 경보선사를 국사로 삼은 것도 동리산문의 불만을 회유하려는 의도였을 것이다.[50] 그리고 동리산문이 왕건과 연결되지 않도록 적극적으로 저지하고자 하였음을 짐작할 수 있다. 즉, 태안사를 중심으로 하는 선종 세력이 견훤에게서 떠나가지 않도록 묶어 두기 위한 의도였다고 보인다. 결국 견훤은 경보선사를 국사로 삼아 동리산문을 중심으로 실상산문과 여타 다른 선종산문들을 서로 연결하여 유기적인 관계를 가지고자 하였다고 파악된다.

이와 아울러 견훤의 또 다른 의도를 읽어내지 않으면 안 될 것이다. 즉, 견훤은 경보선사의 행적에 대해서도 파악하고 있었던 것 같다.

> E. 그로부터 여러 곳으로 행각하되 배움에 있어 일정한 상사常師를 두지 않고 성주사聖住寺의 무염無染대사, 굴산사崛山寺의 범일梵日대사 등을 차례로 친견하여 법문을 듣고 현기를 깨닫고 생각하기를 "옥을 캐고 구슬을 탐색하듯 도가 어찌 먼 곳에 있겠는가. 행하면 바로 그곳에 있다"라고 하였다(金廷彦 撰,「光陽 玉龍寺 洞眞大師 寶雲塔碑文」, 李智冠, 앞의 책(高麗篇1), 1994, 420쪽).

경보선사는 당나라로 유학을 떠나기 전에 성주산문의 낭혜선사 무염과 굴산문崛山門의 통효通曉대사 범일梵日을 찾아갔다.[51] 그리고 이들 두 선사의 가르침을 받았다. 경보선사는 비록 두 산문에 오래 머물러 있지는 않았지만, 그곳에 머무르는 동안 많은 선승과 교분을 나누었을 것이다. 이렇게

---

50 경보선사는 도선국사의 제자이므로 옥룡사계로 파악된다. 비록 그렇다고 하더라도 그가 동리산문 출신이라는 점에서는 공통점이 있다.
51 曺凡煥, 앞의 책, 2001, 162~163쪽.

볼 때, 견훤은 경보선사의 이러한 여러 산문과의 연결을 중요시한 것은 아닐까 싶다. 즉, 그는 경보선사가 이들 산문과 연결된 것을 통하여 성주산문이나 굴산문과도 유기적인 관계를 가지려고 했던 것으로 파악된다. 경보선사를 국사로 임명한 것도 이와 궤를 같이하는 것으로 여겨진다.

한편 견훤과 선종 승려의 관계는 희양산문의 정진靜眞대사 긍양兢讓(878~956)을 통해서도 추측해 볼 수 있다. 긍양선사는 923년을 전후해 당나라 유학을 마치고 희안현으로 들어온 후 927년 무렵 왕건과 결합되는데, 그 이전 견훤과의 관계에 대해서는 알 수 없다. 다만 긍양선사가 속하였던 문경 봉암사가 견훤의 출신지임을 고려할 때 긍양선사의 귀국에 견훤이 일정한 역할을 하지 않았을까 짐작해 볼 수 있다.[52]

긍양선사가 희양산문 출신이라는 것에서 알 수 있듯이 상주 지역에서 그의 영향력은 작지 않았을 것이다. 그런 만큼 견훤은 그의 역할을 기대하였던 것은 아니었을까 한다. 이미 견훤의 아버지인 아자개阿慈介가 상주를 들어 고려에 귀부한 만큼 상주는 고려의 영향력 아래 들었을 것이기 때문이다. 이에 견훤은 상주 지역에서 자신을 지지하는 세력을 형성하는 데 긍양선사의 도움을 바란 것으로 보면 어떨까 싶다.

5. 맺음말

후백제 견훤 정권은 불교를 사상적인 기반으로 삼았으며 선종 승려인 경보선사를 국사로 삼았다. 이는 견훤 정권이 당시 유행하던 선종 불교와도 밀접한 관계에 있었음을 알려 준다. 지금까지 검토한 것들을 요약하여

---

52 金壽泰, 앞의 논문, 2000, 39쪽.

결론에 대신하고자 한다.

견훤은 어린 시절부터 선종 불교와 밀접한 관계를 가졌다. 그가 태어난 상주는 교통의 요지이면서 선종 불교의 영향력이 매우 강한 곳이었다. 견훤이 태어나기 전에 이미 혜소선사와 무염선사가 상주를 중심으로 활동하였으며 그 영향력이 작지 않았다. 그리고 견훤은 성장하는 과정에서 도헌선사가 개창한 희양산문과 어느 정도 관련을 맺었던 것으로 보인다.

15세를 전후하여 중앙군으로 편입된 견훤은 얼마 후에 서남해 지역의 방수군 비장으로 자리를 옮겼다. 그리고 방수군의 비장으로 활동하면서 전라도 서남 지역에 개창된 선종산문들과 연결되고자 하였던 것 같다. 당시 유명하던 여러 산문은 개산조가 이미 열반에 들고 없었지만, 그들의 제자들이 왕실과 연결되어 산문을 운영하고 있었다. 이러한 가운데 견훤은 옥룡사의 도선국사와 연결되었던 것으로 파악된다.

무진주에 나라를 세운 견훤은 실상산문과 연결되었는데, 이는 선승들과의 연결뿐만 아니라 왕실과 연계하기 위한 의도도 포함하고 있었다. 그리고 선승들이 당나라에서 유학하고 돌아와 그곳의 사정에 대하여 잘 알고 있었기 때문에 그들의 도움도 얻고자 하였다. 이러한 노력의 결실이 오월吳越과의 수교로 이어지게 되었다.

전주로 천도한 이후 견훤은 실상사의 편운화상과 밀접한 관계를 가졌다. 특히 실상사에 경제적인 지원을 적극적으로 하였는데, 그것은 견훤이 신라로부터 사상적으로 자립하는 계기를 만들기 위해서였다. 그러나 910년 이전 편운화상의 죽음으로 말미암아 견훤이 의도하였던 것이 제대로 이루어지지 않았다. 또한 918년 왕건이 궁예를 몰아내고 고려를 세워 즉위하자 태안사를 주도하던 윤다선사가 왕건에게 갔다. 그러자 견훤은 경보선사를 국사로 삼아 선종을 중심으로 한 불교계의 재편을 서둘렀다.

견훤 정권과 선종 불교는 앞서 언급한 것처럼 불가분의 관계에 있었다.

견훤은 신라 말 최고의 선종산문이라 할 수 있는 가지산문과 동리산문 그리고 실상산문을 그의 영향력 아래에 두었다. 그리고 성주산문 및 굴산문과 연결된 경보선사를 국사로 삼아 산문 사이의 유기적인 연결 관계를 유지하고자 하였다. 또한 상주 출신의 긍양선사가 귀국하는 것을 도왔는데, 이는 상주의 희양산문과 연계하기 위한 것이었다. 이렇듯 견훤 정권과 선종 불교는 신라 말 고려 초 변혁기에 있어 그 친연성이 매우 강하였다고 할 수 있다.

제4편
남종선의 확산과 사회의 변화

제1장
선종산문과 사원 경제의 발전

1. 머리말

9~10세기 나羅·당唐·일日 삼국 사이에는 공무역보다 사무역이 더욱 활발하게 전개되었다. 특히 신라의 경우 828년 장보고張保皐가 청해진淸海鎭을 설치하고 그것을 기반으로 하여 삼국 간의 무역을 주도하였다. 그렇지만 841년 그가 죽음을 당한 이후에는 해상 무역의 양상이 달라졌을 뿐만 아니라 그 주도 세력도 재편되었다. 재당 신라인들은 당나라와 일본 사이의 교류에 있어서 신라를 경유하지 않고 남로南路를 이용하여 일본과 직접적인 교역 활동을 전개하였다. 그리고 신라인의 해상 교역 활동은 장보고와 청해진이 역사의 무대에서 사라진 뒤에 더욱 활기를 띠어 서남 지역의 군소 무역업자들이 활발하게 활동하게 되었다.[1] 그동안 왕경인王京人들은 장보고 집단을 통하여 정보를 수집하는 동시에 장보고 선단의 박래

---

1 李基東,「羅末麗初 南中國 여러 나라와의 交涉」,『歷史學報』155, 1997 및 南漢鎬,「9世紀 後半 新羅商人의 動向」,『靑藍史學』창간호, 1997.

품舶來品을 구입해 왔다. 그러나 장보고의 죽음을 계기로 이제까지 그의 중개로 행해지던 국제 교역의 주체가 서남 해안 지역의 군소 무역업자들로 바뀌게 된 것이다.

주도 세력에 변화가 있기는 하였지만, 해상 무역에 종사하는 사람들과 승려僧侶 및 사찰寺刹의 관계는 변하지 않았다. 해상 무역상들은 바다를 왕래하면서 겪을 수밖에 없는 여러 어려움을 극복하기 위하여 사원에 많은 재물을 희사하고 무사한 항해를 기원하였던 것이다.[2] 또한 승려들이 배를 이용할 경우 국적을 불문하고 환대했으며, 그들을 배에 태움으로써 항해의 안전을 기원하기도 했다. 가령 충주忠州 월광사月光寺 원랑선사비문 圓朗禪師碑文에 의하면, 원랑선사 대통大通은 856년 하정사賀正使를 따라 입당하였다가 866년 귀국할 때에는 회역사廻易使 진량陳良에 의탁해서 귀국했다.[3] 그런데 이 회역사란 지난날 장보고가 일본에 파견한 무역 사절단을 연상시키는 표현으로, 진량은 민간 무역업자로 보인다. 그러므로 대통선사가 진량의 선박을 이용하여 귀국할 수 있었던 것은 바로 이러한 사정이 내재되어 있었기 때문으로 볼 수 있다.[4]

이렇게 보면, 해상 무역상들과 승려 및 사원은 불가분의 관계에 있었다고 해야 할 것이다. 이에 여기에서 살펴보고자 하는 것은 바로 사원 경제와 해상 무역상들의 관계이며, 실제 그 양상이 어떠하였는가 하는 것이다. 그리고 당시 여러 성격의 사찰들이 존재하였는데, 그 가운데에서도 선종 사찰과 해상 무역상들의 관계에 주안점을 두어 살펴볼 예정이다.

2　日野開三郎,「唐·五代東亞諸國民の海上發展と佛教」,『日野開三郎 東洋史學論集』9, 三一書房, 1984, 213~227쪽 참조.

3　金穎 撰,「忠州 月光寺 圓朗禪師 大寶禪光塔碑文」, 李智冠,『校勘譯註 歷代高僧碑文』(新羅篇), 伽山文庫, 1994, 223쪽.

4　당나라로 가거나 신라로 귀국하는 선사들이 상선을 이용한 것과 관련하여서는 曹凡煥,「張保皐와 禪宗」,『STRATEGY21』4-2, 2002 및 본서 제3편 제2장을 참조할 것.

2. 해상 무역상과 사원

사원 경제와 해상 무역상들의 관계를 알려 주는 직접적인 자료는 바로
장보고와 적산赤山 법화원法華院이다. 장보고는 지금의 산둥성 룽청시 스
다오진 치산에 법화원을 개창하였다. 그가 법화원을 개창한 목적은 여러
가지가 있었는데, 가장 중요한 것은 무역과 관련된 것이라고 할 수 있다.[5]
즉, 장보고는 해상 무역을 통하여 부를 축적하고 재창출하기 위하여 적산
법화원을 창건했으며, 또 해상 무역을 통하여 그곳의 경제력을 유지했다.
이러한 예를 통하여 볼 때 사원 경제는 해상 무역상들과 불가분의 관계에
있었음을 알 수 있다.[6] 더욱이 엔닌圓仁의『입당구법순례행기入唐求法巡禮
行記』를 통하여 839년 6월 하순에 장보고가 보낸 교관선交關船 2척이 적산
포赤山浦에 도착하였고, 대당매물사大唐賣物使 최훈崔暈 병마사兵馬使가
적산 법화원을 찾아간 이후 그 교관선이 등주登州 유산포乳山浦와 양주揚
州 등을 왕래하였다는 사실을 확인할 수 있다.[7]

그리고 곤도 고이치近藤浩一는 충남 보령에서 무염선사가 개창한 성주
사聖住寺를 장보고 암살 후 대당 교역을 짊어진 거점으로 지목하였다. 그
근거로 첫째, 성주사의 건물 가운데 '전단림구간栴檀林九間'이 있었음을
들었다.[8] 전단은 자바나 수마트라 등에서 생산되는 유향 목재로 진골 귀족
이외의 사람들이 사용하지 못하는 사치품이었다. 그럼에도 불구하고 그러
한 박래품이 성주사 건물을 치장하고 있었다는 것을 지적하였다. 둘째, 성

---

5 曺凡煥,「張保皐와 赤山 法花院」,『대외문물교류연구』창간호, 2002 참조.

6 조영록 외,『장보고 선단과 해양불교』, 재단법인 해상왕장보고기념사업회, 2004, 20쪽에서
 "장보고가 세운 적산 법화원은 佛道에 商道를 일치시킨 聖所로서"라고 하여 적산 법화원이 무
 역상과 밀접한 관계에 있었음을 언급하였다.

7 圓仁,『入唐求法巡禮行記』開成 4年(839) 6月 28日條, 開成 5年(840) 2月 15日條, 會昌 5年
 (845) 7月 9日條 참조.

8 黃壽永,「(資料)崇嚴山聖住寺事蹟」,『考古美術』9-9, 1968.

주사 발굴 과정에서 당나라에서 반입된 도자기가 다수 출토되었다는 점을 언급하였다. 셋째, 산동반도 등주 문등현의 곤륜산 부근에서 발견된 '곤륜산무염원비崑崙山無染院碑'를 근거로 들어 산동반도와 신라 남포藍浦의 성주사 사이에는 정기적인 교류가 이루어지고 있었다고 하였다.[9] 물론 이 가운데 세 번째 근거로 제시된 곤륜산무염원비에 대해서는 의문이 제기되고 있기는 하지만,[10] 적어도 성주사가 장보고 사후 대당 교역의 거점이었다는 지적은 자못 신선하다고 할 수 있다. 이러한 지적은 성주사의 경제적 기반과 해상 무역상과의 관계를 알려 주는 또 다른 좋은 예라고 할 수 있을 것이다.

또한 같은 시기 일본의 『안상사가람연기자재장安祥寺伽藍緣起資財帳』에 따르면, 안상사安祥寺 승려 혜운惠運이 대재부大宰府 축전관세음사筑前觀世音寺에서 신라 상객商客을 통하여 동완銅鋺, 첩자疊子 등의 불구佛具를 구입한 모습을 살펴볼 수 있다. 무엇보다 안상사의 창건과 운영에는 후지와라 요시아우藤原良相, 도모노 요시오伴善男 등 중앙 유력 귀족이 간여하였다고 한다.[11] 이렇게 볼 때, 사원을 매개로 한 교역 활동은 당나라의 적산 법화원, 신라의 성주사 그리고 일본의 관세음사 등을 통해서도 알 수 있듯이 당시에는 동아시아 세계에서 일반적으로 찾아볼 수 있는 공통의 유형이었다. 그리고 더욱 중요한 사실은 사원을 통한 교역은 귀족층이 원하는 물건을 누구보다도 빨리 구입하고자 하는 시도였다는 점이다.[12]

---

9 이상에 대해서는 近藤浩一, 「九世紀中葉 聖住寺와 新羅王京人의 西海岸進出—張保皐 交易活動의 영향과 관련하여—」, 『新羅史學報』 8, 2006 참조.

10 權悳永, 「中國 山東省 無染院(址)에 관한 몇 가지 問題」, 『新羅文化』 28, 2006; 『신라의 바다 황해』, 일조각, 2012, 328쪽 참조. 그는 산동성 무염원지가 충남 보령의 성주사와는 아무런 관련이 없다는 것을 논증하고 있다.

11 保立道久, 『黃金王國—東アジアと平安日本—』, 青木書店, 2004, 168~169쪽.

12 田中史生, 「「歸化」と「流來」と「商賈之輩」」, 『日本古代國家の民族支配と渡來人』, 校倉書房, 1997, 246쪽.

지금까지 살펴본 바를 통하여 볼 때, 사원 특히 신라의 선종 사원은 박래품 교역을 중개하는 장소로서의 역할을 담당했고, 해상 무역상들과 밀접한 관계를 가졌음을 헤아릴 수 있다. 그렇다면 실제로 어떻게 그러한 과정이 이루어졌는지에 대하여 좀 더 구체적으로 살펴보기로 하자.

3. 선종 사원의 경제력 확대와 해상 무역상과의 관계

장보고 암살 후 서남 해역에서 성장한 군소 무역상들은 중앙의 진골 지배 세력과 연결하여 당나라나 서역을 통하여 들여온 값비싼 물건을 팔아 이윤을 남기는 것이 주목적이었을 것이다. 해상 무역상들은 중앙의 지배 세력을 등에 업고 활발한 무역 활동을 전개하면서 이익의 일부를 중앙의 정치 세력에 제공한 것으로 보인다. 또한 그들은 박래품을 들여와 그것을 선호하는 중앙의 귀족들에게 판매하였을 것이다. 그런데 박래품의 구매자가 중앙의 진골 지배 세력들뿐만 아니라 지방에서 성장한 유력자들까지 확대되어 갔다. 신라가 지방에 대한 통제력을 잃자 그곳의 유력자들이 점차 성장한 것이다. 그들은 지배 계급에서 배제된 일부 진골 귀족이거나 경주에서 지방으로 이주한 유력자들이었다. 그리고 이전부터 특정한 지역에서 자리 잡고 있던 촌주 세력들도 있었다. 그들이 지방을 중심으로 하여 대외 교역품의 수요자로 자리 잡은 것이다. 그러다 보니 해상 무역상들은 박래품의 주요 수요자가 이제는 경주의 진골 귀족들이 아니라 지방에 자리 잡은 유력자들이나 호족으로 성장한 세력이라고 생각하였던 것이다. 다음은 이상에서 파악한 것을 방증해 주는 하나의 예이다.

A. 공직龔直이 일찍이 백제에 조공하여 그 무도함을 보고 직달直達에게 말하

기를 "이제 이 나라를 보니 사치함이 도道가 없으니 내 비록 가까우나 다시 오고 싶지 않다. 듣건대 고려高麗 왕공王公은 문文은 족히 백성을 안정시키고 무武는 족히 폭暴을 금하니 (하략)"(『高麗史』 권92 列傳 제5 龔直).

위 A의 기록은 공직龔直의 눈에 비친 후백제後百濟의 모습이다. 좀 더 정확히는 후백제 왕실의 사치한 모습으로 이해된다. 공직은 후백제 왕실의 사치함이 도를 지나쳤다고 하였는데, 이는 외국에서 들여온 물건을 사용하거나 그것으로 장식했기 때문일 것이다. 물론 A의 기록에서 그러한 것을 알려 주지는 않지만, 후백제 왕실에서는 국내에서 생산되는 물건으로 사치한 생활을 한 것이 아니라 박래품을 이용하여 생활했음을 짐작할 수 있다. 아마도 대모玳瑁, 비취미翡翠尾, 자단紫檀, 침향沈香, 대당담大唐毯 등 외래外來 사치품의 사용을 언급한 것으로 볼 수 있다. 그것을 입증할 수 있는 근거로는 우선 시기가 앞서긴 하지만 흥덕왕興德王 9년(834)에 반포된 교서教書와 관련하여, 국내에 만연한 '이물지물기異物之物奇'를 좋아하여 '토산지비야土産之鄙野'하는 풍조가 당시의 신라 사회에 신분 불상응을 초래하였다고 한 것을 떠올리지 않을 수 없다.[13] 또한 후백제는 중국의 오월吳越과 밀접한 관계를 가졌는데, 이러한 교섭에는 경제적인 목적도 내재되어 있었던 것이다.[14] 이렇게 볼 때 당시 후백제의 견훤뿐만 아니라 유력한 호족들 가운데 일부도 박래품으로 사치스럽게 생활하였음을 알 수 있다.[15]

그렇다면 후백제 견훤의 경우는 중국의 오월과 직접 무역을 통하여 박래품을 들여왔지만, 그렇지 않은 지방의 군소 호족은 필요한 박래품을 어

---

13 『三國史記』 권33 雜志2 色服
14 權惠永, 「後百濟의 海外交涉 活動」, 백제연구소, 『후백제와 견훤』, 서경문화사, 2000, 146쪽 참조. 당시 오월이 자리 잡은 곳이 바로 양자강 하류에서 절강浙江 유역에 걸치는 지역이다. 이곳은 국제 무역의 핵심적인 위치였다.
15 『東國輿地勝覽』 권34 전라도 萬頃縣 山川조에 실린 群山島에 대한 기사가 이를 말해 준다(李基東, 앞의 논문, 1997, 11~12쪽).

떻게 구하였을까 하는 의문이 생긴다. 이와 관련하여 고려 왕조를 개창한 왕건의 선대 집안을 살펴보면 그 실마리를 찾을 수 있지 않을까 싶다.

왕건의 선대는 해상 무역을 주도하던 해상 세력으로 알려져 있다.[16] 그런데 왕건의 부친인 용건龍建과 조모인 용녀龍女는 용엄사龍嚴寺의 단월이었다. 이후 용엄사는 서운사瑞雲寺로 이름을 바꾸었으며, 순지順之선사가 주석하였다. 순지선사는 선승禪僧으로 널리 알려져 있다. 이러한 사실을 통하여 볼 때 왕건의 선대 집안과 선종 사찰인 서운사는 서로 밀접한 관계를 가졌음을 알 수 있다.[17] 왕건의 아버지와 할머니가 서운사의 단월이었다는 사실은 해상 왕래의 안전을 기원하기 위한 것으로 생각할 수도 있지만, 서운사가 일종의 투자를 위한 장소였음을 알려 주는 것으로 생각되기도 한다.

또 다른 예로는 장단長湍 한씨韓氏 세력과 오룡사五龍寺의 관계일 것이다. 944년에 세워진 장단의 오룡사 법경法鏡대사 보조혜광탑비문普照慧光塔碑文의 재학제자在學弟子 명단에는 세 명의 한씨가 등장하는데, 이들은 장단 출신으로 해상 무역을 하던 유력자들이다.[18] 이들이 선종 사찰인 오룡사의 단월이 된 이유는 왕건 선대의 예에서와 같다고 할 수 있을 것이다.

10세기 무렵 당나라에 유학한 선사들은 모두 강남의 절강성浙江省과 강소성江蘇省 일대에 도착하여 스승을 찾아 나섰다. 이는 남부 사단斜斷 항로를 이용하여 중국에 왕래했던 것에서 기인한다. 그리고 강남의 양주와 명주 지역이 국제 무역항이었으므로 이곳에는 공식 사절뿐만 아니라 상선들도 많이 왕래하였다. 상황이 이러하였으므로 중국에 다녀온 선승들은 중국의 사정에 대하여 적지 않은 정보를 가지고 있었을 것이다. 특히 선승들

16 鄭淸柱, 『新羅末高麗初 豪族研究』, 一潮閣, 1996, 200쪽에 기왕의 연구를 나열하였다.

17 金杜珍, 「了悟禪師 順之의 相論」, 『韓國史論』 2, 1975; 『고려전기 교종과 선종의 교섭사상사 연구』, 일조각, 2006, 22쪽.

18 鄭淸柱, 앞의 책, 1996, 114쪽 참조.

은 중국에서 자유롭게 돌아다녔으며 상인들이 가보지 못한 곳에도 다녀왔기 때문에 그 누구보다도 중국의 여러 사정에 대하여 잘 알고 있었을 가능성이 높다.[19] 따라서 선종 사찰은 해상 무역상들에게 정보를 제공해 주는 곳이자 해상 네트워크상의 결절점結節點이었다고 해도 좋을 것이다.[20]

이렇게 보면, 해상 무역상들은 항해를 전후하여 시주를 하거나 높은 가격의 물건을 판매할 장소를 찾기 위하여 사찰에 들렀을 가능성이 얼마든지 있다. 그런 과정에서 사찰에서는 박래품을 구입하고자 하는 지방의 호족들이 있으면 그들을 해상 무역업자들에게 연결해 주는 역할을 하지 않았을까 한다. 왕건의 선대 집안이 서운사의 단월이 되었다는 것은 바로 이러한 점과 관련이 있다고 해도 좋을 것이다.

결국 해상 무역상들은 선종 사찰을 매개체로 하여 박래품을 구하고자 하는 지방의 유력 호족들과 연결되었다고 할 수 있다. 그런 과정에서 선종 사찰들은 기존에 중앙과 맺었던 결연 관계를 유지하면서 해상 세력들과도 밀착되어 사원의 성장과 발전에 큰 도움을 받았다고 볼 수 있다. 그리고 각 지역의 호족들은 박래품을 구입하기 위하여 사원에 조도租稻(미米)를 보냈다. 조도는 교역품交易品으로서 큰 역할을 한 것으로 보인다. 일본 중세의 해역사海域史 연구를 통하여 조도(미)가 교역품, 즉 당물唐物에 대한 대가代價 가운데 중요한 물건으로서 이용되고 있는 것을[21] 볼 때 그러하다.

지금까지 선종 사찰이 해상 무역상들과 그들의 박래품을 구매하고자 하는 지방 유력자 사이의 매개체 역할을 하였다는 것과 더불어 그것이 사찰

---

19 利嚴선사의 비문을 보면, 그는 당나라의 여러 지역을 遊行하고 돌아온 것으로 되어 있다. 그는 제후들을 배알하고 말씀을 올렸으며, 열국에 투탁하여 그 풍습을 살폈다고 한다(崔彦撝撰, 「海州 廣照寺 眞澈大師 寶月乘空塔碑文」, 李智冠, 『校勘譯註 歷代高僧碑文』(高麗篇1), 伽山文庫, 1994, 34쪽 및 김영미, 「10세기 초 선사들의 중국 유학」, 『梨花史學研究』 33, 2006, 16~23쪽.

20 山內晋次, 『內良平安期の日本とアジア』, 吉川弘文館, 2003, 242~244쪽.

21 이와 관련해서는 近藤浩一, 앞의 논문, 2006을 참조할 것.

의 경제적인 측면과도 밀접하게 연결되어 있었다는 것을 지적하였다. 그러면 선종 사찰이 해상 무역상들을 통하여 경제적 기반을 확대하는 데 적극적이게 된 배경은 어디에 있었을까 하는 것이 궁금하다.

당시 당나라의 선종 사찰에서는 선원 청규淸規가 매우 강조되고 있었다. 그 가운데에는 세속적인 활동의 가치를 적극적으로 긍정하는 내용도 있었다.[22] 따라서 이러한 사상적인 특징은 당나라에 유학하였던 선승들 사이에도 널리 알려졌을 것이다. 순지선사의 경우에도 그러한 청규의 내용을 잘 이해하고 있었다고 생각할 수 있다. 그러므로 서운사는 해상 세력인 왕건의 선대와 밀접한 관계를 가지면서 사원의 경제적 이윤을 추구하지 않았을까 한다. 더 나아가 전라도 지역의 선종산문들도 마찬가지였을 것이다. 즉, 실상사나 태안사 그리고 보림사 등의 사찰도 청규를 강조하였으며 그것을 기반으로 하여 해상 무역상들과 관계를 가졌을 것으로 생각된다.[23]

이와 관련하여 주목되는 것은 선종 사찰에서 만든 조직 기구인 삼강전三綱典이다. 삼강전의 직임은 신라의 선종 사원이 당나라의 선원 청규의 직제까지 수용한 결과이다.[24] 그리고 그것은 신라 말 고려 초까지 선종 사원에서 한시적으로 운영되었는데, 중앙 승관 및 국가의 간섭과 통제로부터 벗어나려 하였다는 특징을 갖는다.[25] 또한 삼강전은 선종 사찰의 실질적인 일을 맡아 처리하는 기구로 알려져 있다. 삼강三綱은 원주승院主僧, 유나승維那僧, 전좌典座, 직세直歲 등으로 구성되어 있다. 원주는 사주와 같은 것으로 선종 사원의 대내외적인 업무를 담당하였고, 유나는 사원 내의 규율을 단속하고 통찰하는 임무와 사원의 창건과 중수를 감독하는 임무를 맡

22 余英時 著, 鄭仁在 譯, 『中國 近世宗教倫理와 商人精神』, 大韓教科書株式會社, 1993, 26~27쪽.
23 近藤浩一은 寶林寺도 王京人 아래서 海上活動者들을 편성하여 교역 활동에 관여한 사원이었던 것으로 파악하고 있다(近藤浩一, 앞의 논문, 2006 참조).
24 金在應, 「新羅末·高麗初 禪宗寺院의 三綱典」, 『震檀學報』 77, 1994, 46쪽.
25 金在應, 위의 논문, 1994, 46쪽.

았다. 전좌는 절의 살림을 맡고, 직세는 장원을 관리하거나 전조를 거두는 등 경제적인 업무를 담당하였다.[26] 이렇게 볼 때, 선종 사원은 경제 활동을 위하여 지금까지 두지 않았던 새로운 조직을 두었음을 알 수 있다. 더 나아가 선종 사원은 해상 무역상들과의 관계를 위해서도 이러한 조직 기구가 필요하지 않았을까 생각된다.

그런데 지금까지 선종 사원의 경제력과 관련하여 주로 언급된 것은 토지였고, 전토에서의 생산물은 곧 선종산문의 재정적인 뒷받침이 되었다고 한다.[27] 선승들은 신라 왕실이나 지방 호족 세력들과 유기적인 관계를 가지면서 그들로부터 지원을 받아 토지를 넓혀 나갔고 그것을 통하여 산문을 운영하였다는 것이다. 선종 사원과 관련하여 남겨진 기록을 보면 사원전 이외의 경제적인 기반을 찾아보기가 힘들다. 다만 동리산 태안사가 염전鹽田을 소유한 기록이 있어[28] 그것이 선종 사찰의 또 다른 경제적 기반이었음을 알 수 있다.

한편 당나라의 경우 사원의 경제적 기반이 된 것으로 사원이 소유한 전답, 물레방앗간 및 노동 인구를 가리키고 있다.[29] 특히 사원이 착유 시설도 갖추고 있어 상행위를 한 것으로 파악되기도 한다. 당나라의 경우를 통하여 볼 때 신라의 선종 사원도 전답은 물론이거니와 방앗간도 있었음에 틀림이 없을 것이다. 사원전의 경우는 중앙의 귀족들로부터 기진을 받거나 이미 기진받은 것을 통하여 새로운 사원전을 구입하여 넓혀 나갔을 것이다. 그렇다고 하더라도 사원전만으로 사원의 경제력을 유지하기는 어려웠

---

26 金在應, 같은 논문, 1994, 52쪽.

27 신라 하대 선종 사원의 경제적 기반과 관련하여 많은 연구가 이루어졌는데, 이와 관련하여 대표적인 논문은 金杜珍, 「新羅下代 禪宗山門의 社會經濟的 基盤」, 『韓國學論叢』 21, 1998; 『신라하대 선종사상사 연구』, 일조각, 2007, 107~136쪽을 참조할 것.

28 崔賀 撰, 「谷城 大安寺 寂忍禪師 照輪淸淨塔碑文」, 李智冠, 『校勘譯註 歷代高僧碑文』(新羅篇), 1994, 78쪽 참조.

29 黃敏枝 著, 임대희 譯, 『중국 역사상의 불교와 경제』, 서경, 2002, 57쪽.

을 것이다. 그러므로 지방 호족들과 해상 무역상들을 매개하는 역할을 통해서도 사원의 경제력을 향상시켰다고 보는 것이 보다 타당하지 않을까 싶다. 그러므로 지금까지 선종 사원의 경우 사원전을 기반으로 하여 경제력을 향상시켰다고 하는 연구에서 벗어나, 해상 무역상들과 지방 호족 세력을 연결시키는 기능을 통하여 경제력을 향상시켜 나간 것도 하나의 중요한 기반이 되었을 것으로 새롭게 볼 필요가 있을 것이다.

4. 맺음말

신라 하대의 사원 가운데에서도 특히 선종 사원은 박래품을 교역하는 장소로서의 역할을 담당하면서 해상 무역상들과 밀접한 관계를 유지하였다. 이러한 사실은 지금까지 선종 사원의 경제적 기반과 관련하여 알려진 것과는 크게 차이가 있음을 보여 준다. 즉, 토지가 사원의 경제적 기반 가운데 가장 큰 것으로 이해되었으나 신라 하대 선종 사원의 경우 그렇지 않다는 것이 입증된 것이다.

선종 사원에는 삼강전이 있었는데, 사원을 실질적으로 운영하는 기구로 알려져 있다. 삼강은 원주승, 유나승, 전좌, 직세 등으로 구성되어 있었다. 이들 중에서 전좌의 경우 절의 살림을 맡고, 직세는 장원을 관리하거나 전조를 거두는 등 경제적인 업무를 담당하였다. 이러한 직임을 통해서 볼 때 선승이 사원의 경제 활동을 매우 중시하였음을 알 수 있다.

이렇게 볼 때, 신라 하대 선종 사원은 경제 활동을 위하여 새로운 조직을 두었음을 알 수 있다. 더 나아가 선종 사원이 해상 무역상들과의 관계를 지속하기 위해서도 이러한 조직 기구가 필요하였을 것이며, 이를 기반으로 하여 선종 사원의 경제력을 확대시킬 수 있었다고 믿어진다.

선종 사원은 당시 왕실과도 연결되어 있었지만 지방 호족 세력과도 유기적인 관계를 가지고 있었다. 그러한 가운데 당물唐物이 도착하면 선종 사원에서는 지방 호족 세력과 해상 무역상들을 연결하는 역할까지 하였고, 그러한 활동을 통하여 사원의 부를 축적할 수 있었다. 이러한 일이 가능하였던 이유는 9~10세기 당나라에 유학하였던 신라의 선승들이 오랫동안 그곳에 머물면서 여러 곳을 다닌 결과 중국의 사정을 누구보다 잘 알고 있었기 때문이다. 그런 만큼 선종 사찰은 해상 무역상들에게 정보를 제공하는 장소가 되었고 해상 네트워크의 결절점이 될 수 있었던 것이다.

선종 사원의 발전과 해상 무역의 발전은 서로 궤를 같이한다고 보아도 좋을 것이다. 이는 서로 유기적인 관계에서 비롯된 것이고, 선승들의 생각이 달라진 것에서 비롯되었다고 해도 좋을 것이다.

제2장

선승과 차 문화

1. 머리말

　신라 하대에 적잖은 승려가 당나라에서 공부하고 귀국하였음은 이미 잘 알려져 있다. 그들은 당나라에서 선종이 유행하는 것을 보고 그것에 경도되어 화엄 대신 선종으로 사상적인 전회를 하였다. 신라 출신의 승려들은 특정한 선사 아래에서 공부하여 법을 받았으며, 그 이후에는 당나라의 여러 곳을 다니면서 받은 법을 확인하기도 했다.[1] 승려들은 짧게는 몇 년에서부터 길게는 수십 년에 이르기까지 당나라에 거주하였다.[2] 그러므로 신라의 승려들이 특정한 선사 문하에서 공부하는 동안 그곳에서의 생활에 익숙해졌음은 이를 나위가 없을 것이다.

　그런데 당시 당나라의 선종 사찰에서는 다탕의식茶湯儀式이 늘 행해졌

1　김복순, 「9~10세기 신라 유학승들의 중국 유학과 활동 반경」, 『역사와 현실』 56, 2005; 『新思潮로서의 신라 불교와 왕권』, 景仁文化社, 2008 참조.
2　김병곤, 「新羅 下代 求法僧들의 行蹟과 實狀—新羅 中古期 및 中代 求法僧과의 比較 考察—」, 『佛敎硏究』 24, 2006, 138~143쪽의 '표 3'을 참조할 것.

으며, 생활 그 자체가 차茶 마시는 의식과 매우 밀접하게 연결되어 있었다. 특히 차 마시는 의식이 별도로 정해져 있었을 뿐만 아니라 모든 의식이나 행사 때에도 다탕은 의식 자체에 포함되어 있었다.[3] 따라서 사찰에서 차와 관련된 사항이 매우 중시되었음을 알 수 있다.[4] 결국 신라의 선승들은 이러한 다탕의식에 대해서도 매우 잘 알고 있었음에 틀림이 없다고 해도 지나친 말은 아닐 것이다.

이러한 사실을 염두에 둘 때 신라 하대 선승들과 차는 불가분의 관계에 있었음을 알 수 있다. 그렇지만 이러한 사실에 주목하고 그것에 대하여 밝힌 논문은 거의 없다고 해도 과언이 아니다. 다만 선승들과 차가 서로 관련이 있다고 하는 언급 정도만 있을 뿐이다.[5]

이에 여기에서는 이러한 점에 착목하여 신라 하대 선승들과 차에 대하여 살펴볼 것이다. 이를 위하여 먼저 신라 하대 당나라 유학승들이 차 문화를 접하게 되는 계기와 그것의 수입에 대하여 알아볼 예정이다. 다음으로 귀국 후 선종산문의 개창과 더불어 이루어진 차 문화의 전파에 대하여 살펴볼 것이다. 마지막으로 선승들의 차 문화가 신라 사회에 미친 영향에 대하여 검토하고자 한다. 이러한 검토가 신라 하대 남종선 도입을 통한 새로운 문화의 유통을 이해하는 데 조그마한 도움이 되었으면 한다.

---

3 이근우 외, 『조선시대 궁중다례의 자료해설과 역주』, 민속원, 2008, 409쪽 및 조범환, 「중국 승려들과 차 문화」, 김진숙 외, 『장보고와 차 문화 전파』, 재단법인 해상왕장보고기념사업회, 2010, 75~84쪽.
4 사원 운영의 필요성에 따라 사찰에서도 차의 재배와 판매까지 관심을 두었던 것으로 알려져 있다(염숙·엄영욱 공저, 『중국 역사 속에 꽃피운 차문화』, 전남대학교 출판부, 2009, 91쪽).
5 이귀례, 『韓國의 茶文化』, 열화당, 2002, 33~35쪽 및 류건집, 『韓國茶文化史(上)』, 이른아침, 2007, 116~117쪽.

2. 당나라 유학승들의 차 문화 수입

당나라에서 다탕과 관련된 의식 행위는 백장百丈선사 회해懷海(749∼814)가 '고청규古淸規'를 제정, 시행하면서 비롯되었다고 할 수 있다. '고청규'의 내용은 당말 오대를 거치면서 흩어져 없어지고 지금은 전하는 것이 없다. 하지만 1103년에 출간된 자각慈覺선사 종색宗賾(생몰년 미상)의 『선원청규禪苑淸規』가 주목된다. 이 책은 '고청규'의 내용을 새롭게 정리하고자 하는 의도에서 간행한 것으로, 자각선사가 당시 총림고찰을 다니면서 자료를 수집하여 편찬한 것이다.[6] 이 책에서 '당두전점堂頭煎點'에 관한 내용이 주목되는데, 이는 당두가 차를 대접하는 일을 적은 것이다. 또한 이 책은 산문에서 행해지는 점다點茶에서 그 예의 중요함을 강조하면서 함부로 행동하지 말 것을 적고 있다. 더 나아가 특위다탕特爲茶湯을 행하는 뜻이 산보다 무거우므로 가벼이 하지 말 것을 강조하고 있다. 특히 주지가 행하는 다탕의식에 초대받고도 이유 없이 나가지 않으면 출원에 해당하는 벌이 내려질 만큼 다례茶禮를 중시하고 있다.[7]

사실 선종 사찰에서 행해진 이러한 다탕의식은 선종 고유의 것이라기보다는 선종 이전 중국 불교계의 일반적인 풍속이었던 것으로 이해되고 있다.[8] 비록 그렇다고 하더라도 선종 사찰에서 이러한 법식이 정착된 것은

---

6 최법혜 역주, 『고려판 선원청규 역주』, 가산불교문화연구원, 2001, 29∼31쪽. 그리고 자각종색에 대해서는 鄭在逸, 「慈覺宗賾의 『禪苑淸規』 硏究」, 동국대학교 대학원 선학과 박사학위논문, 2006 참조.

7 "원문院門의 특위다탕特爲茶湯은 예가 매우 은중하다. 청을 받은 사람에게 경만함이 있으면 안 된다. 이미 청을 받았다면 먼저 나아가야 할 곳과 다음에 나아가야 할 곳과 후에 나아가야 할 곳을 반드시 알아야 한다. 북과 판의 소리를 듣고 때가 되면 먼저 이르러 좌위座位의 조패照牌를 명기明記하여야 하며, 창황해거나 착란됨을 면해야 한다. (중략) 산문에 처음 온 때에는 특위점다特爲點茶가 있으며, 그 예는 지극히 중하다. 잔탁盞橐을 받고 보냄에는 공근恭勤함이 있어야 한다. 상하에 지읍祗揖하되, 경만하거나 예의를 잃는 일이 있어서는 안 된다"(鄭在逸, 위의 논문, 2006, 211쪽).

선종만의 고유한 특색이라 할 수 있다. 그렇지 않고서는 '백장청규'가 만들어진 이유를 설명하기가 어렵기 때문이다. 따라서 선종 사찰에서 행해지던 다례는 결국 깨우침을 위한 것과 깊은 관련이 있고, 그러한 목적을 위하여 다탕의식이 행해진 것이라 할 수 있다.[9]

이렇게 당시 선종 사찰에서 예를 갖추어 마시던 차가 점차 민간 사회로 퍼져 나갔다. 승려들의 차를 마시는 생활이 당시 일반 대중들에게도 전파된 것이다. 『봉씨문견기封氏聞見記』에는 "당나라 개원 연간에 태산 영암사靈岩寺의 항마降魔선사가 선교를 크게 열었다. 참선을 함에 있어서 잠자지 않는 것에 힘을 쏟고 또 저녁 공양을 하지 않았다. 그러나 차를 마시는 것은 허용하였기 때문에 대중들은 직접 차를 품에 넣어 와 곳곳에서 차를 달여 마셨다. 이것이 전해지고 서로 본떠 마침내 풍속을 이루게 되었다"[10]라고 되어 있다.

한편 차가 대중적으로 보급되면서 차를 끓이는 방식의 정립과 그 필요성이 요구되었는데, 이에 발맞추어 육우陸羽(733~804)의 『다경茶經』이 출간되었다. 육우는 일찍부터 절에서 불교 공부를 하고 차를 끓이는 방법을 익혔다고 한다.[11] 이후 그는 당나라 조정에까지 알려졌으며, 차 문화가 독자적인 문화로 발전하는 데 큰 역할을 하였다. 이러한 다서의 출현은 차를 마시는 풍습이 문화의 한 부분으로 자리하게 되었다는 것을 말해 준다.[12]

이러한 사실로 미루어 볼 때, 당나라 선종 사원에서 이루어진 다탕의식은 신라 출신의 승려들에게는 매우 인상적이었을 것이다. 우리나라 선종

---

8 김방룡, 「禪僧들의 차문화에 대한 일고」, 『韓國禪學』 21, 2008, 182쪽.

9 김봉건은 "차가 명확히 인간의 정신적인 세계와 결합하는 일은 불교의 선종과 만나고서부터이다"라고 하였다(김봉건, 「차와 선종의 만남」, 『동아시아불교문화』 2, 2008, 89쪽).

10 開元中 太山靈岩寺 有降魔師大興禪敎 學禪務於不寐 又不夕食 皆恃其飮茶 人自懷挾 到處煮飮 從此轉相仿效 逐成風俗(『封氏聞見記』 券6)

11 김진숙, 『중국 차 문화 茶經』, 국학자료원, 2009, 371~372쪽 참조.

12 김진숙, 「唐代의 飮茶文化」, 『韓國茶學會誌』 13-1, 2007 참조.

의 초조로 일컬어지는 도의道義선사는 서당西堂선사 지장智藏(735~814)에게서 법을 받은 이후 백장산에 들어가 회해선사에게 사사하였다고 알려져 있다.[13] 따라서 그는 차와 관련된 의식에 매우 익숙하였을 것이다. 도의선사는 신라에 돌아와 설악산에 은거하며 제자들을 키운 것으로 알려져 있는데,[14] 차와 관련된 생활이 어떠하였는지는 알 수 없다. 비록 그렇더라도 차를 마시거나 가까이하였을 것임은 틀림이 없을 것이다. 다만 기록이 없어 구체적인 것은 알 수 없는 형편이다.

도의선사를 제외하고 백장선사 회해와 관련하여 주목할 만한 선승이 바로 진감眞鑑선사 혜소慧昭이다. 기왕의 연구를 살펴보면, 그는 당나라에서 회해선사를 친견하였을 가능성이 높다고 한다.[15] 이런 설명을 수용한다면, 혜소선사는 이미 회해선사의 '선문규식禪門規式'의 내용을 알고 있었을 뿐만 아니라 차와 관련해서도 익숙하였을 것으로 추정된다.[16]

이상과 같은 사실에서 볼 때, 당나라에 유학하였던 신라의 승려들 대부분은 차와 관련된 의식이나 예법에 매우 익숙해져 있었다고 짐작된다. 더구나 당시 당나라 선종 사찰에 있던 승려들은 선종의 교리를 부흥시키기 위하여 저녁도 먹지 않았으며 잠을 쫓기 위하여 힘을 썼다고 하는데, 신라의 승려들도 자연스럽게 이러한 분위기에 익숙해졌을 것이다.

---

13 『祖堂集』권17 雪岳 陳田寺 元寂禪師. 이러한 사실에 대하여 고세연은 『차의 역사』, 미래문화사, 2006, 67쪽에서 "37년간이나 (백장) 스승에게서 이를 익히고 돌아온 도의선사가 필경 차나무 씨앗을 가져와 전수해 주었을 것이라는 생각이다"라고 하였다. 그러나 어떤 근거로 차나무 씨앗을 가져와 전수해 주었다고 설명하고 있는지 알 수 없다. 너무나 과장된 해석이 아닌가 싶다. 또한 도의선사가 백장선사 아래서 37년간이나 공부하였다는 것도 믿을 수 없다.

14 曺凡煥, 「新羅 下代 道義禪師의 '雪嶽山門' 開創과 그 向背」, 『新羅文化』 34, 2009 및 본서 제1편 제1장 참조.

15 金楨權, 「眞鑑禪師 慧昭의 南宗禪 受容과 雙谿寺 創建」, 『湖西史學』 27, 1999, 12쪽.

16 백장회해가 청규淸規를 수립하고 선 수행자들만의 선원禪院을 건립하면서 율종 사원으로부터 독립하여 선종이 교단으로서 명실상부한 위치를 점하게 된 것이다(대한불교조계종교육원 저, 『曹溪宗史(고중세편)』, 조계종출판사, 2004, 69쪽 참조).

A-1. 혹시라도 외국향을 가져다 드리는 사람이 있으면 곧 질그릇에 잿불을 담아 환을 만들지 않고 태우면서 "나는 이것이 무슨 냄새인지 알지 못하겠다. 다만 마음을 정성스레 할 뿐이다"라고 하였다. 또한 중국차(한명漢茗)를 공양하는 사람이 있으면 돌솥에 섶으로 불을 지펴 가루로 만들지 않고 끓이면서 "나는 이것이 무슨 맛인지 알지 못하겠다. 배를 적실 뿐이다"라고 하였다(崔致遠 撰, 「河東 雙谿寺 眞鑑禪師 大空靈塔碑文」, 李智冠, 『校勘譯註 歷代高僧碑文(新羅篇)』, 伽山文庫, 1994, 147쪽).

A-2. 그때 (즉위 전의) 헌안대왕憲安大王께서는 사찰의 시주인 계서발한季舒發翰 위흔魏昕과 더불어 남북 재상이었는데, 멀리서 제자의 예를 행하며 향과 차를 예물로 보내어 한 달도 그것을 빠뜨리지 않았다(崔致遠 撰, 「藍浦 聖住寺 朗慧和尙 白月葆光塔碑文」, 李智冠, 같은 책, 1994, 189~190쪽).

위 A-1의 기록을 보면, 혜소선사는 사람들로부터 차를 공양받았다고 한다. 한명漢茗으로 기록된 것으로 보아 신라에서 생산된 차는 아니었을 것이다. 혜소선사는 외국산(당나라산) 차를 공양받아 가루로 만들지 않고 한 곳에 붓고 물을 넣어 끓인 다음 마신 것으로 되어 있다. 당시 당나라에서는 채취한 잎을 틀에 찍어내어 병차餠茶를 만들어 습기를 제거한 다음, 불에 구어 가루로 만들어 수주에 넣고는 끓는 물을 부은 다음, 국자로 떠서 다완茶盌에 담아 마셨다고 한다.[17] 이러한 방식을 '병차전차법'이라고 한다. 이러한 사실로 볼 때, 당시 신라 선종 사찰에서도 차를 가루로 만들어 음용하였을 가능성이 높다.

그런데 혜소선사는 공양받은 차를 가루로 만들어 음용하는 대신에 솥에 넣고 끓여 마셨다고 한다(A-1의 기록). 이는 그의 문하門下에 있는 여러 승

---

17 『太平御覽』 권867, "荊巴間 採葉作餅 葉老者餅 成以米膏出之 欲煮茗飲 先炙令赤色 搗末置瓷器中 以湯澆覆之 用葱薑橘子芼之 其飲醒酒 令人不眠(호북과 사천에서는 찻잎을 따서 병을 제조하는데 미고米槁를 내어 빚었다. 차를 마시고자 하면 먼저 구워서 붉은빛이 돌게 하고 찧어서 가루를 내어 자기 그릇에 넣고 끓는 물을 붓고 젓는다. 그리고 파, 생강을 넣는다. 이 차를 마시면 술이 깨고 잠이 들지 않게 한다)."

려와 나누어 마시기 위한 하나의 방법이 아니었을까 하는 생각이 든다. 특히 외국산 차이기 때문에 일반인들의 경우에는 그것을 가까이하기가 더 어려웠을 것이다. 이에 혜소선사는 범패梵唄와 더불어 차도 함께 나눈 것으로 보인다.[18]

더 나아가 혜소선사가 진골 귀족들에게서 차를 공양받았다고 하는 사실을 부인할 수 없을 것이다. 왕실에서 차를 선승에게 공양한 것은 A-2의 기록에서도 볼 수 있다. 헌안왕憲安王은 즉위하기 이전에 성주사聖住寺의 무염無染화상에게 매달 빠지지 않고 향과 차를 보냈다고 한다. 헌안왕이 무염화상에게 보낸 차가 국내산이었는지 아니면 외국산이었는지는 알 수 없으나, 매달 빠지지 않고 보냈다고 하는 것으로 볼 때 당시 향과 차는 매우 귀중한 공양물이었음에 틀림이 없을 것이다. 따라서 헌안왕이 무염화상에게 보낸 차는 적어도 당나라에서 구입한 차로 보아도 무리가 없을 것 같다. 이렇게 보면 당시 선승들은 차와 불가분의 관계에 있었다고 해도 좋을 것이다.

당나라에 유학하였던 신라 승려들은 특정한 사찰에 머물면서 차나무를 재배하는 방법 등도 익혔을 것이다. 그리고 지리산 자락에 사찰을 창건하고 그곳에 주석하고 있던 선승들은 대렴大廉이 당에서 들여온 차가 이미 그곳에서 재배되고 있음을 알고 있었을 것이다.[19] 다만 기록에 그러한 내용이 나타나 있지 않아 구체적인 것은 알 수 없지만, 선승들은 차를 직접

---

18 차를 가루로 만들기 위해서는 그 공법이 복잡하고 까다롭다고 한다. 그렇다면 당연히 많은 시간과 인원을 필요로 하였을 것이다. 그런데 선종 사찰에서는 그러할 만큼의 여유가 허락되지 않았을 것이다. 따라서 혜소선사는 차를 돌솥에 넣고 끓인 것으로 볼 수 있다. 한편 당시 당나라에는 말차 이외에도 차를 솥에 넣고 끓여 마시는 방법도 있었다고 한다. 혜소선사가 이러한 방법을 그대로 따른 것인지는 알 수 없지만, 문장의 내용으로 볼 때 앞서 언급한 내용이 보다 더 타당하리라 생각된다.

19 『三國史記』 권10, 興德王 3년 12월 기록을 보면, 대렴이 당나라에 갔다가 돌아올 때 차를 가지고 와 지리산에 심었다고 한다. 그리고 신라 말에 이르러 차가 매우 성행하였다고 한다.

재배하고 그것을 수확하고 보관하는 등 여러 가지 방법을 익힌 다음 차를 마셨을 것으로 보인다. 왕실이나 진골 귀족으로부터 공양받은 것만으로 차를 음용하기에는 부족하였을 것이기 때문이다.

그런데 당시 차와 관련하여 재미있는 점은 선승들 이외에 육두품 신분을 가진 사람들도 차를 마셨다고 하는 것이다.

> B. 하물며 오랫동안 고향으로 가는 사신이 없어 집에 편지도 부치기 어려우며 오직 척호陟岵의 시를 읊으며 바다를 건너 고국으로 가는 인편을 만나지 못하던 차, 지금 본국의 사신 배가 바다를 건너기에 모某는 다약茶藥을 사서 집에 편지와 함께 부치고자 하옵는데 (후략)(崔致遠, 「謝探請料錢狀」, 『東文選』 권47).

최치원은 고변高騈의 문하에 있으면서 고향의 집을 그리워하였지만 연락을 하기가 쉽지 않았다. 그런 가운데 신라에 가는 배를 만나게 되었고 차와 약을 구입하여 고향으로 보내고자 하였다. 최치원이 차와 약을 구입하여 고향에 보내고자 한 것으로 볼 때 차는 매우 귀중한 물건이었음을 알 수 있다.[20] 특히 그가 보내고자 한 차는 당나라산이었기에 가격도 만만치 않았을 것이다. 그럼에도 불구하고 최치원이 차를 고향에 보내고자 한 것은 그는 물론 고향에 있는 가족들도 차 문화에 익숙했기 때문일 것이다. 이러한 사실을 통하여 당시 신라에서도 차를 마시고 있었다는 것을 알 수 있다. 흥덕왕 때 차를 지리산에 재배한 이후 차가 성행하였다고 하는 기록이 이를 입증한다.[21] 특히 최치원은 진골 귀족이 아닌 육두품 출신이었지

---

20 차가 귀중한 물건이었음을 알려 주는 것으로 다음의 사실을 주목해 볼 수 있다. 즉 엔닌의 『입당구법순례행기入唐求法巡禮行記』에 나타나 있는 것을 보면, 엔닌이 귀국하고자 할 때 양노사는 그에게 몽정차蒙頂茶 두 근과 단차 한 궤미를 주었다고 한다(圓仁, 『入唐求法巡禮行記』 권4, 5월 15일). 이는 차가 귀중한 선물로도 쓰이고 있음을 알려 준다.
21 『三國史記』 권10, 興德王 3년 12월

만 차를 향유할 수 있었다고 보아도 좋을 것이다.

이상에서 볼 때, 신라 하대에 이르러서는 선종 승려들과 진골 귀족들뿐만 아니라 육두품들도 차를 마셨음을 알 수 있다. 다만 일반인들도 차를 즐겨 마셨는지에 대해서는 알 수 없지만, 그렇다고 하여 차와 거리가 있었다고 단정할 수도 없을 것이다. 비록 당나라산 차는 값이 비싸서 구입하기가 어려웠겠지만 국내산 차를 음용할 수 있는 기회는 있었다고 보아도 좋을 것이다.

3. 지리산 자락의 선종산문과 차 문화의 발달

당나라에서 선을 체득하고 돌아오는 선승들 대부분은 전라도 지역에 위치한 항포구에 도착하였다. 당시 전라도 지역에는 무주의 회진항을 비롯하여 청해진과 그 밖의 여러 항구가 있었다. 그들이 그곳으로 도착한 것은 당시 돌아오는 과정에서 배를 주로 이용하였기 때문이다. 충청도 지역에도 출발하고 도착하는 항구가 있었지만, 선승들은 대체적으로 전라도 지역의 항포구를 많이 이용하였던 것이다. 그리고 장보고 선단이 활동하던 때에는 그들의 배를 이용하였다고 보아도 무리가 없을 것이다.[22] 물론 신라 왕실에서 보낸 사신의 배를 이용할 때에도 대체적으로는 전라도 지역의 항포구에 도착하는 경우가 많았다.

이중환李重煥의 『택리지擇里志』를 보면 신라에서 당나라에 조공 갈 때 이용한 항구로 구림리를 들고 있다. 구림리는 월출산 서쪽 기슭에 위치한 곳으로, 영산강의 최대 지류인 영암천변에 자리 잡고 있다. 따라서 항구로

---

22 曺凡煥,「張保皐와 禪宗」,『STRATEGY21』4-2, 2002 및 본서 제3편 제2장 참조.

서의 입지 조건이 아주 좋은 곳이라 해도 무리가 없을 것이다. 이중환은 신라 시대에 이곳에서 당으로 건너가는 선박들이 꼬리에 꼬리를 물 정도로 성황을 누렸다고 하였다. 이러한 사실로 볼 때 구림리도 신라의 선승들이 귀국하는 항구 가운데 하나였을 것이다.

전라도 지역의 항포구에 도착한 선승들은 대체로 지리산으로 들어가 자리를 잡았다. 그들이 지리산을 선택한 데에는 여러 가지 이유가 있었을 것이다. 이와 관련하여 이미 필자는 전라도 지역의 지리산에서 선종산문이 크게 융성할 수 있었던 이유를 몇 가지로 정리해 둔 바가 있다.[23]

첫 번째로는 지리산에는 남종선이 들어오기 이전에 북종선이 들어와 있었는데, 그러한 영향력을 기반으로 하여 그곳에서 선법을 전하고자 했기 때문이라는 것이다. 당시 화엄이 큰 영향력을 발휘하고 있던 상황에서 새로운 종교인 선종을 들여와 그것을 일반인들에게 널리 알리기란 쉽지 않았을 것이다. 그런데 북종선의 기운이 퍼져 있던 지리산은 남종선을 전파하기에는 무척이나 좋은 장소였을 것이다. 다시 말해서 북종선은 남종선을 전파하는 데 사상적인 밑거름이 되어 주었던 것이다. 산청의 단속사斷俗寺가 대표적인 북종선 사찰로 알려져 있는데, 그곳을 중심으로 하여 북종선이 퍼져 있었다고 볼 수 있다. 이를 바탕으로 홍척洪陟선사는 지리산에 실상사實相寺를 개창할 수 있었을 것이다. 또한 혜소선사가 지리산으로 들어가 쌍계사雙谿寺를 창건할 수 있었던 것도 이러한 사상적인 기반이 없이는 불가능했을 것이다.

두 번째 이유는 청해진의 설치로 말미암아 해적들의 활동이 자취를 감추게 되었다고 하는 점이다. 그동안 해적들은 사람들에게 피해를 입히는 것은 물론이거니와 곡물의 수송에도 막대한 피해를 가져왔다. 당연히 선

---

23 曺凡煥, 「新羅 下代 西南地域의 禪宗山門 形成과 發展」, 『震檀學報』 100, 2005 및 본서 제2편 제2장 참조.

종산문도 그러한 피해를 입었을 것임은 어렵지 않게 짐작이 된다. 그런데 청해진의 설치와 장보고의 활동으로 이러한 피해들이 줄어들게 되자 선종 사원들도 안정적으로 곡물을 공급받을 수 있었던 것이다. 이렇게 보면, 장보고 집단이 선종 사원의 형성과 발전에 끼친 사회적 영향은 매우 컸다고 단정해도 무리는 없을 것이다. 더구나 장보고가 개창한 적산赤山 법화원法華院에도 선승들이 머물러 있었는데,[24] 이는 신라 서남 지역 선종 사원의 발달과 결코 무관하게 보이지는 않는다. 그만큼 선종산문이 장보고의 보호 아래 있었음을 암시하고 있기 때문이다.

세 번째로는 사찰이 풍부한 물산과 염전을 가졌고, 중앙 왕실의 지원이 있었으며, 지배 세력의 전장들이 전라도 지역 각 곳에 퍼져 있었기 때문이었다고 할 수 있다. 동리산 태안사太安寺의 경우, 기록을 보면 염전을 가지고 있었던 것으로 나타나 있다. 당시 소금은 매우 중요한 물품이었고 사찰과 직결되어 있었다. 『삼국유사三國遺事』의 기록을 보면 쌀과 소금을 시주하는 내용이 보이는데, 바로 그러한 사실을 입증한다.

당시 사찰에서는 염전을 기반으로 하여 상행위도 하였을 것으로 추측된다. 사찰에서 일정한 양 이상의 많은 소금이 필요하였다고는 생각되지 않기 때문에 생산한 소금 가운데 일부는 판매했을 것으로 보인다. 이렇듯 염전은 사찰이 경제력을 확보하는 데 있어 매우 중요한 부분을 담당했으리라 여겨진다.

마지막으로 무엇보다 중요하다고 할 수 있는 것이 바로 차와 관련된 것이다. 당시 신라 왕실에서는 차의 재배에 관심을 쏟았는데, 그것은 지리산

---

24 圓仁, 『入唐求法巡禮行記』 권2, 개성 5년(840) 정월 15일. 당시 圓仁이 법화원에 들렀을 때 그곳에 머물고 있던 惠覺은 최치원이 찬한 「봉암사지증대사비명鳳巖寺智證大師碑銘」에 신라에 귀국하지 않았던 선승 가운데 한 사람으로 기록되어 있다(閔泳珪, 「圓仁 入唐求法巡禮行記 二則」, 『羅唐佛敎의 再照明』, 대한전통불교연구원, 1993; 『四川講壇』, 우반, 1994, 88~89쪽).

과 불가분의 관계에 있었다. 흥덕왕 3년 입당 사신이던 대렴이 차를 가져와 지리산에 심었기 때문이다. 이때부터 지리산에서는 차 재배가 성행하였고 중앙에서도 집중적인 관심을 가졌다.[25] 앞에서 이야기하였듯이, 차가 당시 선승들뿐만 아니라 중앙 진골 지배 세력들의 매우 중요한 기호품嗜好品이었음은 이를 나위가 없을 것이다. 따라서 왕실과 진골 지배 세력들이 지리산에 가졌던 관심은 그 어느 시기보다 집중되었을 것이다.

기왕의 연구 성과를 보면, 국내에서 차나무를 본격 재배하게 된 것은 대렴이 차를 가져와 지리산에 심기 시작하면서부터라고 한다.[26] 그런데 『삼국사기三國史記』나 『삼국유사』를 보면 대렴이 차를 들여오기 이전부터 차를 마신 기록이 있다. 물론 이 차를 당나라에서 수입한 것이라고 보는 사람도 있고 신라 고유의 차라고 보는 사람도 있다. 그러나 이것을 명확하게 논증할 수 있는 자료가 없기 때문에 이에 대해서는 더 이상 언급할 수 있는 상황이 아니다.[27] 다만 대렴이 차를 들여와 지리산에 심었다고 하는 것으로 보아 차의 재배는 이때부터 시작되었다고 보아도 무리가 없을 것이다.

이렇게 볼 때, 지리산 자락을 중심으로 선종 사찰들이 창건된 데에는 여러 가지 이유가 있지만, 그 가운데에서도 차의 생산을 돌려놓고는 설명할 수 없을 것이다. 앞서 보았듯이, 선승들은 차와 불가분의 관계에 있었기 때문이다. 그들은 차를 손쉽게 구하고자 하였을 텐데, 그 최적의 장소가 바로 지리산이었을 것이다. 그들이 당나라에서 생산된 차를 마셨다는 기록이 있지만, 그것은 왕실이나 진골 귀족들이 공양한 것으로 그 빈도나 양은 그다지 많지 않았을 것이다. 대다수의 선승들이 차를 마셨다고 할 때

---

25 金煓權, 위의 논문, 1999, 22쪽.
26 장남원, 「고려시대 차문화와 청자 다구를 중심으로」, 『美術史論壇』 24, 2007, 131~132쪽.
27 박동춘은 "한국의 차 문화는 5~7세기 전후 미미한 형태의 차가 있었을 것으로 추측할 수 있다"라고 하였다(박동춘, 「한국 선종차의 수용과 전개」, 『茶禪一味』, 불교춘추사, 2005, 219쪽 참조).

그에 상응하는 많은 양의 차가 필요하였을 것이다.[28] 따라서 당연히 그들은 지리산 자락에서 생산되는 차를 소비하였을 것이다.

사찰에서 소용되는 차를 마련하기 위해 승려들이 직접 차를 재배하였을 가능성을 떠올려 볼 수 있다. 혜소선사의 경우 당나라에서 머무는 동안 차를 재배하고 보관하는 방법 등을 터득하였을 것이다. 당나라 사원의 승려들은 찻잎을 따서 모아 가공하여 마셨다고 한다. 당나라 시인 이백李白의 시 가운데에는 형주 옥천사玉泉寺의 진공眞公스님이 벽옥碧玉과 같은 찻잎을 채적해서 마셨다고 하는 내용이 있다.[29] 이런 사실에서 볼 때, 혜소선사도 당나라에서 남종선을 익히면서 차를 채적하고 가공하는 방법을 익혔을 것으로 생각된다. A-1의 기록에서 차를 가루로 만들지 않았다고 하는 것으로 볼 때, 그가 차를 가공하는 방법을 알고 있었음에 틀림이 없다고 생각되는 것이다. 그러므로 선종 사찰에서는 차를 재배하고 가공하는 방법까지 익히 알고 있었을 것으로 보인다.

왕실에서 차를 마셨다고 하는 기록이 보이지는 않지만, 최치원의 경우를 볼 때 신라의 선종 승려뿐만 아니라 왕실과 진골 귀족들도 틀림없이 차를 마셨을 것이다. 황룡사皇龍寺에서 출토된 다구茶具가 이를 강하게 시사한다. 특히 육우의 저술인 『다경』이 신라에 전해지면서 차의 음용은 더욱 활성화되었을 가능성이 높다.

육우의 『다경』은 3권으로 나뉘었는데, 상권은 차나무의 생물학적인 지

---

28 성주산문의 개창자인 무염선사의 문하에는 2,000여 인이 있었고, 그의 제자 麗嚴선사와 玄暉선사에게도 각각 500여 인과 300여 인이 있었다. 또한 봉림산문의 개창자인 審希선사에게는 500여 인, 그 제자 瓚幽선사에게도 500여 인, 사자산문의 折中선사에게는 1,000여 인, 굴산문의 行寂선사의 문하에 500여 인이 있었다. 그리고 가지산문의 제3조이며 개창자인 體澄선사에게는 800여 인, 풍기 비로암 眞空대사에게는 400여 인, 실상산문의 개창자인 홍척선사의 문하에 수백 인, 그의 제자 秀澈선사의 문하에도 수백 인이 있었다고 한다. 이와 같이 당시 산문의 고승들에게는 수백 명에서 수천 명에 이르는 제자가 있었다. 이들이 모두 차를 마셨다고 한다면 많은 양의 차가 소요되었을 것임은 자명하다고 볼 수 있다.

29 김진숙, 앞의 책, 2009, 179쪽.

식과 재배 방식 및 환경, 그리고 그 효능을 다룬 「일지원一之源」, 찻잎을 따서 차를 제조할 때까지 필요한 도구 등을 소개한 「이지구二之具」, 찻잎의 수확 시기와 병차의 제조 방법 등을 논한 「삼지조三之造」로 구성되어 있다. 중권은 「사지기四之器」에서 차를 끓일 때 사용하는 24가지의 다구를 다루고 있다. 하권은 병차를 끓이는 방법을 논한 「오지차五之煮」, 다인들에 대한 소개 등을 다룬 「육지음六之飮」, 차에 관련된 인물과 서적을 소개한 「칠지사七之事」, 차가 생산된 지역을 쓴 「팔지출八之出」, 생략할 수 있는 절차와 도구를 다룬 「구지략九之略」, 이를 도설로 정리한 「십지도十之圖」로 구성되어 있다.[30]

육우의 『다경』은 신라 왕실과 진골 귀족들이 거의 알고 있었다고 보아도 무리가 없을 것이다. 중국인들이 남긴 기록 가운데 그러한 사실을 방증해 줄 수 있는 자료가 있다. 즉, 신라의 귀족들이 당시 당나라의 유명한 시인이나 명문장가들의 글씨를 비싼 가격으로 구입하였다는 것이다. 그렇게 볼 때,[31] 이 책도 신라에 들어와 진골 귀족들 사이에서 널리 퍼져 있었을 가능성은 충분하다고 하겠다.

그런데 이들이 계속해서 당나라에서 생산되는 차를 마셨다고는 할 수 없을 것이다. 그 가격이 만만치 않았을 것이기 때문에 결국 국내산 차를 마셨다고 보는 것이 옳지 않을까 한다. 그렇다면 지리산 자락에서 생산되는 차를 음용하였을 것이고, 그것은 결국 지리산 자락에 위치한 선종 사찰에서 생산되는 차였을 것으로 보인다.

---

30 『다경』에 대해서는 김진숙, 같은 책, 2009를 참조할 것.
31 元微之가 쓴 『白氏長慶集』序에 보면 계림의 상인들이 백거이 문집을 구해 갔다고 하는 기록이 보인다(『全唐文』권653). 또한 백거이가 직접 쓴 『白氏集』후기에는 "일본이나 신라 등 여러 나라와 장안이나 낙양에 있는 여러 사람 사이에 (나의 문집이) 전하는 것으로 이 안에 기술하지 못한 것도 있다"라고 하였다. 이러한 사실로 미루어 보면, 당시 신라 진골 귀족들이 당나라의 문화에 대하여 많은 지식을 얻고자 하였음을 헤아릴 수 있다.

4. 선승들의 차 문화 향유와 그것이 가지는 의미

지금까지 신라 하대에 차 문화가 선종 사찰을 중심으로 발전하였을 가능성을 여러 각도에서 살펴보았다. 그렇다면 선승들이 향유한 차 문화가 불교계에는 어떤 영향을 미쳤으며, 또한 그것이 어떻게 왕실과 진골 귀족들에게까지 퍼져 나갈 수 있었는가 하는 것을 검토해 보기로 하자.

선승들이 차 문화에 익숙해지면서 그것이 곧 일상생활과 연결되었다. 돌려 말하면, 차를 마시는 일상적인 행위 자체가 곧 도라고 할 수 있게 된 것이다. 그런데 이를 알려 줄 만한 당시의 기록이 보이지 않는 관계로 A-1의 기록을 다시 참고해 보도록 하자.

혜소선사는 차를 돌솥에 넣어 끓인 다음 배를 적셨다고 한다(A-1 기록). 이는 차 맛이 어떠한지 구별하지 않았다는 것을 시사한다. 더 나아가 이러한 사실은 그가 격식에 구애되지 않았음을 보여 주는 것이라고도 생각할 수 있다. 다만 이러한 기록만으로 신라 선종산문의 차 문화를 전부 알 수는 없으므로 당시 조주趙州(778~897)선사의 끽다거喫茶去와 관련된 일화를 살펴보기로 하자. 조주선사의 '끽다거'에 대한 내용은 『조주록趙州錄』과 『조당집祖堂集』 권18 그리고 『선문염송禪門拈頌』 권11 등에 기록되어 있다.

C. 스님께서 새로 온 두 납자衲子에게 물었다.
  "스님들은 여기에 와 본 적이 있는가?"
  한 스님이 대답했다.
  "와 본 적이 없습니다."
  "차를 마시게(끽다거喫茶去)!"
  또 한 사람에게 물었다.
  "여기에 와 본 적이 있는가?"

다른 스님이 대답했다.

"네, 한 번 와 본 적이 있습니다."

"차를 마시게(끽다거喫茶去)!"

이에 원주가 물었다.

"스님께서는 와 보지 않은 사람에게 차를 마시라 하신 것은 그만두고라도, 무엇 때문에 와 본 사람에게도 차를 마시라고 하십니까?"

스님께서 "원주야!" 하고 부르자 원주가 "예!" 하고 대답했다. 스님은 "차를 마시게(끽다거喫茶去)!" 하였다.[32]

위의 일화를 자세히 살펴보면, 조주선사는 세 명의 승려에게 똑같이 차를 마시라고 하였다. 절에 와 본 경험이 없는 스님에게도 차를 마시라고 권하였으며, 절에 와 본 경험이 있는 승려에게도 차를 마시라고 했다. 이에 의문을 품은 원주에게도 차를 마시라고 하였는데, 이는 그들에게 깨우침을 주기 위해서였을 것이다. 다시 말해서 차를 마시라고 한 것은 깨달음에 이르라고 한 것이고, 깨달음에 이르는 방법은 특별한 것이 아니고 평범한 일상 속에서 가능하다는 것을 보여 주는 것이다.[33] 이것은 신라 선승들에게도 그대로 전해졌을 것으로 생각된다. 따라서 신라의 선승들이 차를 마시는 것도 바로 일상생활 그 자체를 통하여 깨달음을 얻는 과정을 보여 주는 것과 다름이 없다고 하겠다.

이상과 같이 보면, 신라 하대 선종 사찰에서는 차를 마시는 것이 바로 일상생활 그 자체의 모습이었을 것이다. 이러한 모습이 점차 다른 사찰, 특히 화엄종 사찰에도 영향을 주지 않았을까 하는 생각이 든다.

승려들에게 차는 졸음을 방지하는 데도 효과적이라고 알려져 있다. 이런 점에서 보면 차의 효능은 승려들의 수행에 있어 매우 요긴한 것이었다

---

32 조주, 『조주록』, 장경각, 불기 2535, 157~158쪽.

33 김방룡, 앞의 논문, 2008, 200쪽.

고 할 수 있다. 차를 마시기 전의 승려와 마신 후의 승려에 대한 비교가 있어야 하겠지만, 그러한 것을 알려 줄 만한 기록은 찾을 수 없다. 비록 그렇다고 하더라도 선종 사찰에서 차를 마시기 시작하면서 화엄종 사찰로도 차 문화가 전파되었을 것이고, 승려들이 수행에 방해가 되는 졸음을 쫓기 위한 방법으로 차를 음용한 것도 사실일 것이다.

또한 중국에서는 출가승들이 일반적으로 두 끼의 식사를 하였다고 한다. 그런데 식사가 채식 중심이었기 때문에 간식을 하지 않으면 안 되었다. 그렇다고 해서 아무 때나 먹고 마시는 것이 허락된 것은 아니고 차를 마실 때 음식을 같이 먹을 수 있었다고 한다. 이로써 계율을 어기지 않고 음식물을 보충할 수 있는 여지를 두었던 것이다.[34] 신라의 승려들도 이러한 방법을 통하여 어느 정도 음식물을 보충한 것으로 생각된다.

그러나 무엇보다 중요한 것은 차의 음용과 불교 의식이 서로 밀접하게 연관되어 있다는 점일 것이다. 차를 마시는 것에도 예절과 예법이 있고, 그러한 것을 존중한 결과 불교의 위상이 한층 더 높아졌을 것이다.

선종 사찰의 차 문화는 왕실과 진골 귀족들에게도 영향을 주었을 것으로 생각된다. 우선 왕실에서 승려들에게 차를 공양한 것을 통하여 알 수 있다. 앞서 보았던 무염화상의 경우 헌안왕이 잠저시潛邸時에 계속해서 차를 보낸 사실에서도 확인할 수 있다. 이는 그만큼 진골 귀족들이 차를 음용하고 있었다는 사실을 알려 주는 것이다. 그런데 진골 귀족들이 차를 마시게 된 것은 선종 사찰의 영향도 있었겠지만, 신라의 견당국학유학생遣唐國學留學生들이 차 문화를 익힌 다음 신라로 돌아와 그것을 즐겨 마셨기 때문이었을 가능성도 생각해 볼 수 있다.[35] 육우의 『다경』을 당나라에서 보

---

34 孔令敬, 『中國茶・五感の世界』, 日本放送出版協會, 2002, 58쪽.
35 신라 하대 견당국학유학생에 대해서는 曹凡煥, 「新羅 下代 遣唐國學留學生의 파견과 그 역사적 의미」, 『西江人文論叢』 25, 2009 참조.

앉을 것이고 또한 그러한 방법으로 차를 마셨던 그들이었기에 그러한 문화에 익숙하였을 것으로 생각된다. 또한 귀국한 이후에도 그들은 계속해서 차를 마셨을 것이고, 그것은 선종 사찰의 차 문화와 궤를 같이하게 되었다고 보아도 좋을 것이다.

한편 신라의 선승들이 선종 사찰을 개창하자 많은 사람이 그곳으로 모여들었다. 따라서 그곳에는 승려뿐만 아니라 적잖은 일반인들도 있었을 것이다. 물론 일반인들의 경우에 어떤 생활을 하였는지 알 수는 없지만, 승려들의 경우에는 철저하게 수행하였을 것이다. 또한 사찰에서 공동생활을 하기 위하여 노력하였을 것이다. 예컨대 낭혜朗慧화상은 몸소 일하며 사찰도 보수하고 노동도 함께하였다고 한다. 당시 사찰들은 많은 토지를 소유하고 있었고 그것을 경작하기 위하여 승려들이 동원되기도 하였다. 이는 농업農業과 선禪이 합치된 것이라고 할 수 있는데, 차를 재배하고 키우는 것도 그것에 포함되었을 것으로 보인다.

일상생활에서 차는 곧 도를 깨우치기 위한 것이지만, 그러한 과정에서 선승들이 차를 마시기 위하여 어떤 도구를 사용하였는지 궁금하다. 일단은 차를 마시는 도구와 그에 수반된 여러 가지 도구가 있었을 것이다. 승려들이 처음부터 당나라에서 사용하던 차 도구들을 그대로 사용하지는 않았을 것으로 보인다. 그러나 점차 당나라에서 사용하던 도구들을 사용하게 되었을 것이다. 왜냐하면 그런 도구들에 익숙해져 있었기 때문에 계속해서 그것들을 사용한 것으로 보인다.

차를 마시기 위해서는 여러 가지 도구가 필요하다. 우선 불을 지피는 도구, 즉 풍로가 있어야 한다. 이는 물을 끓이고 차를 우려내기 위한 것으로, 가장 중요한 도구라고 할 수 있다. 물을 끓이고 차를 달이는 데 사용되는 도구도 필요하다. 그리고 차를 말리고 빻고 재는 도구가 필요하다. 이와 더불어 물을 담아 두는 그릇인 수구가 필요하다. 또한 차를 마실 때 소금이 있어야 하였는데, 그것을 담아 두는 도구도 필요하였다. 마지막으로 차를 마실 수 있는 도구가 무엇보다 필요하였다. 육우는 『다경』에서 다완에 대한 평가를 하였는데, 월주越州와 악주岳州에서 생산된 것이 좋다고 하였다. 즉, 월주요越州窯 자기를 말한다고 할 수 있다. 이는 도자기를 돌려놓고는 생각할 수 없다.

그런데 이상에서 열거한 차와 관련된 도구들이 전부 발견되지는 않고 있다. 다만 차를 마시는 데 필요한 도구인 월주요가 발견되어 관심을 끈다. 이와 관련하여 성주사에서 발굴된 청자편에 주목해 보자. 성주사 발굴 보고서에 의하면 당唐대의 청자완 및 백자완이 출토되었다고 하는데, 이는 낭혜화상이 성주사를 창건한 이후 그곳에 머물면서 수입한 것으로 알려져 있다.[36] 이러한 점으로 미루어 볼 때, 당시 성주산문의 승려들은 당나라에서 도자기를 수입하여 사용하였음을 알 수 있다. 그렇다면 당시 다른 선종산문에서도 그러하였으리라고 보아도 무리가 없을 것이다. 선승들은 당나라에서 사용하던 청자 찻잔을 신라에서도 계속해서 사용하고자 하였을 것이고, 그러한 열망으로 그것을 구해 사용한 것으로 보인다. 물론 선종 사원에서 구입한 것인지 아니면 시주를 받은 것인지 명확하게 알 수는 없지만, 당시 선종 사원 내의 승려들이 그것을 향유할 수 있는 집단이었다는 사실에는 변함이 없을 것이다.

그리고 최근 인각사麟角寺에서 출토된 유물 가운데 해무리굽 청자는 다른 공양구와 달리 중국에서 직수입된 것으로 밝혀졌다.[37] 이는 중국 월주요 청자의 다완으로 중국계 비색청자 중에서도 가장 최상급이라고 한다.[38]

---

36 忠南大學校 博物館, 『聖住寺』, 1998, 557쪽.
37 최응천, 「장보고 시대 금속공예의 양상과 특성—인각사 출토 금속공예품의 특징과 성격을 중심으로—」, 문명대 외, 『장보고 선단과 동아시아 불교문화 교류』, 재단법인 해상왕장보고기념사업회, 2010, 107쪽 참조.
38 최응천, 앞의 논문, 2010, 109쪽.

그리고 이것은 늦어도 9세기 중엽경 이전에 동반 유물과 함께 매납된 것으로 추정되고 있다.[39] 이러한 사실로 미루어 볼 때, 9세기 무렵에 이미 신라에서는 당나라에서 다완을 들여와 사찰에서 사용하였음을 알 수 있다. 그리고 그것도 최상의 제품을 사용하였는데, 어쩌면 중국에서 특수한 목적으로 만들어진 물건을 수입한 것으로 보아도 좋을 것이다.

이상에서 알아보았듯이 신라 하대 선승들은 차와 밀접한 관계를 가지고 있었다. 차는 수행을 위해서도 필요한 것이었으며, 총림의 단합이나 교화를 위한 방편에서 사용되기도 하였다. 차를 마시는 것 자체가 수행이었고 또한 더불어 같이 차를 마심으로써 같은 산문 내에서 결속을 다졌던 것이다. 더 나아가 사찰을 찾아온 사람들에게도 차를 대접함으로써 선종이 일반인들과 동떨어진 것이 아니라는 것을 의도적으로 보여 주기도 하였다. 승려들이 일반인들과 차를 나누어 마심으로써 성聖과 속俗이 분리된 것이 아니라 성속이 함께한다는 것을 보여 준 것으로 파악할 수 있다.

5. 맺음말

신라 하대에 선승들이 차를 마시게 된 것은 당나라 유학 생활에서 비롯되었다. 중국에서는 일반인들보다 승려들이 먼저 차를 마시게 되었는데, 처음에는 수행의 방편이었으나 나중에는 선원禪院의 의식으로 발전하였다. 그리고 당나라에서는 육우의 『다경』이 일반인들에게 이미 알려져 있었기 때문에 차의 음용은 거의 일반화되었다고 볼 수 있다.

당나라에 들어간 신라의 승려들은 남종선을 익히는 과정에서 차에 대하

---

39 최응천, 앞의 논문, 2010, 109쪽.

여도 자연스레 익히게 되었다. 특정한 사찰에서 공부하는 동안 차의 재배부터 음용하는 방법 그리고 사용되는 도구들에 대해서도 잘 알게 되었던 것이다. 수십 년을 당나라에서 보낸 승려들이 차와 불가분의 관계에 이르게 되었다고 해도 무리한 지적은 아닐 것이다. 아마도 차를 통하여 깨달음을 얻기도 하였을 것이다. 신라에 돌아와서도 그들은 계속해서 차를 마실 수 있었다. 그것은 왕실이나 진골 귀족들이 계속해서 차를 공양하였기 때문이다. 또한 그들은 손수 차를 재배하기도 하였을 것으로 보이는데, 바로 흥덕왕대에 대렴이 지리산 자락에 차를 심었기 때문에 가능하였을 것이다. 그렇게 하여 선종 사원과 차는 불가분의 관계를 이루게 되었고, 거기에 더하여 차를 음용하는 데 필요한 도구를 당나라에서 수입하였다. 성주사지와 인각사에서 발견된 다완이 바로 그것을 입증하고 있다.

　선승들은 차를 오로지 독점한 것이 아니라 그것을 여러 사람과 나누어 마셨다. 혜소선사의 예에서 알 수 있듯이 차를 통하여 평등사상을 일깨우게 된 것이다. 선승들의 차 음용이 결국은 새로운 사회의 도래를 이끌어내었다고 하면 어떨까 싶다.

⫷ 제3장 ⫸
선종불교 문화의 확산과 그 영향

1. 머리말

　신라 하대의 많은 승려가 당나라에 도착하여 뛰어난 선승들에게서 법을 받았다.[1] 예컨대, 사자산문獅子山門의 개산조인 철감澈鑒선사 도윤道允은 남전南泉선사 보원普願에게서 법을 받았는데, 보원선사는 도윤선사에게 법을 전하면서 "우리 종宗의 법인法印이 모두 동국東國으로 가는구나"라고 하였다.[2] 이는 신라 출신 승려들이 스승의 가르침을 받아 선종의 종지宗旨를 체득하는 것이 뛰어났음을 알려 준다.

　인가를 받은 다음 그들은 더욱 높은 깨달음을 얻기 위하여 보림을 하는 경우도 적지 않았다. 특히 보림을 하는 동안에는 당나라의 여러 곳을 다녔

1　김병곤은 신라 하대(780~935: 약 156년 동안) 입당 구법승의 숫자가 약 118명에 달한 것으로 파악하고 있다(김병곤,「新羅 下代 求法僧들의 行蹟과 實狀—新羅 中古期 및 中代 求法僧과의 比較 考察—」,『佛敎硏究』24, 2006, 138~143쪽 참조). 이는 기록에서 찾아볼 수 있는 숫자이므로 실제로는 이보다 더 많았으리라 추측된다.

2　『祖堂集』권17 雙峰和尙

으며, 그러한 과정에서 직간접적인 체험을 통하여 깨달음의 깊이를 더하였다. 그래서 당나라 유학 기간이 짧게는 몇 년에서 길게는 사십여 년에 이르기도 하였다.[3] 그들이 그렇게 많은 시간을 투자한 결과 신라 하대 불교계는 새로운 사상적인 변화를 가져올 수 있었을 뿐만 아니라 새로운 문화까지도 신라 사회에 이식移植할 수 있었다.[4]

이에 적잖은 연구자가 신라 하대 선종 승려들과 그들이 개창한 선종산문에 대하여 많은 연구를 남겼다.[5] 그 결과 신라 하대 선종사에 대한 이해의 폭이 넓어지고 깊어진 것이 사실이다. 또한 선승들이 가져온 새로운 문화에 대해서도 여러 각도에서 언급하였다. 예컨대, 차茶의 음용이라든가 철불鐵佛의 조성 그리고 석조부도石造浮屠와 석비石碑의 제작 등이 바로 그것이다. 이러한 것은 결국 신라 하대 선승들의 당나라 유학이 가져온 또 하나의 낙수落穗라고 보아도 좋다.

그러나 지금까지 선종 불교와 관련한 연구에서 이러한 것을 종합적으로 다룬 내용은 찾아보기 어려운 실정이다. 역사 분야 연구자들은 대체로 선승들의 당나라 유학과 귀국 그리고 선종산문의 개창에 도움을 준 단월 세력이 누구인가 하는 것에 초점을 맞추어 연구를 진행하였다. 반면 미술사

---

3 물론 그들 가운데에는 귀국하지 않고 당나라에서 일생을 보낸 승려도 적지 않았다.

4 權悳永은 신라 하대에 당나라에 들어간 선승들과 유학생들을 '서학西學'이라고 하는 관점에서 살피고 있는데, "서학은 혁신적인 선종 사상을 호족들에게 제공하고 개혁 성향의 지식인들을 양산함으로써 고대 골품제 사회를 붕괴시키고 중세의 개막을 앞당기는 데도 기여하였다. 그러면서도 서학은 신라인들이 당 문화에 지나치게 몰입하는 경향을 부추김으로써 신라의 자존의식을 약화시켰던 것이다. 그러한 의식은 고려와 조선 시대로 이어져 맹목적 모화사상慕華思想의 바탕이 되었다"라고 하였다(權悳永, 「新羅 下代 '西學'과 그 歷史的 意味」, 『新羅文化』 26, 2005, 176~177쪽 및 「'서학' 활동과 '서화' 구법승」, 『신라의 바다 황해』, 일조각, 2012, 235~239쪽 참조). 그렇지만 이러한 이해는 나말여초 변혁기에 대한 기왕의 연구에서 벗어나지 못하여 비롯된 것이라고 생각된다. 도리어 새로운 관점에서 나말여초의 변혁기에 접근한다면 이 시대에 대한 해석 및 그 이후의 시대에 대한 해석도 자못 새롭게 이루어질 수 있을 것이다.

5 신라 말 선종 승려 및 선종산문에 대한 기왕의 연구 성과에 대해서는 鄭東樂, 「新羅 下代 禪宗史 研究動向」, 『韓國古代史探究』 7, 2011을 참조할 것.

분야 연구자들은 철불이나 부도탑비의 제작 등을 선승들의 활동에 맞추어 설명하고 있기는 하지만, 어디까지나 미술사적인 접근이 주류를 이루고 있는 실정이다. 결국 선승들의 당나라 체험을 역사나 미술사 측면에서 개별적으로 검토해 왔기 때문에 당시 그들을 둘러싼 여러 문제가 함께 해결되기보다는 도리어 제각각의 길을 가고 있다고 볼 수 있다. 따라서 여기에서는 그러한 문제들을 개별적으로 볼 것이 아니라 큰 테두리 속에서 함께 정리해 보는 것도 좋지 않을까 하는 생각이 든다.

이를 위해서 이 장에서는 먼저 선승들의 당나라 유학 배경을 검토해 보고자 한다. 지금까지는 주로 승려들의 입당 유학을 단순히 구도求道라는 관점에서만 파악해 왔는데, 이를 지양하고 그들이 당나라에 들어가게 된 배경에 대해서 좀 더 세밀하게 살펴보고자 한다. 이를 위하여 당시 입당 유학하였던 각각의 승려들에 대한 기록을 검토하고자 한다. 둘째로, 그들은 당나라에 도착한 다음 선종에 매료되었는데, 어떻게 그것이 가능하였는가를 살펴볼 것이다. 또한 그들은 그곳에서 다양한 생활을 경험하였고 귀국한 다음 그러한 경험을 신라에 전하였는데, 그것에 대해서도 검토해 볼 것이다. 셋째로, 그들이 귀국한 배경과 선종을 신라 사회에 널리 전파하고자 노력하였던 이유에 대해서도 검토해 볼 것이다. 마지막으로, 선승들은 새로운 불교문화를 이 땅에 들여왔는데, 조사당祖師堂을 건립하고 철불을 조성하며 석조부도와 석비까지 세웠다. 이에 그러한 것이 어떠한 의미를 가지는가도 함께 살펴볼 것이다.

이상과 같은 검토가 이루어지면, 신라 하대 당나라 유학 선승들과 그들이 신라에 들어온 새로운 문화에 대해서 더 잘 알게 되지 않을까 싶다. 이는 신라 하대의 몰락이 아니라 새로운 사회를 창조하기 위한 노력이 그들에 의하여 이루어졌음을 엿볼 수 있는 계기가 될 것이다. 다만 이 글이 기왕의 연구에서 크게 벗어나지 않고 있다는 점에서 한계가 있지만, 신라 하

대 당나라 유학승을 통하여 나말여초羅末麗初의 변혁기를 이해하는 데 작
으나마 도움이 되었으면 한다.

2. 입당 유학 배경에 대한 검토

신라 하대의 적잖은 승려가 당나라 유학을 결심하고 그것을 실행에 옮
겼다. 이에 대하여 대체적으로는 구도를 위한 목적이나 동기에서 비롯되
었을 것으로 설명하고 있는데, 자세히 들여다보면 실제로는 그렇지 않은
경우가 더 많이 산견散見된다. 즉, 구도 이외에 다른 이유를 찾을 수 있다.
신라 하대에 만들어진 선승들의 비문을 살펴 그들의 당나라 유학 배경을
몇 가지로 정리하여 검토해 보기로 하자.

첫째로, 신라 사회에서 가지는 신분적인 한계를 극복하고자 하는 의도
와 정치적 출사의 어려움을 깨닫고 입당 유학을 결행하게 된 경우를 볼 수
있다. 예컨대, 출가한 승려들 가운데에는 신분이 아주 낮은 사람도 있었
다. 그들은 출가하였기 때문에 신분적인 측면에서 해방된 것처럼 보였지
만 실제로는 그렇지 못하였다. 진골 신분으로 출가한 승려들은 불교계에
서도 높은 위치를 차지하였으나, 그렇지 못한 낮은 신분의 경우에는 그다
지 대접을 받지 못하였던 것이다.[6] 사정이 이렇자 신분이 낮은 경우 당나
라 유학을 통하여 그러한 신분적인 한계를 극복하고자 하였던 것 같다. 당

---

6 聖德王代(702~737) 당시 육두품으로 활동하였던 惠通스님도 신분상의 이유로 '法器가 될 수
   없는 인물'로 지적되었다고 한다(呂聖九, 「惠通의 生涯와 思想」, 『擇窩許善道先生停年紀念 韓
   國史學論叢』, 일조각, 1992, 22쪽). 한편 金楨權, 「眞鑒禪師 慧昭의 南宗禪 受容과 雙谿寺 創
   建」, 『湖西史學』 27, 1999, 7쪽에서 "혜소선사는 신라 사회에서 승려가 되지 않았다. 그 자세
   한 이유는 알 수 없지만, 당시 신라 사회와 마찬가지로 불교계에서 불평등이 있었던 사실과 관
   련이 있을 것이다"라고 하였다.

나라에서 공부하고 법을 받아 돌아올 경우 대우가 신라에서만 공부한 것보다는 나았기 때문이다. 쌍계사雙磎寺를 창건한 혜소慧昭선사를 이 범주에 포함시킬 수 있을 것 같다.[7] 혜소선사는 어머니가 사망하자 신라에서 출가하지 않고 당나라에 들어가 비로소 출가를 하였다. 그리고 굴산문崛山門의 범일梵日선사는 신라에서 출가를 하였지만, 정치적인 출사가 어렵게 된 것을 깨닫고 당나라 유학을 결심하였다. 그것은 그의 조부祖父가 중앙에서 지방으로 낙향한 것에서 미루어 짐작할 수 있으며, 그의 부父에 대한 기록은 찾아볼 수 없기 때문이다.

둘째로, 신라에서 승려로 활동하며 지낼 수 없는 상황에 이르게 되자 당나라에 들어간 경우이다. 성주산문聖住山門을 개창한 무염無染선사가 대표적인 예이다. 그는 822년에 일어난 김헌창金憲昌의 난에 연루되었던 것 같다. 무염선사의 비문에는 그러한 사실이 나타나 있지 않지만, 그의 행적으로 미루어 볼 때 그러하였을 가능성이 매우 높다.[8] 김헌창의 난이 실패로 끝나자 그에 연루된 많은 사람이 죽음을 당하였는데, 무염선사는 그해 겨울에 신라를 떠나 당나라에 도착하였다. 이는 결국 그의 입당 유학이 김헌창의 난과 결코 무관치 않았음을 보여 주며, 난의 수습 과정에서 위험이 다가오자 그것에서 벗어나기 위하여 당나라 유학을 결심하게 된 것으로 보인다. 비록 승려의 신분이라 할지라도 현실적인 이유가 크게 작용하였음을 알 수 있다.

셋째로, 스승에게서 법을 받은 다음 그것을 확인하기 위하여 당나라에 유학을 간 경우를 들 수 있다. 가지산문迦智山門을 개창한 체징體澄선사가 대표적인 예이다. 그는 당시 다른 선승들과 비교해 볼 때 당나라 유학 기

---

7 曺凡煥, 『羅末麗初 禪宗山門 開創 硏究』, 景仁文化社, 2008, 134쪽.
8 申瀅植, 『韓國古代史의 新硏究』, 一潮閣, 1984, 136~137쪽. 曺凡煥도 『新羅禪宗硏究』, 一潮閣, 2001, 31쪽에서 申瀅植의 견해에 동조하고 있다.

간이 매우 짧았다. 그의 비문을 보면, 당나라에 도착하여 그곳의 선승들을 만나 보았으나 신라에서 배운 것과 그 가르침이 거의 같음을 알고 돌아왔다고 한다.[9] 결국 신라에서 배운 것을 확인하는 차원에서 당나라에 유학을 하였던 것이다.

마지막으로는 구도행이나 새로운 스승을 찾아 당나라로 간 경우도 찾아볼 수 있다. 실상산문實相山門을 개창한 홍척洪陟선사나 동리산문桐裏山門을 개창한 혜철惠哲선사가 대표적인 예이다. 물론 가지산문의 개산조인 도의道義선사도 큰 범주에서 보면 그렇다고 할 수 있을 것이다.

이상의 몇 가지 경우를 볼 때, 신라 하대 승려들의 당나라 유학을 구도를 위한 목적에서 비롯된 것이라고 한마디로 단정하는 것은 매우 무리한 지적임을 알 수 있다. 도리어 그들의 유학은 다양한 이유에서 비롯되었다고 해야 할 것이다. 적어도 개인에 따른 현실적인 이유가 매우 크게 작용하였고, 그것과 더불어 구도를 향한 의지가 함께 덧붙여진 것이라고 생각된다.

그러면 이제 신라 하대 승려들이 어떻게 하여 그처럼 쉽게 당나라 유학을 갈 수 있었는지 살펴보기로 하자. 다시 말하면 신라 하대에는 당나라 유학이 하나의 유행처럼 번졌는데, 그것을 가능하게 한 당시의 시대적 상황을 살펴보는 것도 좋으리라 생각된다.

신라 중대에도 당나라로 유학을 떠나는 승려들이 있었다. 그렇지만 그 숫자는 그리 많지 않았다.[10] 이는 무엇보다도 당나라로 가는 교통편이 불편하였기 때문이다. 그렇지만 신라 하대에 와서는 사정이 많이 달라졌다. 서해안을 중심으로 하여 당나라와 무역을 하는 상인들이 많이 생겨났고, 또한 서남해안의 청해진淸海鎭을 중심으로 한·중·일 무역을 주도하던 장

---

9 曺凡煥, 앞의 책, 2008, 9쪽 참조.
10 김병곤, 앞의 논문, 2006, 135~137쪽의 '표 2' 중대 입당 구법승의 숫자 참조. 그가 제시한 표를 살펴보면 신라 중대에 중국 유학을 한 승려의 숫자는 48명에 지나지 않는다.

보고張保皐가 활동하고 있었다.[11] 당나라로 유학을 떠나고자 하는 승려들은 그곳으로 가는 견당선遣唐船을 이용하기도 하였지만, 대다수는 상선商船을 이용하였을 가능성이 매우 높다. 비록 기록이 많지 않아 단정할 수는 없지만, 사절들의 배편은 정해져 있었기 때문에 그것을 이용하는 것이 그리 쉽지 않았을 것이다.[12] 조공선朝貢船은 일정 시기에만 운용되므로 당나라 유학을 위하여 조공선과 시간을 맞추는 것도 쉽지 않았을 것이다. 반면 상선들은 당나라에 수시로 드나들었기 때문에 그것을 이용하는 편이 당나라 여행에 있어 훨씬 유리하였을 것이다.[13] 그러므로 신라 중대와 달리 하대에 이르러서는 당나라로 가는 교통편이 발달한 결과 승려들의 유학도 증가되었다고 할 수 있다. 이는 신라 하대 선승들이 당나라 유학을 쉽게 할 수 있었던 중요한 이유 가운데 하나였으리라고 생각된다.

3. 사상적 전회와 새로운 생활의 체득

신라에서 화엄을 공부하여 그것에 매우 익숙해 있던 승려들은 당나라에 도착한 다음 당시 그곳에서 유행하던 선종을 접하게 되었다. 그리고 그것에 경도되었다. 사상적인 전회가 이루어진 것이다. 그들이 신라에서 공부한 불교와는 다른 새로운 불교를 접하게 되자 쉽게 빠져든 것인데, 이는 무

---

11 曺凡煥, 「新羅下代 張保皐와 禪宗」, 『STRATEGY21』 4-2, 2002, 106~110쪽 및 본서 제3편 제2장 참조.
12 물론 입당 사절이 이용하는 배에 동승하는 경우도 적잖게 찾아볼 수 있다. 하지만 상선을 이용한 숫자와 비교해 보면 상대적으로 입당 사절의 배가 적었을 뿐만 아니라, 더러는 입당 사절이 상선을 이용하는 경우도 생각해 볼 수 있다. 특히 신무왕의 등극을 축하하기 위하여 당나라에서 신라에 사절을 파견하였을 때 장보고 상선을 이용했음을 염두에 둘 필요가 있다(엔닌 지음, 김문경 역주, 『엔닌의 입당구법순례행기』, 중심, 2001, 183쪽).
13 曺凡煥, 앞의 논문, 2002 및 본서 제3편 제2장 참조. 그리고 이유진, 「羅末麗初 승려들의 入唐 求法과 한중교류」, 『石堂論叢』 46, 2010, 222쪽 참조.

엇보다도 선禪이라고 하는 새로운 사상에 매료되었기 때문일 것이다. 그런데 그들이 새로운 사상에 쉽게 매료될 수 있었던 것은, 그들에게 있어 선종이 완전히 새로운 것이었다기보다는 이미 신라에서 어느 정도 알고 있었던 것이었기에 가능하였다고 보인다. 즉, 그들이 신라에서 공부하고 있을 때 이미 북종선北宗禪이 들어와 알려져 있었고,[14] 특히 부석사浮石寺에서 공부한 승려들은 그것에 대한 이해도 어느 정도 되어 있었다.[15] 그러므로 그들은 당나라에서 유행하는 선종에 친밀감을 느끼고 그쪽으로 쉽게 돌아설 수 있었을 것이다.[16]

성주사聖住寺를 창건한 무염선사의 경우 출가 때부터 북종선을 접하였다. 그것은 그가 화엄종華嚴宗 사찰로 출가하지 않고 부모의 권유에 따라 북종선을 익힌 선사를 찾아가 그 아래에서 공부하였기 때문이다.[17] 또한 그는 부석사에서도 공부하였는데, 그곳에서 화엄을 익히는 한편 선에 대한 이해도 깊어졌다고 볼 수 있다. 그는 당나라에 도착하여 대흥성大興城 종남산終南山 지상사至相寺에 들렀는데, 그곳에서 얼굴이 검은 노인을 만

---

14 신라 하대의 북종선의 동향에 대해서는 鄭善如, 「新羅 中代末·下代初 北宗禪의 受容—〈丹城斷俗寺神行禪師碑文〉을 중심으로—」, 『韓國古代史研究』 12, 1997 및 「신라 하대 북종선의 동향」, 『新羅史學報』 18, 2010 참조.

15 혜철선사의 비문을 보면, 그는 부석사에서 공부하는 과정에서 이미 律과 禪에서 승려들의 모범이 되었다고 한다. 이는 혜철선사가 그곳에서 북종선을 익혔던 것이 아닌가 한다(曺凡煥, 앞의 책, 2001, 27~28쪽 참조). 또한 의상의 화엄사상 형성에 북종선이 영향을 주었다는 의견은 石井公成, 「禪宗に對する 華嚴宗의 對應」, 『韓國佛敎學 SEMINAR』 9, 2003, 124쪽 및 석길암, 「의상계 화엄의 禪的 경향성에 대하여」, 『韓國古代史探究』 4, 2010, 107~113쪽을 참조할 것.

16 마조선사는 강서 개원사에서 禪席을 펼쳤는데, 『반야경』에서 『능가경』의 일심설에 되돌아가 '자심이 즉불'이므로 一念만 반조하면 '六根運用의 一切施爲가 그대로 불법이 된다'는 뜻을 강조하였다(高翊晋, 「新羅 下代의 禪傳來」, 『韓國禪思想研究』, 東國大學校 佛敎文化研究院, 1985; 『韓國古代佛敎思想史』, 동국대학교 출판부, 1989, 484쪽).

17 무염선사는 13세에 출가하였는데, 설악산 오색석사로 들어가 법성선사에게서 공부하였다. 법성선사는 일찍이 당나라에 유학하여 능가선을 배웠다고 한다(曺凡煥, 앞의 책, 2001, 23쪽). 능가선의 핵심은 『능가경』에서 찾아볼 수 있는데, 무염선사는 법성선사를 통해서 일찍부터 능가선을 접하였고 그것은 곧 북종선을 공부하였다는 것을 알려 준다.

났다. 그 노인은 신라에서 당나라로 유학을 떠났던 혜소선사였다.[18] 혜소
선사는 그에게 "멀리 모든 물건에서 취하려 하니 어찌 부처를 알 수 있으
랴"라고 말하였다. 이 말을 들은 무염선사는 크게 깨우쳤다고 한다. 이러
한 사실에서 볼 때, 무염선사도 선에 대한 이해가 전혀 없었던 것이 아니라
어느 정도 이해하고 있었기 때문에 쉽게 선종으로 돌아설 수 있었다고 보
인다. 적어도 혜소선사의 조언을 쉽게 받아들일 수 있을 만큼 신라에서 선
에 대한 공부가 이루어졌을 것이다. 도헌道憲선사나 혜철선사의 경우에도
그들이 부석사 출신이었기 때문에 선으로 경도되는 데 오랜 시간을 요하
지는 않았을 것이다.

　당시 당나라에서는 마조선馬祖禪이 유행하였다. 마조馬祖선사는 "평상
심이 도이다", "마음이 곧 부처이다" 등의 가르침을 주장하였는데, 이러한
그의 주장은 초월적이고 이념적인 것을 단번에 전혀 가치 없는 것으로 물
리치고 진실로 일상생활에 철저할 것만을 요구한 것이다. 마조선사의 이
러한 사상은 그 당시 사람들에게 매우 매력적인 것으로 받아들여졌다. 이
러한 이유로 말미암아 그를 따르는 많은 제자가 생겨났으며, 제자들 하나
하나가 독보적인 위치를 차지하였다.[19] 그 결과 서당西堂선사 지장智藏을
비롯한 많은 선승이 여러 곳에서 자리를 잡고 선풍을 드러내고 있었다. 이
에 신라의 승려들은 그러한 선승들 가운데 한 명을 선택하여 스승으로 삼
고 그 아래에서 공부하고 법을 받았다.

　무염선사의 경우에는 마곡麻谷선사 보철寶徹(생몰년 미상)을 찾아가 그
문하에서 공부하였다. 그가 공부를 하는 동안 얼마나 철저하게 수행을 하
였는지 마치 유검루庾黔婁와 같이 하였다고 한다.[20] 유검루는 효성으로 유

18　金福順, 「眞鑑禪師의 생애와 불교사상에 관한 연구」, 『韓國民族文化』 15, 2000; 『한국고대불
　교사 연구』, 民族社, 2002, 239쪽.
19　이부키 아츠시 지음, 최연식 옮김, 『새롭게 다시 쓰는 중국 禪의 역사』, 대숲바람, 2005, 105쪽.

명한 인물이다.[21] 이러한 비유는 결국 무염선사가 단순히 좌선만을 행한 것이 아니라 깨달음을 얻기 위하여 어렵고 힘든 수행을 하였음을 알려 준다.[22] 어렵고 힘든 수행을 하였다는 것은, 신라에서 하던 공부와 달리 경전에서 벗어나 신체적으로는 힘이 들지만 정신이 커 가는 수행을 근본으로 하였음을 의미한다. 마조선사의 법을 이은 보철선사 아래서 힘들게 공부한 것으로 볼 때, 그는 결국 일상생활이 도라고 하는 마조선을 익히고 체득하였음을 알 수 있다.

마조선을 체득한 이후 대부분의 유학승은 당나라에 널리 퍼져 있는 여러 불교 유적과 선지식을 찾아다녔다.[23] 그런 가운데 그들의 대다수는 보시행布施行을 하였을 것으로 생각된다. 혜소선사는 짚신을 삼아 길 가는 사람들에게 나누어 주었고,[24] 무염선사도 보시행을 하였다고 한다.[25] 이러한 보시행은 신라에서는 미처 경험해 보지 못한 것으로, 결국 당나라 유학을 통하여 그러한 보시행을 익힌 것으로 생각된다.

그런데 신라에서 당나라로 들어간 승려들이 무엇보다 깊이 체득한 것은 바로 노동의 중요성이었다. '일일부작一日不作이면 일일불식一日不食'이 바로 그것이었다. '백장청규'로 유명한 백장百丈선사 회해懷海(749~814)에 의하여 선종의 승려들은 바로 이러한 원칙을 지켜나갔다. 사실 신라의 승려들은 이러한 것에 익숙하지 않았을 것이다. 그들은 신라에서 재가자들의 보시에 의하여 생활하였기 때문에 노동이라는 것에 대하여 그다지

20 崔致遠 撰,「藍浦 聖住寺 朗慧和尙 白月葆光塔碑文」, 李智冠, 『校勘譯註 歷代高僧碑文』(新羅篇), 伽山文庫, 1994, 158쪽.
21 『梁書』 권47 庾黔婁
22 曺凡煥, 앞의 책, 2001, 35쪽.
23 김복순,「9~10세기 신라 유학승들의 중국 유학과 활동 반경」, 『역사와 현실』 56, 2005;「신라 하대 선사들의 유행」, 『新思潮로서의 신라 불교와 왕권』, 景仁文化社, 2008 참조.
24 崔致遠 撰,「河東 雙谿寺 眞鑑禪師 大空靈塔碑文」, 李智冠, 앞의 책, 1994, 130쪽.
25 무염선사는 고아나 가난한 사람을 돌보아 주는 것을 실천행으로 삼아 참선에서 벗어나 구체적 행동을 통한 수련을 하였다(曺凡煥, 앞의 책, 2001, 36쪽).

깊게 생각해 보지 않았을 것으로 보인다. 그런데 당나라에서 공부하는 동안 그곳의 선승들과 함께 생활하면서 그러한 생활이 자연스럽게 몸에 배었을 것이다. 그리고 그들은 귀국한 이후 산문을 개창하는 과정에서 몸소 노동을 하였고, 하루 일하지 않으면 하루 먹지 않는다는 원칙을 지켰던 것이다. 무염선사는 절을 짓거나 고칠 때에는 대중에 앞서 하면서 "항상 불조께서도 일찍이 진흙을 밟으셨는데, 내가 어찌 잠깐이라도 편히 쉴 수 있으랴"라고 말하였으며, 물을 긷고 땔나무를 나르는 일까지도 때로는 몸소 하였다고 한다.[26]

이러한 생활 태도는 선승들이 세속적인 활동의 가치를 적극적으로 긍정하였다는 점에서도 찾아볼 수 있다.[27] 이와 같은 생활 태도는 신라에서 당나라에 들어온 유학생들에게는 경천동지와도 같은 일이었을 것이다. 그러나 신라의 선승들은 사찰에서 지내는 동안 그러한 생활 태도를 익히게 되었을 것이다. 신라 하대 선종 사찰에서 보이는 삼강전三綱典이 바로 그것을 말해 준다. 삼강전은 선종 사찰의 실질적인 일을 맡아서 처리하는 기구로 알려져 있는데,[28] 그 가운데서도 직세直歲의 경우 장원을 관리하거나 전조를 거두는 등 경제적인 업무를 담당한 것으로 파악된다.[29] 이렇게 볼 때 선승들은 경제적인 것에 대해서도 많은 관심을 가졌던 것으로 보인다.

삼강전은 나말여초 시대의 거의 모든 선종 사원에 설치되었다. 선승들은 자체적으로 삼강전을 설치하여 정법전으로 대표되는 중앙 승관과 국가의 간섭과 통제에 대처하기 위하여 노력했다.[30] 결국 이러한 사실도 그들이 당나라에서 유학하는 동안 선종 사찰에 머물면서 승관 제도와 관련된

---

26 曺凡煥, 앞의 책, 2001, 65쪽.
27 余英時 著, 鄭仁在 譯, 『中國 近世宗敎倫理와 商人精神』, 大韓敎科書株式會社, 1993, 26~27쪽.
28 金在應, 「新羅末·高麗初 禪宗寺院의 三綱典」, 『震檀學報』 77, 1994, 46쪽.
29 金在應, 위의 논문, 1994, 52쪽.
30 金在應, 같은 논문, 1994, 46~50쪽.

여러 가지 것을 익혔기 때문에 가능하였을 것이다. 여러 선종 사찰에서 마련하였다고 하는 것으로 볼 때, 당시 선종 사찰들은 서로 유기적으로 연결되어 있었다고 보아야 할 것이다.

한편 당나라의 선승들과 함께 지내는 동안 신라의 승려들은 그곳의 차 문화에도 익숙하게 되었을 것이다. 다시 말해, 당나라 남쪽 지역의 차 문화와 선종이 결합된 불교의 의식과 수행 생활을 신라의 승려들이 자연스럽게 익힐 수 있게 되었다는 것이다. 그 결과 신라 출신의 승려들은 당나라에서 생활하는 동안 사찰에서 차를 재배하고 그것을 가루로 만들어 음용하는 것도 눈여겨보았다.[31] 예컨대, 혜소선사의 경우 진골 귀족들이 차를 공양하자 그것을 가루로 만들지 않았다고 하는 것으로 볼 때 이미 차에 대해서도 익숙하였음을 엿볼 수 있다.[32] 또한 무염선사의 경우에는 헌안왕이 즉위하기 이전에 향과 차를 예물로 보냈는데 한 달도 빠짐이 없었다[33]고 하는 것으로 볼 때 선승들과 차는 불가분의 관계에 있었음을 알 수 있다.

이러한 사실과 관련하여 더욱 주목되는 점은 그들이 당나라에서 차를 마실 때 사용하던 다완茶盌까지도 신라의 사찰에서 사용하였다는 것이다. 다완은 신라에서 생산된 것이 아니라 당나라에서 수입한 것이었는데, 당시 사찰에서 사용되고 있었음이 최근 인각사麟角寺에서 출토된 유물을 통하여 밝혀졌다.[34] 차와 다완은 불가분의 관계에 있었고 당나라에서는 선승들이 일찍부터 차를 향유하였기 때문에 신라에서도 그러한 생활을 계속해서 이어 갔던 것이다. 차를 마시고 그것을 향유한 집단이 선승들이었고, 차를

---

31 김진숙 외, 『장보고와 차문화 전파』, 재단법인 해상왕장보고기념사업회, 2010, 91쪽.

32 김진숙 외, 위의 책, 2010, 168쪽.

33 曺凡煥, 앞의 책, 2001, 112쪽.

34 최근 인각사에서 출토된 유물 가운데 해무리굽 청자는 다른 공양구와 달리 중국에서 직수입된 것으로 밝혀졌다(최응천, 「장보고 시대 금속공예의 양상과 특성—인각사 출토 금속공예품의 특징과 성격을 중심으로—」, 문명대 외, 『장보고 선단과 동아시아 불교문화 교류』, 재단법인 해상왕장보고기념사업회, 2010, 107쪽 참조).

마시는 문화가 점차 퍼져 나가게 된 것도 그들을 통해서였다. 이렇게 보면, 후삼국 시기에 청자의 생산이 가능하게 된 것[35]도 결국 신라의 선승들이 그러한 발판을 마련해 준 것으로 해석해도 무리한 지적만은 아닐 것이다.

4. 새로운 모색과 탄력적 대응

마조선사 도일道— 문하의 서당지장에게서 법을 받은 도의선사가 헌덕 왕憲德王 13년(821) 무렵에 귀국하였다. 그 뒤를 이어 홍척과 혜소 선사 등이 귀국하였고, 혜철선사가 뒤따랐다. 그들의 귀국은 당나라에서 배우고 체득한 선을 신라에 널리 홍포하기 위한 의도에서 비롯된 새로운 모색이었다고 해도 좋을 것이다.

그렇지만 845년을 기점으로 하여 귀국한 선승들의 경우는 사정이 달랐다. 무염, 범일, 도윤 그리고 자인慈忍 선사 등이 귀국하였는데, 그들은 자발적이기보다는 타의에 의하여 귀국하였다. 즉, 당나라 무종武宗의 폐불정책으로 말미암아 본인의 의지와는 관계없이 강제로 신라에 돌아올 수밖에 없었던 것이다.[36]

이제 귀국한 이후의 선사들의 활동에 대하여 알아보기로 하자. 우선 먼저 자발적으로 귀국한 선승들의 활동부터 살펴보자. 제일 먼저 귀국한 도의선사는 때를 만나지 못하여 설악산에 은거하고 말았다. 이는 당시 신라사회가 선종을 받아들일 수 있는 형편이 되지 못하였을 뿐만 아니라, 김헌창의 난이 일어나 사회가 매우 혼란하였기 때문이다.[37] 반면 도의선사에

---

35 李喜寬,「韓國 初期靑磁에 있어서 해무리굽碗 問題의 再檢討」,『美術史學硏究』237, 2003, 43~46쪽 참조.

36 權悳永,「唐 武宗의 廢佛과 新羅 求法僧의 動向」,『정신문화연구』54, 1994, 103~104쪽.

비하여 조금 늦게 귀국한 홍척선사나 혜소선사는 왕실의 관심을 받았는데, 특히 혜소선사의 경우 흥덕왕興德王이 그를 맞아들여 "과인은 장차 동방 계림의 땅을 길상吉祥의 집으로 만들리라"라고 하였다.[38] 이는 왕실에서 선승과 선종에 서서히 관심을 두게 되었음을 알려 주는 것이라고 해야 할 것이다.[39]

다음으로 당 무종의 폐불 정책으로 말미암아 귀국한 선승들에 대해서 살펴보기로 하자. 폐불 정책으로 인하여 적잖은 승려가 한꺼번에 귀국하자 신라 왕실에서는 그들에게 별다른 주목을 하지 않았다. 예컨대, 무염선사는 경주에 들어갔지만 자신을 도와줄 단월을 만나지 못하자 당나라에 들어갈 때 배를 태워 주었던 김흔金昕을 찾아가 겨우 지낼 곳을 마련하였다.[40] 범일선사의 경우에도 귀국한 이후 곧바로 경주에 들어갔으나 그에게 관심을 보이는 단월은 거의 없었다.[41] 또한 도윤선사의 경우에도 경주에 머물지 못하고 금강산 장담사長潭寺에 머물면서 영향력을 키웠다.[42]

그런데 역설적이게도 무종의 폐불 정책은 신라의 선종 불교를 활짝 꽃피게 하는 중요한 계기가 되었다. 폐불 정책으로 말미암아 귀국한 선승들이 중앙보다는 지방으로 내려가 그곳에서 선종산문을 개창하고 영향력을 발휘한 것이다. 산문을 개창한 이후 그들이 표방하는 바가 같았다고 단정할 수는 없지만, 각 산문마다 조금씩의 차이는 있을지언정 그 본류는 거의 같았다고 해도 무리한 지적은 아닐 것이다. 그것은 그들이 마조선사의 제

---

37 석길암, 「羅末麗初 불교사상의 흐름에 대한 일고찰─선의 전래와 화엄종의 대응을 중심으로─」, 『韓國思想史學』 26, 2006, 43쪽 참조.
38 崔致遠 撰, 「河東 雙谿寺 眞鑑禪師 大空靈塔碑文」, 李智冠, 앞의 책, 1994, 136쪽.
39 李基東, 「新羅 興德王代의 政治와 社會」, 『國史館論叢』 21, 1989; 『新羅社會史研究』, 一潮閣, 1997, 177쪽.
40 曹凡煥, 앞의 책, 2001, 46~48쪽.
41 曹凡煥, 앞의 책, 2008, 142~144쪽.
42 曹凡煥, 같은 책, 2008, 164~165쪽.

자들에게서 배웠기에 사상적인 특징이 거의 비슷하였기 때문이다.

자발적 귀국이든 아니면 폐불 정책으로 말미암아 귀국하였든 간에 선승들은 중앙이 아닌 지방 사회에서 산문을 개창하고 영향력을 발휘하였다. 그런데 선승들은 귀국한 이후 대체로 전라도 지역의 지리산 자락을 중심으로 산문을 개창하였다. 물론 도의선사와 무염선사의 경우에는 그렇지 않았지만, 혜소선사가 쌍계사에 주석하였고 홍척선사가 실상사實相寺에서 활동하였으며 현욱선사는 귀국하자 실상사에서 한동안 머물렀다. 또한 가지산문을 개창한 체징선사는 보림사寶林寺를 중심으로 활동하였다. 이러한 사실은 전라도 지역으로 귀국한 선승들이 지리산을 중심으로 모여 들었음을 보여 주는 것이다. 곧 그곳은 선종의 메카가 되었다고 해도 좋을 것이다.[43]

사정이 이렇게 되자, 신라 왕실에서는 처음에는 별로 관심을 두지 않았던 선승들에 대해서 관심을 보였다. 그래서 신라 왕실은 그들을 초치招致하고자 노력했으며 몇몇 선승은 그러한 부름에 응하기도 했다. 그 가운데 무염선사는 경문왕대景文王代뿐만 아니라 헌강왕대憲康王代에도 국사로 활동하였으며, 양조兩朝국사로 불렸다. 그는 신라 왕실과 밀접한 관계를 유지하였고, 선종의 유포를 위하여 매우 노력하였다. 무염선사와 달리 신라 왕실과 거리를 두고자 하는 선승들도 있었다. 그렇지만 정치적으로는 왕실과 거리를 두고자 하였더라도 그들이 머물고 있던 사찰의 사세를 발전시키기 위하여 신라 왕실의 경제적인 지원은 마다하지 않았다.

그러면 신라 왕실이 선승들에게 적극적인 관심을 보인 이유가 무엇이었는지 살펴보자. 이와 관련하여 기왕의 연구를 참고해 볼 필요가 있다. 기왕의 연구에서는 첫째로, 홍덕왕이 교학 불교를 대신하는 새로운 정치 이념

---

43 曺凡煥,「新羅 下代 西南地域의 禪宗山門 形成과 發展」,『震檀學報』100, 2005 및 본서 제2편 제2장 참조할 것.

으로 남종선을 채택하려 하였다는 견해가 있다.[44] 둘째로, 홍덕왕 즉위 당시의 지방 사회에서는 이상세계理想世界를 기대하는 심리가 만연하였는데, 일반 백성들의 그러한 심리를 잠재우고 선승들이 추구하는 기본 정신을 지방 사회에 심기 위하여 남종선을 정부 차원에서 적극적으로 지원한 것으로 파악하기도 한다.[45] 셋째로, 선사들이 중앙보다는 지방에 있었던 것을 근거로 해서 중앙 정부에서 그 지역의 유력자들을 회유하기 위하여 선사들에게 접근하였을 가능성을 제시한 연구들을 찾아볼 수 있다.[46]

그렇지만 이상과 같은 견해들은 모두 일정 부분 문제를 가지고 있기 때문에 이에 대해서는 좀 더 구체적인 연구가 필요하리라 생각된다. 다만 홍덕왕 이후 신라 왕실에서 선승들을 계속해서 초치하려고 한 것을 통하여 미루어 보면 신라 왕실에서는 선승들이 지방 사회에서 가지는 영향력을 중앙으로 일원화하고자 하는 의도를 가지고 있지 않았을까 한다.[47] 또한 왕실에서는 그들 세력이 지방 세력과 유기적으로 연결되는 것을 염려하였던 것 같다. 이에 선승들이 지방 세력과 연결되는 것을 사전에 차단하고자 하는 목적도 있었을 것이다.

왕실의 적극적인 태도와 달리 선승들은 신라 왕실과의 관계에서 매우 탄력적인 태도를 취하였다. 그래서 시간이 지나면서 왕실뿐만 아니라 지방의 호족들과도 유기적인 연결을 가지게 되었다. 다만 진성왕眞聖王 이전에 귀국한 선승들은 대체로 중앙과 연결되었던 반면, 진성왕 재위 시기나 그 이후에 귀국한 선승들의 경우에는 중앙보다는 지방 세력에 관심의 눈

---

44 高翊晋, 앞의 책, 1989, 525~530쪽.

45 近藤浩一,「南宗禪과 新羅社會」,『대외문물교류연구』7, 해상왕장보고연구회, 2007, 166~ 168쪽. 이 견해도 신라 하대의 전체적인 분위기와 서로 부합하지는 않아 문제가 있어 보인다.

46 김두진의 연구가 대표적이다(金杜珍,『신라하대 선종사상사 연구』, 일조각, 2007 참조). 하지만 이러한 견해는 진성왕 이전의 경우에는 적용하기 어려운 측면이 있다.

47 曺凡煥,「新羅 下代 景文王의 佛敎政策」,『新羅文化』16, 1999, 36~42쪽 참조.

길을 보냈으며 그들의 부름에 응하였다. 선승들이 그러한 태도를 취하게 된 것은 더 이상 중앙에서 기대할 수 있는 것이 없었기 때문이다. 그래서 지방의 유력자와 연결하여 자신들이 개창한 사찰의 사세를 확장하는 것이 보다 더 유리하리라고 판단하였던 것 같다. 그런데 여기서 말하는 지방의 유력자는 바로 궁예弓裔나 견훤甄萱 그리고 왕건王建을 의미한다. 진성왕 대眞聖王代 이후 선승들과 연결된 유력자는 바로 새로운 왕조를 개창한 인물들이었다.

이러한 사실로 미루어 볼 때, 나말여초 선종이 유행하게 된 것은 선승들의 노력도 있었지만, 그것을 더욱 가능하게 한 것은 신라 왕실이었고, 그 뒤를 이어 지방에서 새로운 왕조를 개창한 유력자들이었다. 그들의 지원이 없었더라면 선종은 쉽게 만개滿開하지 못하였을 것이다. 특히 일반 사람들에게 제대로 전해질 수 없었을 것이다. 그러한 어려움을 극복할 수 있게 해준 것은 결국 중앙의 지원과 새로운 왕조의 개창자들이었고, 그 과정에서 일반인들도 선종에 관심을 가지게 된 것으로 볼 수 있다.

5. 불교문화의 수용과 그 영향

선승들은 귀국한 이후 단월 세력의 도움으로 선종 사찰을 개창하였다. 그들은 선종 사찰을 개창하면서 기왕의 화엄종 사찰에는 없던 여러 가지 새로운 건물을 마련하였다. 그 가운데에서 무엇보다 주목되는 것이 바로 조사당의 건립이다. 예컨대, 무염선사는 성주사를 창건하면서 칠조사七祖師 영당影堂을 두었다. 아마도 당나라에서 육조六祖를 현창하기 위한 유풍을 보고 와서 그것을 본받아 칠조사 영당을 둔 것으로 보인다.[48] 또한 쌍계

---

48 曺凡煥, 앞의 책, 2001, 80쪽.

사를 창건한 혜소선사도 육조 영당六祖影堂을 두었다. 그는 혜능慧能선사의 불성평등佛性平等의 정신을 일깨워 주고자 하였고, 그러한 노력을 통하여 선종을 널리 전하고자 한 것 같다.[49] 이렇게 보면, 선사들이 조사당을 건립한 것은 선종을 널리 알리기 위한 노력이라고 볼 수도 있겠지만, 보다 더 중요한 것은 그들 스스로가 혜능선사의 종지를 잇고 있음을 드러내고자 한 것으로 보인다. 그리고 그것은 결국 자신이 속한 사찰이 혜능선사의 적통을 잇고 있음을 드러내고자 한 것으로 생각된다.

그런데 재미있는 사실은 이러한 조사의 현창 유풍이 신라 화엄종 승려들에게도 영향을 주었다는 점이다. 화엄종 승려들도 화엄종의 조사인 의상義湘대사나 신라 화엄의 원류인 당나라의 지엄智儼(602~668)화상과 법장法藏(643~712)화상 등을 기리는 조사 추모 사업을 벌였다.[50] 결국 선승들이 들여온 조사 추모 활동이 신라의 화엄종 승려와 사찰에도 영향을 주었음을 알 수 있다.

한편 선종 사원에서는 금동불金銅佛이 아닌 철불을 주로 조성하였다. 현재 남아 있는 철불 가운데 실상사의 철불이 대표적이라 할 수 있으며, 9세기 중후반에는 보림사, 봉암사鳳巖寺, 안락사安樂寺, 성주사 등에서 연이어 철불을 제작하였다. 철불을 조성하게 된 배경에 대해서는 여러 가지 견해가 있지만, 적어도 그러한 조성 작업이 독자적이고 자발적인 것이 아니라 당나라에서 영향을 받았을 것이라는 점에서는 일치한다. 당시 당나라의 사찰에서는 많은 철불이 조성되었는데, 특히 당나라 개원開元 연간(713~741)에 유행하였고, 산서성山西省뿐만 아니라 산동성山東省을 비롯한 하북성河北省, 섬서성陝西省, 강소성江蘇省 등 다양한 지역에서 제작되었다고 한다.[51] 이에 당나라에 유학한 신라의 선승들은 당시에 조성된 철불을 보

49 金楨權, 앞의 논문, 1999, 32쪽.
50 정병삼, 「9세기 신라 불교 결사」, 『韓國學報』 85, 1996, 222쪽.

앉을 뿐만 아니라 조성 과정도 눈여겨보았을 것으로 짐작된다. 그러한 경험이 신라 하대 선종 사찰의 철불 조성에 영향을 미쳤을 것임은 틀림이 없을 것이다.

선승들이 직접 철불까지 조성하였다고 단정 지을 수는 없으나, 그것을 조성하는 기술이나 방법에 대해서 전혀 몰랐다고 생각되지는 않는다. 다만 전문적인 기술자가 있었을 것으로 보이는데, 그들을 당나라에서 데려왔을 가능성이 높고, 이후 그러한 기술자에게서 신라의 장인들이 철불을 조성하는 방법을 배워 익힌 것이 아닌가 싶다. 물론 사료가 없어 이를 입증하기는 곤란하지만, 적어도 이러한 생각이 완전히 틀렸다고는 생각되지 않는다.

그런데 선승들이 신라에 귀국한 다음 철불 조성에 주도적으로 나선 것은 아무래도 불상의 제작에 필요한 동銅이 매우 귀하였기 때문이었던 것 같다. 당시 당나라에서조차 동불상이나 동종을 녹여 동전을 주조하도록 하였는데, 이러한 사실로 미루어 보면 신라에서도 동 부족이 심각하였음을 알 수 있다.[52] 이런 연유로 선승들은 지방에서 사찰을 개창하는 과정에서 구리보다는 쉽게 구할 수 있는 철을 이용하였을 것으로 보인다. 그런데 여기서 눈여겨볼 점은 그들이 조성한 철불의 대다수가 노사나불盧舍那佛이라는 점이다.[53] 선승들이 화엄종의 주존인 노사나불을 집중적으로 조성한 것은 아무래도 그들이 화엄종에서 출발하였다는 것을 은연중에 드러낸 것은 아니었을까 싶다. 그리고 일반 백성들의 거부감을 염려한 것으로도

51 권강미, 「中國 唐代 鐵佛의 新例—유방시박물관 및 평요현박물관 소장품을 중심으로—」, 『美術資料』 79, 2010, 159쪽.
52 柳元迪, 「銅錢과 張保皐 海上貿易」, 『魏晉隋唐史研究會會報』 2, 1994, 101~102쪽 참조.
53 강건우, 「실상사 철불 연구」, 서울대학교 대학원 고고미술사학과 석사논문, 2011, 44쪽. 반면에 권강미, 앞의 논문, 2010, 159쪽에서는 항마촉지인과 지권인의 여래상이 집중적으로 제작되었다고 한다.

생각된다. 기왕에 보아 왔던 불상과는 전혀 다른 불상을 만들 경우 그것에 익숙하지 않은 일반인들은 어쩌면 거부감을 가질 수도 있을 것이기 때문 이다. 그리고 그것은 선종에 대한 거부감으로 이어질 수도 있기 때문에 노 사나불 조성에 적극적이었다고 생각된다. 결국 선승들은 노사나불을 조성 하여 선종이 기왕의 불교와 다를 바가 없다는 것을 드러내고자 하였다고 볼 수 있다.

그런데 철불을 조성함에 있어 주조 과정이 끝나면 상 표면에 호분을 입 히고 채색을 하거나 칠을 입히고 그 위에 개금을 하게 되므로 완성된 다음 에는 그것이 철인지 동인지 잘 드러나지 않는다고 한다.[54] 이러한 견해에 따른다면, 비록 철로 주조된 불상이라고 해도 그것이 일반 민중들에게는 낯설지 않았을 것이다. 이는 선승들의 일반 민중에 대한 섬세한 배려에서 비롯된 것이라고 해야 하지 않을까 싶다.

다음으로 선종 사찰에서 쉽게 찾아볼 수 있는 것이 바로 부도와 선승의 생애를 기록한 석비일 것이다. 부도는 잘 알려진 것과 같이 승려의 유골을 매장한 조형물이다. 신라 하대 선승들의 장례법을 살펴보면, 가매장假埋葬 한 뒤 이장 또는 개장開葬을 하게 있다.[55] 이는 석조부도가 만들어지는 시 간을 고려한 것이며, 부도는 본장이 거행된 그 자리에 건립되었던 것으로 추정된다.[56] 선승들의 부도는 신라 하대에 이르러 집중적으로 제작되는데, 844년(문성왕 6)에 건립된 염거화상탑廉居和尙塔을 그 시작으로 볼 수 있 다. 그러므로 부도는 선종과 불가분의 관계에 있었다고 할 수 있다.

조사 불교가 도입된 이후 조사의 입적은 마치 부처의 입적과 같은 것이 었다. 이렇게 되자 조사는 그 문도들에게 있어 부처와 같은 존재가 되었

---

54 최성은, 「전환기의 불교조각: 나말려초 불상의 새로운 경향」, 『梨花史學硏究』 33, 2006, 47쪽 참조.
55 엄기표, 『신라와 고려시대 석조부도』, 학연문화사, 2003, 60쪽.
56 엄기표, 위의 책, 2003, 60쪽.

다. 그러므로 남겨진 문도들에게는 조사의 죽음을 애도하고 그것을 통하여 문파의 영향력을 과시하는 것도 중요한 일 가운데 하나였다. 따라서 조사의 부도를 제작함에 있어 온갖 정성을 다하였고, 그러한 것을 통하여 선종을 널리 알리고자 하였다. 부도는 누구나 쉽게 예배할 수 있는 대상이 되었고, 이는 조사의 큰 뜻과 가르침을 전하고자 하는 노력에서 비롯된 것이라 할 수 있다. 혜소선사는 임종 직전에 탑과 비를 굳이 세우지 말라는 유언을 남겼다.[57] 그가 제자들에게 이러한 지시를 한 것은 선승들의 유골을 봉안하는 석조 부도와 탑비의 건립이 선승들과 선종산문에서 일반화되어 있었기 때문일 것이다.[58]

선승의 부도와 더불어 눈여겨볼 것은 바로 석비이다. 이것은 잘 알려진 바와 같이 귀부와 비신 그리고 이수로 구성되어 있다. 가장 하부에 위치한 귀부는 거북과 용의 몸을 형상화한 것이다. 이는 오래 사는 동물이라는 점에서 영원히 존재함을 상징하는 것으로 볼 수 있다. 비신은 승려의 행적을 기록하는 부분으로 이는 곧 신체에 해당한다고 하겠다. 그리고 이수는 가장 아름다운 무늬로 장식을 하는데, 여기에는 용이 승천하는 모습을 포함하고 있다. 이는 선사의 권위를 드러내기 위한 것으로 볼 수 있을 것이다. 결국 이러한 석비는 조사의 덕과 가르침이 결코 변치 않을 것임을 드러내는 하나의 상징물로 볼 수 있다.

비문의 내용은 선승의 일대기이지만 그 자체로서 하나의 역사이기도 하다. 선종을 신라에 전한 선승들은 당나라에서 전해지는 선승들의 계보에 대해서도 알았을 것이다. 그리고 그들은 그러한 선승들의 계보를 신라에도 전해 왔다. 한편 산문의 조사의 계보를 밝히는 것은 무엇보다 중요하였다. 이는 산문의 정체성을 밝히는 것과도 깊은 관련이 있었기 때문이다.

---

57 崔致遠 撰, 「河東 雙谿寺 眞鑑禪師 大空靈塔碑文」, 李智冠, 앞의 책, 1994, 146쪽.
58 엄기표, 앞의 책, 2003, 62쪽.

이에 산문의 문도들은 조사가 천화한 다음 석비를 세워 조사의 위대성을 알리고 그들 산문의 위상을 정립하기 위한 노력을 기울였던 것이다. 이에 문도들은 왕실로부터 석비를 세울 것을 허락받은 다음 당대 최고의 문장가를 동원하여 글을 새긴 다음 석비를 세웠던 것이다.

6. 맺음말

신라 하대에 당나라 유학을 다녀온 승려들은 신라 사회가 새로운 방향으로 나아갈 수 있는 길을 제공하였다. 그들은 당나라 유학을 통하여 새로운 지식을 갖게 되었을 뿐만 아니라 귀국한 이후 그것을 바탕으로 하여 지배층들에게 새로운 사회를 만들어 갈 것을 요구하였다. 신라 승려들이 외국에서 경험한 새로운 체험은 곧 새로운 사회로 나아갈 수 있는 계기를 마련해 준 것이나 다름이 없었다.

신라 하대에 당나라에 간 승려들은 그곳에서 새로운 불교인 선종을 접하게 되었고 그것에 매료되었다. 그들은 선종 사찰에서 공부하면서 선에 대한 이해뿐만 아니라 그곳 승려들과 일상생활을 함께하면서 공부와 수행 등 여러 가지 새로운 생활도 접하게 되었다. 가령 차를 마시는 것과 그것을 마시기 위하여 사용되는 다구 등에 대해서도 새로운 경험을 얻을 수 있었다. 또한 선종 사찰에서 천화한 승려들을 위하여 만든 부도와 석비 등도 보았고, 신라에서는 익숙하지 않았던 철불에 대해서도 눈여겨보았다. 이러한 경험이 결국에는 그들이 귀국한 다음 신라 사회에 풀어 놓은 새로운 불교문화의 바탕이었다고 할 수 있다.

선승들은 기울어 가는 신라를 위하여 비록 적극적이지는 않았다고 하더라도 자신들이 당나라에서 배우고 익힌 것을 신라 사회에 적용하기 위하여 노력하였다. 심지어 왕에게 정치적인 조언도 아끼지 않았는데, 이러한 태도는 신라 사회를 변혁시키고자 하는 바람이 컸기 때문으로 해석된다. 즉, 당나라에서 경험한 것을 토대로 신라 사회를 변화시키고자 하는 의도를 드러낸 것이라 할 수 있다.

그러한 노력의 과정에서 그들은 새로운 사회의 도래를 맞이하였다. 신라 사회를 변화시키고자 한 그들의 노력이 결코 헛된 것은 아니었다. 당나라 유학을 한 선승들의 제자들과 새롭게 당나라 유학을 한 승려들은 새로운 왕조를 개창한 왕건과 밀접한 관계를 유지하였고 그 속에서 성장하고 발전하였다. 이들이 나말여초에 끼친 영향은 사상적으로뿐만 아니라 문화적으로도 매우 컸음을 지적하지 않을 수 없다.

참고문헌

〈자료〉

『三國史記』

『三國遺事』

『祖堂集』

『高麗史』

『東文選』

『新增東國輿地勝覽』

『梁書』

『景德傳燈錄』

『宋高僧傳』

『太平御覽』

『白氏長慶集』

『趙州錄』

『日本後紀』

『續日本後紀』

圓仁, 『入唐求法巡禮行記』

李智冠, 『校勘譯註 歷代高僧碑文』(新羅篇), 伽山文庫, 1994.

李智冠, 『校勘譯註 歷代高僧碑文』(高麗篇1), 伽山文庫, 1994.

韓國古代社會研究所, 『譯註 韓國古代金石文』제3권, 駕洛國史蹟開發研究院, 1992.

韓國歷史研究會, 『譯註 羅末麗初金石文』上·下, 혜안, 1996.

〈단행본〉

高翊晋, 『韓國古代佛教思想史』, 동국대학교 출판부, 1989.

孔令敬, 『中國茶·五感の世界』, 日本放送出版協會, 2002.

郭丞勳, 『統一新羅時代의 政治와 佛教』, 國學資料院, 2002.

_____, 『최치원의 중국사 탐구와 사산비명 찬술』, 韓國史學, 2005.

權悳永, 『古代韓中外交史』, 一潮閣, 1997.

_____, 『재당 신라인사회 연구』, 일조각, 2005.

_____, 『신라의 바다 황해』, 일조각, 2012.

今西龍, 『新羅史研究』, 國書刊行會, 1933.

金甲童, 『羅末麗初의 豪族과 社會變動』, 高麗大 民族文化研究所, 1990.

김광식 외, 『도의국사 연구』, 인북스, 2010.

金杜珍 외, 『금석문을 통한 신라사 연구』, 한국학중앙연구원, 2005.

_____, 『고려전기 교종과 선종의 교섭사상사 연구』, 일조각, 2006.

_____, 『신라하대 선종사상사 연구』, 일조각, 2007.

金文經, 『張保皐研究』, 淵鏡文化社, 1997.

_____ 역주, 『엔닌의 입당구법순례행기』, 중심, 2001.

金福順, 『新羅華嚴宗研究』, 民族社, 1990.

_____, 『한국고대불교사 연구』, 민족사, 2002.

_____, 『新思潮로서의 신라 불교와 왕권』, 景仁文化社, 2008.

金庠基, 『東方史論叢』, 서울대학교출판부, 1974.

金相鉉, 『新羅華嚴思想史研究』, 民族社, 1991.

_____, 『신라의 사상과 문화』, 一志社, 1999.

金壽泰, 『新羅中代政治史研究』, 一潮閣, 1996.

_____ 외, 『성주사와 낭혜』, 서경문화사, 2001.

_____ ·曹凡煥, 『전라도 지역의 선종산문과 장보고 집단』, 재단법인 해상왕장보고기념사업회, 2005.

김영수, 『朝鮮佛教史藁』, 민속원, 2002.

김진숙, 『중국의 차 문화 茶經』, 국학자료원, 2009.

김진숙 외, 『장보고와 차문화 전파』, 재단법인 해상왕장보고기념사업회, 2010.

대한불교조계종 교육원 저, 『曹溪宗史』(고중세편), 조계종출판사, 2004.

류건집, 『韓國茶文化史(上)』, 이른아침, 2007.

閔泳珪, 『四川講壇』, 우반, 1994.

朴南守, 『新羅手工業史』, 신서원, 1996.

法興寺, 『獅子山 法興寺』, 대한불교조계종 사자산 법흥사, 2007.

변인석·진경부·이호영, 『중국 명산 사찰과 해동승려』, 주류성, 2001.

保立道久, 『黃金王國ー東アジアと平安日本ー』, 靑木書店, 2004.

佛教史學會, 『韓國佛教禪門의 形成史研究ー九山禪門의 成立과 展開ー』, 民族社, 1986.

山內晋次, 『內良平安期の日本とアジア』, 吉川弘文館, 2003.

申瀅植, 『韓國古代史의 新研究』, 一潮閣, 1984.

申虎澈, 『後百濟 甄萱政權研究』, 일조각, 1993.

야나기다 세이잔 저, 추만호·안영길 역, 『선의 사상과 역사』, 民族社, 1989.

엄기표, 『신라와 고려시대 석조부도』, 학연문화사, 2003.

余英時 著, 鄭仁在 譯, 『中國 近世宗教倫理와 商人精神』, 大韓教科書株式會社, 1993.

염숙·엄영욱 공저, 『중국 역사 속에 꽃피운 차문화』, 전남대학교출판부, 2009.

윤덕향 외, 『호남의 불교문화와 불교유적』, 백산서당, 1998.

이귀례, 『韓國의 茶文化』, 열화당, 2002.

280

이근우 외, 『조선시대 궁중다례의 자료해설과 역주』, 민속원, 2008.

李基東, 『新羅骨品制社會와 花郎徒』, 一潮閣, 1984.

_____, 『新羅社會史研究』, 一潮閣, 1997.

李基白, 『新羅政治社會史研究』, 一潮閣, 1974.

_____, 『新羅思想史研究』, 一潮閣, 1986.

이부키 아츠시 지음, 최연식 옮김, 『새롭게 다시 쓰는 중국 禪의 역사』, 대숲바람, 2005.

李仁哲, 『新羅政治制度史研究』, 일지사, 1993.

李鍾旭, 『新羅骨品制研究』, 一潮閣, 1999.

全基雄, 『羅末麗初의 政治社會와 文人知識層』, 혜안, 1996.

全基雄, 『신라의 멸망과 경문왕가』, 혜안, 2010.

全北傳統文化研究所, 『후백제 견훤정권과 전주』, 주류성, 2001.

鄭性本, 『中國禪宗의 成立史 研究』, 民族社, 1991.

_____, 『禪의 歷史와 禪思想』, 三圓社, 1994.

鄭永鎬, 『道義國師와 陳田寺』, 學研文化社, 2005.

鄭清柱, 『新羅末高麗初 豪族研究』, 一潮閣, 1996.

曺凡煥, 『新羅禪宗研究』, 一潮閣, 2001.

_____, 『羅末麗初 禪宗山門 開創 研究』, 景仁文化社, 2008.

조영록 외, 『장보고 선단과 해양불교』, 재단법인 해상왕장보고기념사업회, 2004.

_____, 『동아시아 불교교류사 연구』, 동국대학교출판부, 2011.

崔根泳, 『統一新羅時代의 支配勢力研究』, 신서원, 1990.

최법혜 역주, 『고려판 선원청규 역주』, 가산불교문화연구원, 2001.

崔源植, 『新羅菩薩戒思想研究』, 民族社, 1999.

崔仁杓, 『羅末麗初 禪宗政策 研究』, 한국학술정보, 2007.

추만호, 『나말려초 선종사상사 연구』, 이론과 실천, 1992.

忠南大學校 百濟研究所, 『후백제와 견훤』, 서경문화사, 2000.

韓基汶, 『高麗 寺院의 構造와 機能』, 民族社, 1998.

洪承基 편, 『高麗 太祖의 國家經營』, 서울대출판부, 1996.

黃敏枝 著, 임대희 譯, 『중국 역사상의 불교와 경제』, 서경, 2002.

黃善榮, 『나말려초 정치제도사 연구』, 국학자료원, 2002.

黃壽永, 『韓國의 佛像』, 문예출판사, 1989.

黃有福·陳景富 저, 權五哲 역, 『韓-中 佛敎文化交流史』, 까치, 1995.

〈보고서〉

경기도 박물관, 『高達寺址』 I, 2002.

國立夫餘文化財研究所, 『實相寺 發掘調查報告書』 II, 2006.

단국대학교 박물관, 『陳田寺址 發掘報告』, 1989.

木浦大學校 博物館, 『雙峰寺』, 1996.

順天大學校 博物館, 『迦智山 寶林寺』, 1995.

忠南大學校 博物館, 『聖住寺』, 1998.

_____, 『整備·復元을 위한 聖住寺址 1~6次 發掘調查 報告』, 1997.

〈논문〉

강건우, 「실상사 철불 연구」, 서울대학교 대학원 고고미술사학과 석사논문, 2011.

강삼혜, 「나말려초 승탑 탑신 神將像 연구」, 제48회 전국역사학대회 발표 요지문.

高慶錫, 「장보고 세력의 사회경제적 기반과 신라 서남해 지역」, 『韓國古代史研究』 39, 2005.

高翊晋, 「新羅 下代의 禪傳來」, 『韓國禪思想研究』, 東國大學校 佛教文化研究院, 1985.

郭丞勳, 「新羅 元聖王의 政法典 整備와 그 意義」, 『震檀學報』 80, 1995.

권강미, 「中國 唐代 鐵佛의 新例―유방시박물관 및 평요현박물관 소장품을 중심으로―」, 『美術
     資料』 79, 2010.

權悳永, 「新羅 弘覺禪師 碑文의 復元 試圖」, 『伽山 李智冠 스님 華甲 紀念 韓國佛教文化思想史』
     (上), 가산불교문화연구원, 1992.

_____, 「唐 武宗의 廢佛과 新羅 求法僧의 動向」, 『정신문화연구』 54, 1994.

_____, 「견당사 관련 기록의 검토」, 『古代韓中外交史』, 一潮閣, 1997.

_____, 「弘覺禪師碑文을 통해 본 新羅 億聖寺址의 추정」, 『史學研究』 55·56 합본, 1998.

_____, 「新羅 下代 '西學'과 그 歷史的 意味」, 『新羅文化』 26, 2005.

_____, 「中國 山東省 無染院(址)에 관한 몇 가지 問題」, 『新羅文化』 28, 2006.

_____, 「신라 '西化' 구법승과 그 사회」, 『정신문화연구』 107, 2007.

_____, 「新羅 道義禪師의 初期 法系와 億聖寺」, 김광식 외, 『도의국사 연구』, 인북스, 2010.

權英五, 「新羅下代 왕위계승분쟁과 閔哀王」, 『韓國古代史研究』 19, 2000.

近藤浩一, 「九世紀中葉 聖住寺와 新羅王京人의 西海岸進出―張保皐 交易活動의 영향과 관련하
     여―」, 『新羅史學報』 8, 2006.

_____, 「南宗禪과 新羅社會」, 『대외문물교류연구』 7, 해상왕장보고연구회, 2007.

今西龍, 「新羅骨品考」, 『史林』 7-1, 1992.

金甲童, 「溟州勢力」, 『羅末麗初 豪族과 社會變動 研究』, 高麗大 民族文化研究所, 1990.

金杜珍, 「朗慧와 그의 禪思想」, 『歷史學報』 57, 1973.

_____, 「了悟禪師 順之의 相論」, 『韓國史論』 2, 1975.

_____, 「了悟禪師 順之의 禪思想―그의 三遍成佛論을 中心으로―」, 『歷史學報』 65, 1975.

_____, 「王建의 僧侶結合과 그 意圖」, 『韓國學論叢』 4, 1982.

_____, 「新羅下代 崛山門의 形成과 그 思想」, 『省谷論叢』 17, 1986.

_____, 「羅末麗初 桐裏山門의 成立과 그 思想―風水地理思想에 대한 再檢討―」, 『東方學志』
     57, 1988.

_____, 「道義의 南宗禪 도입과 그 思想」, 『江原佛教史研究』, 소화출판사, 1996.

_____, 「新羅下代 禪師들의 中央王室 및 地方豪族과의 관계」, 『韓國學論叢』 20, 1997.

_____, 「新羅下代 禪宗思想의 成立과 그 變化」, 『全南史學』 11, 1997.

_____, 「新羅下代 禪宗山門의 社會經濟的 基盤」, 『韓國學論叢』 21, 1998.

_____, 「나말려초 曦陽山門의 禪宗사상」, 『韓國學論叢』 26, 2003.

_____, 「曦陽山門의 성립과 宗系의 변화」, 『淸溪史學』 18, 2003.

_____, 「나말여초 선종사 연구의 성과와 과제」, 『歷史學報』 188, 2005.

_____, 「眞鑑禪師塔碑와 慧昭의 선종사상」, 金杜珍 외, 『금석문을 통한 신라사 연구』, 한국학중
     앙연구원, 2005.

김문경, 「張保皐 해상왕국의 사람들」, 김성훈 외 편, 『張保皐 해양경영사연구』, 이진출판사,

1993.

김방룡, 「禪僧들의 차문화에 대한 일고」, 『韓國禪學』 21, 2008.

김병곤, 「新羅 下代 求法僧들의 行蹟과 實狀—新羅 中古期 및 中代 求法僧과의 比較 考察—」, 『佛教研究』 24, 2006.

金福順, 「8·9세기 신라 瑜伽系 佛教」, 『韓國古代史研究』 6, 1993.

_____, 「眞鑑禪師의 생애와 불교사상에 관한 연구」, 『韓國民族文化』 15, 2000.

_____, 「9~10세기 신라 유학승들의 중국 유학과 활동반경」, 『역사와 현실』 56, 2005.

_____, 「최치원의 「지증대사적조탑비문」 비교 연구」, 『新羅文化』 35, 2010.

金庠基, 「新羅末에 있어서의 地方群雄의 對中通交」, 『黃義敦古稀紀念論叢』, 1969.

金相潡, 「新羅末 舊加耶圈의 金海 豪族勢力」, 『震檀學報』 82, 1996.

金相鉉, 「新羅下代 華嚴思想과 禪思想—그 갈등과 공존—」, 『新羅文化』 6, 1989.

金壽泰, 「高麗初 忠州地方의 豪族—忠州劉氏를 중심으로—」, 『忠淸文化研究』 1, 1989.

_____, 「全州 遷都期 甄萱政權의 變化」, 『韓國古代史研究』 15, 1999.

_____, 「甄萱政權과 佛教」, 百濟研究所, 『후백제와 견훤』, 서경문화사, 2000.

김양정, 「道義國師의 禪宗史的 位相」, 『한국불교학』 51, 2008.

_____, 「신라하대 사회와 불교계의 동향」, 『한국불교학』 52, 2008.

_____, 「道義國師의 生涯와 行跡」, 『大覺思想』 11, 2008.

金永斗, 「羅末麗初의 曹洞禪」, 『韓國佛教學』 16, 1991.

김영미, 「10세기 초 선사들의 중국유학」, 『梨花史學研究』 33, 2006.

金映遂, 「五教兩宗에 對하여」, 『震檀學報』 8, 1937.

_____, 「曹溪禪宗에 就하야」, 『震檀學報』 9, 1938.

金龍善, 「玄昱·審希·璨幽와 여주 고달사」, 『한국중세사연구』 21, 2006.

金在庚, 「新羅 下代의 禪佛教와 風水地理說의 興起 背景」, 『仁荷史學』 10, 2003.

金在應, 「新羅末·高麗初 禪宗寺院의 三綱典」, 『震檀學報』 77, 1994.

金楨權, 「眞鑒禪師 慧昭의 南宗禪 受容과 雙谿寺 創建—新羅 下代 南宗禪 受容의 한 例—」, 『湖西史學』 27, 1999.

金周成, 「新羅下代의 地方官司와 村主」, 『韓國史研究』 41, 1983.

김주성, 「張保皐세력의 흥망과 그 배경」, 『韓國上古史學報』 24, 1997.

김진숙, 「唐代의 飮茶文化」, 『韓國茶學會誌』 13-1, 2007.

金昌謙, 「신라 憲安王의 卽位와 그 治積」, 『新羅文化』 26, 2005.

金包光, 「片雲塔과 後百濟의 年號」, 『佛教』 49, 1928.

金和英, 「新羅澈鑑禪師塔과 그 塔碑에 대한 考察」, 『白山學報』 9, 1970.

金興三, 「羅末麗初 闍崛山門과 政治勢力의 動向」, 『古文化』 50, 1997.

_____, 「羅末麗初 崛山門 研究」, 강원대학교 대학원 사학과 박사학위논문, 2002.

_____, 「나말려초 굴산문 開淸과 정치세력」, 『韓國中世史研究』 15, 2003.

_____, 「羅末麗初 崛山門의 禪思想」, 『白山學報』 66, 2003.

_____, 「신라말 崛山門 梵日과 金周元系 관련설의 비판적 검토」, 『韓國古代史研究』 50, 2008.

남동신, 「나말려초 국왕과 불교의 관계」, 『역사와 현실』 56, 2005.

南漢鎬, 「9世紀 後半 新羅商人의 動向」, 『靑藍史學』 창간호, 1997.

盧鏞弼, 「신라하대 선종 사자산문의 사회적 기반」, 『韓國古代社會思想史探究』, 韓國史學, 2007.

문명대,「洪城 龍鳳寺의 貞元十五年銘 및 上峰 磨崖佛立像의 硏究」, 三佛金元龍教授 停年退任紀
　　念論叢 刊行委員會 編,『三佛金元龍教授停年退任紀念論叢 II』, 一志社, 1987.
閔泳珪,「圓仁 入唐求法巡禮行記 二則」,『羅唐佛教의 再照明』, 대한전통불교연구원, 1993.
박동춘,「한국 선종차의 수용과 전개」,『茶禪一味』, 불교춘추사, 2005.
朴文基(宗浩),「師子山門의 形成과 思想」,『한국불교학』49, 2007.
朴貞柱,「新羅末・高麗初 獅子山門과 政治勢力」,『震檀學報』77, 1994.
裵宰勳,「片雲和尙浮圖를 통해 본 實相山門과 甄萱政權」,『百濟硏究』50, 2009.
변동명,「신라말・고려시기의 和順 雙峯寺」,『歷史學硏究』37, 2009.
서영교,「淸海鎭과 西南海岸의 田莊・牧場」,『STRATEGY21』4-2, 2002.
徐珍教,「高麗 太祖의 禪僧包攝과 住持派遣」, 洪承基 編,『高麗 太祖의 國家經營』, 서울대출판부,
　　1996.
석길암,「羅末麗初 불교사상의 흐름에 대한 일고찰—선의 전래와 화엄종의 대응을 중심으로—」,
　　『韓國思想史學』26, 2006.
＿＿＿,「의상계 화엄의 禪的 경향성에 대하여」,『韓國古代史探究』4, 2010.
石井公成,「禪宗に對する華嚴宗の對應」,『韓國佛教學 SEMINAR』9, 2003.
申永文,「羅末麗初 師子山門의 思想과 그 性格」,『北岳史論』9, 2002.
申千湜,「韓國佛教思想에서 본 梵日의 位置와 屈山寺의 歷史性 檢討」,『嶺東文化』1, 1980.
신호철,「신라말 고려초의 江陵豪族 王順式」,『忠北史學』25, 2009.
＿＿＿,「후삼국시대 溟州호족과 崛山寺」,『韓國古代史探究』9, 2011.
呂聖九,「神行의 生涯와 思想」,『水邨朴永錫教授華甲紀念 韓國史學論叢』(上), 探求堂, 1992.
＿＿＿,「惠通의 生涯와 思想」,『擇窩許善道先生停年紀念 韓國史學論叢』, 일조각, 1992.
＿＿＿,「元表의 生涯와 天冠菩薩信仰硏究」,『國史館論叢』48, 1993.
＿＿＿,「統一期 在唐留學僧의 活動과 思想」,『北岳史論』8, 2001.
柳元迪,「銅錢과 張保皐 海上貿易」,『魏晉隋唐史硏究會會報』2, 1994.
李敬馥,「新羅末・高麗初 大安寺의 田莊과 그 經營」,『梨花史學硏究』30, 2003.
李啓杓,「新羅下代의 迦智山門」,『全南史學』7, 1993.
李基東,「張保皐와 그의 海上王國」,『張保皐의 新硏究』, 莞島文化院, 1985.
＿＿＿,「新羅 興德王代의 政治와 社會」,『國史館論叢』21, 1989.
＿＿＿,「羅末麗初 南中國 여러 나라와의 交涉」,『歷史學報』155, 1997.
李基白,「新羅私兵考」,『歷史學報』9, 1957.
＿＿＿,「上大等考」,『歷史學報』19, 1962.
＿＿＿,「新羅 五岳의 成立과 그 意義」,『震檀學報』33, 1972.
李德辰,「新羅末 桐裏山門에 대한 연구」,『韓國禪學』2, 2002.
李炳熙,「高麗前期 禪宗寺院의 經濟와 그 運營」,『韓國禪學』4, 2002.
李成市,「9世紀東アジアと新羅人—新羅商人躍動の歷史的背景に關する基礎的考察—」,『2001 해
　　상왕 장보고 국제학술회의—장보고와 21세기 세계무역—』, 재단법인 해상왕장보고기념사
　　업회, 2001.
李侑珍,「羅末麗初 승려들의 入唐求法과 한중교류」,『石堂論叢』46, 2010.
李喜寬,「韓國 初期青磁에 있어서 해무리굽碗 問題의 再檢討」,『美術史學硏究』237, 2003.
日野開三郎,「唐・五代東亞諸國民의 海上發展と佛教」,『日野開三郎 東洋史學論集』9, 三一書房,

1984.

林炳泰,「新羅小京考」,『歷史學報』35·36, 1967.

장남원,「고려시대 차문화와 청자 다구를 중심으로」,『美術史論壇』24, 2007.

張德浩,「羅末麗初 高達禪院의 形成」, 논총간행위원회,『東峰 申千湜 敎授 停年 記念 史學論叢』, 경인문화사, 2005.

전덕재,「신라 하대 청해진의 설치와 그 성격」,『STRATEGY21』4-2, 2002.

田中史生,「「歸化」と「流來」と「商賈之輩」」,『日本古代國家の民族支配と渡來人』, 校倉書房, 1997.

정동락,「通曉 梵日(810~889)의 生涯에 대한 재검토」,『民族文化論叢』24, 2001.

_____,「梵日(810~889)의 선사상」,『大丘史學』68, 2002.

_____,「元寂 道義의 생애와 禪사상」,『한국중세사연구』14, 2003.

_____,「秀澈和尙(815~893)과 新羅王室」,『韓國古代史探究』3, 2009.

_____,「眞空(855~937)의 생애와 사상」,『한국중세사연구』26, 2009.

_____,「忠湛(869~940)의 생애와 활동」,『新羅史學報』18, 2010.

_____,「新羅 下代 禪宗史 硏究動向」,『韓國古代史探究』7, 2011.

정병삼,「9세기 신라 불교 결사」,『韓國學報』85, 1996.

鄭善如,「新羅 中代末·下代初 北宗禪의 受容―〈丹城斷俗寺神行禪師碑文〉을 중심으로―」,『韓國古代史硏究』12, 1997.

_____,「신라 하대 북종선의 동향」,『新羅史學報』18, 2010.

丁善溶,「高麗 太祖의 對新羅政策 樹立과 그 性格―신라 景明王과의 교섭 배경을 중심으로―」,『한국중세사연구』27, 2009.

鄭性本,「'禪宗六祖慧能大師頂上東來緣起'考」,『韓國佛敎學』14, 1989.

鄭在逸,「慈覺宗頤의 『禪苑淸規』 硏究」, 동국대학교 대학원 선학과 박사학위논문, 2006.

曺庚時,「新羅 下代 華嚴宗의 構造와 傾向」,『역사와 경계』13, 1989.

曺凡煥,「新羅末 鳳林山門과 新羅王室」,『震檀學報』78, 1994.

_____,「朗慧無染과 聖住寺 創建」,『韓國古代史硏究』14, 1998.

_____,「新羅末 聖住山門과 新羅王室―朗慧無染과 新羅王室과의 관계를 중심으로―」,『國史館論叢』82, 1998.

_____,「新羅 下代 景文王의 佛敎定策」,『新羅文化』16, 1999.

_____,「朗慧無染의 求道行과 南宗禪 體得」, 金壽泰 외,『성주사와 낭혜』, 서경문화사, 2001.

_____,「聖住山門의 經濟的 基盤」,『新羅禪宗硏究』, 一潮閣, 2001.

_____,「후백제 견훤정권과 선종」, 全北傳統文化硏究所,『후백제 견훤정권과 전주』, 주류성, 2001.

_____,「張保皐와 禪宗」,『STRATEGY21』4-2, 2002.

_____,「新羅 下代 武珍州地域 佛敎界의 動向과 雙峰寺」,『新羅史學報』2, 2004.

_____,「新羅 下代 道憲선사와 曦陽山門의 개창」,『新羅史學報』4, 2005.

_____,「新羅 下代 西南地域의 禪宗山門 形成과 發展」,『震檀學報』100, 2005.

_____,「新羅 下代 禪僧과 王室」,『新羅文化』26, 2005.

_____,「新羅 下代 體澄선사와 迦智山門의 개창」,『정신문화연구』100, 2005.

_____,「新羅 下代 慧徹선사와 桐裏山門의 개창」,『民族文化論叢』34, 2006.

_____,「신라 하대 洪陟선사의 實相山門의 개창과 鐵佛 조성」,『新羅史學報』6, 2006.

_____,「新羅 下代 道允禪師와 獅子山門의 개창」,『新羅史學報』10, 2007.

_____,「高麗初 利嚴禪師와 須彌山門의 개창」,『羅末麗初 禪宗山門 開創 研究』, 景仁文化社, 2008.

_____,「新羅 下代 梵日 禪師와 崛山門의 개창」,『羅末麗初 禪宗山門 開創 研究』, 景仁文化社, 2008.

_____,「新羅 下代 圓鑑禪師 玄昱의 南宗禪 受容과 活動」,『동북아 문화연구』14, 2008.

_____,「新羅 下代 道義禪師의 '雪嶽山門' 開創과 그 向背」,『新羅文化』34, 2009.

_____,「新羅 下代 僧侶들의 入唐 留學과 禪宗 佛敎 문화의 擴散」,『韓國思想史學』40, 2012.

조영록,「張保皐 船團과 9세기 동아시아의 佛敎交流—赤山・寶陀山과 洛山의 內的 聯關性의 모색—」,『대외문물교류연구』창간호, 2002.

趙仁成,「弓裔의 勢力形成과 建國」,『震檀學報』75, 1993.

_____,「新羅末 農民反亂의 背景에 대한 一試論」, 한국고대사연구회,『신라말 고려초의 정치사회변동』, 신서원, 1994.

朱甫暾,「新羅 下代 金憲昌의 亂과 그 性格」,『韓國古代史研究』51, 2008.

中吉功,「實相寺鐵造藥師如來像小論」,『新羅・高麗の佛像』, 二玄社, 1971.

천징푸,「한국 승려의 長安에서의 활동」,『佛敎研究』23, 2005.

최규성,「弓裔政權下의 知識人의 動向」,『國史館論叢』31, 1992.

_____,「新羅下代 西南海 豪族과 王建과의 關係」,『대외문물교류연구』1, 2002.

崔柄憲,「新羅下代 禪宗九山派의 成立」,『韓國史研究』7, 1972.

_____,「禪宗 九山의 成立과 下代 佛敎」,『한국사』3, 탐구당, 1974.

_____,「羅末麗初 禪宗의 社會的 性格」,『史學研究』25, 1975.

_____,「新羅末 金海地方의 豪族勢力과 禪宗」,『韓國史論』4, 1978.

최선희,「체징과 가지산문 개창」,『全南史學』25, 2005.

최성은,「전환기의 불교조각: 나말려초 불상의 새로운 경향」,『梨花史學研究』33, 2006.

崔聖銀,「張保皐 선단과 신라하대 불교조각」,『先史와 古代』32, 2010.

최완수,「신라 선종과 비로자나불의 출현」,『新東亞』6월호, 2001.

崔源植,「新羅下代의 海印寺와 華嚴宗」,『韓國史研究』49, 1985.

최응천,「군위 인각사 출토 불교 금속공예품의 성격과 의의」,『先史와 古代』32, 2010.

崔仁杓,「新羅末 高麗初 禪宗佛敎 統制」,『加羅文化』13, 1996.

추만호,「심원사 수철화상 능가보월탑비의 금석학적 분석」,『역사민속학』1, 1991.

하일식,「해인사전권과 묘길상탑기」,『역사와 현실』34, 1997.

韓基汶,「『조당집』과 신라・고려 고승의 행적」,『한국중세사연구』6, 1999.

_____,「新羅末 禪宗 寺院의 形成과 構造」,『韓國禪學』2, 2001.

_____,「新羅 下代 眞鑑禪師의 活動과 梵唄 敎化의 意義」,『大丘史學』89, 2007.

黃壽永,「(資料)崇嚴山聖住寺事蹟」,『考古美術』9-9, 1968.

찾아보기

조범환曺凡煥

서강대학교 문과대학 영어영문학과
서강대학교 대학원 사학과(문학박사)
서강대학교 박물관 학예연구원
서강대학교 박물관 연구교수
현재 서강대학교 사학과 교수

저서
『우리 역사의 여왕들』(책세상, 2000)
『新羅禪宗研究』(一潮閣, 2001)
『羅末麗初 禪宗山門 開創 研究』(景仁文化社, 2008)

논문
「神穆太后─新羅 中代 孝昭王代의 政治的 동향과 神穆太后의 攝政─」, 「新羅 下代 憲德王의 副君 설치와 그 정치적 의미」, 「新羅 中代 聖德王代의 政治的 動向과 王妃의 交替」, 「王妃의 交替를 통하여 본 孝成王代의 政治的 動向」, 「신라 화랑도와 승려」, 「신라 源花에 대한 새로운 이해」, 「眞興王巡狩碑에 대한 몇 가지 疑問과 새로운 理解─〈北漢山碑〉·〈黃草嶺碑〉·〈磨雲嶺碑〉를 중심으로─」 외 다수

羅末麗初 南宗禪 研究

제1판 1쇄 펴낸날 2013년 10월 10일

지은이 조범환
펴낸이 김시연

펴낸곳 (주)일조각
등록 1953년 9월 3일 제300-1953-1호(구 : 제1-298호)
주소 110-062 서울시 종로구 경희궁길 39
전화 734-3545 / 733-8811(편집부)
　　　733-5430 / 733-5431(영업부)
팩스 735-9994(편집부) / 738-5857(영업부)
이메일 ilchokak@hanmail.net
홈페이지 www.ilchokak.co.kr
ISBN 978-89-337-0665-7 93910
값 25,000원

• 지은이와 협의하여 인지를 생략합니다.
• 이 도서의 국립중앙도서관 출판시도서목록(CIP)은 서지정보유통지원시스템 홈페이지
　(http://seoji.nl.go.kr)와 국가자료공동목록시스템(http://www.nl.go.kr/kolisnet)에서
　이용하실 수 있습니다.
　(CIP제어번호: CIP2013019114)